in the Middle of Nüscht

Sibylle Sperling

In the Middle of Nüscht

Die östliche Altmark entdecken

Entschleunigungsbuch

Impressum

Bibliografische Informationen der Deutschen Nationalbibliothek
Die Deutsche Nationalbibliothek verzeichnet diese Publikation in der Deutschen Nationalbibliografie; detaillierte bibliografische Daten sind im Internet über http://dnb.d-nb.de abrufbar.

Idee, Konzeption & Redaktion: Sibylle Sperling
Meinen Vorfahren gewidmet.

Illustrationen: Kerstin Rupp
Fotografie: Markus Schrot
Gestaltung: Frank Petrasch

ISBN: 978-3-95894-080-2

© Copyright: Omnino Verlag, Berlin 2018/2019

Alle Rechte, auch die des Nachdrucks von Auszügen, der fotomechanischen und digitalen Wiedergabe und der Übersetzung, vorbehalten.

Abbildungsverzeichnis

alle Bilder von Markus Schrot bis auf
Bild S. 13: © Gregory B. Waldis.
Bild S. 79: © Privatbesitz Christine Meyer.
Bild S. 166: © Privatbesitz/Reproduktion Gedenkstätte Deutscher Widerstand.
Bild S. 205: © Archiv Winckelmann-Gesellschaft.
Bilder S. 250, 252: © Tiemo Schönwald, Erlebenswert GbR.
Bilder S. 272 (links), 274: © Stefan Müller.
Bild S. 273: Foto von Markus Schrot, Bild ist im Besitz von Maren von Bismarck.
Bild S. 280, 286: © Bianca Kahl.

INHALT

Vorworte___8
Die Altmark___16

Wahrenberg
Sommer, Sonne, Anne___26

Wahrenberg
38___Das storchenreichste Dorf der Altmark

Vielbaum
Entdecken, Staunen und Genießen___46

Stresow
52___Der Grenzdeich

Schönberg
Das Haus hinterm Deich___60

Arendsee
74___Der Prophet des einfachen Lebens

Werben
Die verwunschene Schönheit___88

HAVELBERG
100___Pfarrhaus in Insellage

STRODEHNE
Auf Sternenschnuppenjagd___114

OSTERBURG
126___Glühwürmchen im Schlosspark

CALBERWISCH
Der Schwarzfuß___138

GLADIGAU
150___Wo die Prärie lebt

BISMARK
Die Widerständigen___162

BISMARK
174___Die goldene Laus

ELBE
Ein Fluss mit Hang zu Taillen___180

ARNEBURG
190___Dicke Mauern, offene Türen

STENDAL
Winckelmann und das Viertel der kleinen Leute___202

STENDAL
212___Das Aroma der Rose

STENDAL
Der größte Schatz der Stadt___222

TANGERMÜNDE
234___Eine Stadt, ein Brand und Grete Minde

TANGERMÜNDE
Feuerzangenbowle auf Altmärkisch___246

JERICHOW
256___Sommerferien unter Kirchturmspitzen

BRIEST
Auf den Spuren der von Bismarcks___266

GROß SCHWARZLOSEN
280___Tee von der Fee

Adressliste___294
Autoren & Mitwirkende ___342
Danke ___346

VORWORTE

IN THE MIDDLE OF NÜSCHT

VON DEN GRÜNDEN, INS HERZ VON DEUTSCHLAND ZU REISEN

Hügellandschaft zwischen Bellingen und Welle

SIBYLLE SPERLING
JOURNALISTIN, AUTORIN & BERLIN-ALTMÄRKERIN

Es gibt einen weißen Flecken in Deutschland, der noch immer unbekannt vor sich hin schlummert. Vielleicht liegt es daran, dass seine Bewohner sich insgeheim wünschen, dass alles ganz lange so bleibt wie es ist. Ihre Idylle aus unendlichen Wiesen mit Kräutern, tiefblauem Himmel, einem naturbelassenen, sich schlängelnden Fluss, Störchen und Seeadlern, Kirchturmspitzen und Herrenhäusern. Mittendrin Einheimische, Rückkehrer oder Neuankömmlinge mit Pioniergeist … eine Landleben-Idylle, von der Großstädter meist träumen.

Das müssen sie ja nicht, sie dürfen zu Besuch kommen, jederzeit, Hannoveraner, Berliner, Hamburger, Magdeburger, Leipziger … Auch wenn die unmittelbaren Nachbarn der Altmark, das Wendland und Mecklenburg-Vorpommern, ihnen auf ihrer Durchreise etwas schnippisch „Das haben wir hier auch" zuraunen würden, wüsste es die Altmark besser. Sie würde sich schweigend zurücklehnen und entspannt lächeln. Sie hätte Bilder, auch von Sehnsuchtsgegenden wie Bayern oder Südtirol, vor Augen und wüsste deren Bullerbü-Idylle doch etwas entgegenzusetzen: unberührte, authentische, nicht kultivierte, wenig zersiedelte Landschaften mit einer Hand voll Menschen.

Ich bin für „in the Middle of Nüscht" unterwegs und sitze im spartanischen Garten des Jerichower Klosters (S. 256). Ich recke meine Nase in die Luft und spüre auch beim leisesten Windzug „Das Nüscht!" Schon hinter der Klostermauer laden mich

Wiesen und Himmel dazu ein, nach Wolkentieren zu suchen. Schauen, Staunen, Genießen, Einatmen, Ausatmen, Sein. Wer in der Altmark strandet, braucht kein Yogazentrum, hier wird man von Kopf bis Fuß von der Natur gereinigt, nicht nur im Garten des Jerichower Klosters … Künstler, Großstädter, Zugezogene und ein Schamane haben mir davon erzählt. In der Altmark haben sie etwas gefunden, was sie nirgendwo in Deutschland entdecken konnten, und wovon wir immer wieder erzählen sollen. Und deshalb fange ich einfach mit den Geheimnissen der östlichen Altmark an!

Wer meinen Entschleunigungs-Guide Seite für Seite durchblättert, reist mit mir und anderen Autoren anhand von atmosphärischen Reportagen von Nord nach Süd, quer durch die östliche Altmark, auch abseits der Elbe. Vielleicht haben Radler, die auf dem Elberadweg dem Gegenwind trotzen, das Gefühl, abseits des mächtigen Flusses gehe es ins Nüscht. Tatsächlich ist die Altmark die am dünnsten besiedelte Region Deutschlands. Das Ortsausgangsschild von Gladigau, eines der Dörfer, die wir besucht haben (S. 150), weist keinen weiteren Ort aus. Diese kleinen aber auch große Orte sowie deren Menschen erzählen davon, wie sie hier entschleunigt leben oder für entspannte Ferien sorgen. Ihre Geschichten sollen Lust machen, die Region für ein Wochenende oder ein paar Tage zu entdecken.

Jeder Ort hat ein Symbol bekommen, das die Orientierung vereinfacht. Unter jeder Reportage gibt es Tipps zum Entschleunigen: Was kann man vor Ort geruhsam entdecken? Gibt es ein nettes Café oder eine der legendären Altmarkbäckereien? Ich habe etliche ausfindig gemacht und eine Auswahl (keine großen Events, schließlich gehts um Entschleunigung:-)) zusammengestellt. Im Anhang gibts zu den Tipps eine Liste mit Kontaktadressen und einige Adressen mehr. Um niemanden zu sehen, muss man nicht nach Schweden fahren oder den Flieger auf die Malediven nehmen, „in the Middle of Nüscht" ist zum Greifen nah.

Für alle die, die Entspannung auf dem Lande suchen oder einfach nur die Seele baumeln lassen möchten.

Eure Sibylle Sperling

MARTEN KREBS
SCHAUSPIELER, ENTERTAINER & ALTMARK-BERLINER

Für mich ist die Altmark nicht nur Heimat, sondern Ruhepol, Inspiration und Zusammenhalt.

Gerade in heutiger Zeit, wo alles immer hektischer wird und der Leistungsdruck steigt, braucht man einen Ort der Entschleunigung und Entspannung. Ich vergleiche die Altmark gern mit unserer Körpermitte, wo man in sich ruht, wo auch Kraft sowie Energie entsteht. Daher ist die Altmark für mich ein Stück Yogalandschaft. Hier, in der „Wiege Preußens", so wird die Altmark auch genannt, finde ich Inspiration, gerade wenn ich durch verträumte Orte wie Werben an der Elbe, nach Klietz und Fischbeck, in die alte Kaiserstadt Tangermünde, nach Krumke oder Arneburg fahre …

Auch aus der Film- und Fernsehlandschaft ist die Altmark nicht mehr wegzudenken. Filme wie „Das Bernsteinamulett", „Tango im Schnee", „Das Traumpaar" und „Sputnik" sind inmitten der altmärkischen Kulisse gedreht worden.
Aber die Region hat noch mehr als Filmstoff zu bieten: Persönlichkeiten wie der Naturmensch, Wanderprediger, Lebens- und Schreibreformer Gustav Nagel waren in Arendsee zu Hause. Und was mich immer wieder berührt ist, dass die Menschen hier zusammen halten, aufeinander schauen und sich gegenseitig helfen. Das hat sich auch während der Jahrhundertflut 2013 gezeigt. Als ich damals von Dreharbeiten in die Altmark gekommen bin und die riesigen Hubschrauber der Bundeswehr am Himmel gesehen habe, spürte ich den Ernst der Lage. Gemeinsam mit Freunden, Kollegen und der Stadt Arneburg habe ich eine große Fluthilfe-Benefiz-Gala organisiert.

Künstler, die den Charme der Altmark entdeckt haben, kamen und kommen immer mal wieder zurück. Der Adventsmarkt der 100 000 Lichter mit einem großen Feuerwerk und prominenter Unterstützung – mit dabei waren schon Barbara Schöne (Schauspielerin), Alexa Maria Surholt (In aller Freundschaft Star), Santina Maria Schrader (Schauspielerin) und André Eisermann (Schauspieler) – zu Gunsten des Hospiz Stendal ist ein Geheimtipp. Er ist ein Publikumsmagnet in der Altmark.

Mein privates Engagement widmet sich den Menschen, die am Rande der Gesellschaft stehen. Jahrelang hatte ich mit der Benefizreihe „Lichtblick" in der Sanner Feldsteinkirche (aus dem 12. Jahrhundert) Veranstaltungen organisiert, zweimal mit dem Weltstar Gisela May, die mich dabei entdeckt und zur Schauspielerei gebracht hat. Die Altmark bietet nicht nur Natur und schöne verträumte Ortschaften, sie ist auch Pferdeland. Hier kann man ausgedehnte Ausritte machen oder mit dem Planwagen eine Erkundungstour starten. Ich bin auf dem Pferderücken groß geworden und kann nur sagen, es ist ein Erlebnis!

Im eigentlichen ist die Altmark für mich selbst – Heimat.

KIRSCHBLÜTE IN BADINGEN. EINIGE OBSTBAUMALLEEN SIND NOCH ERHALTEN. KLEINE INITIATIVEN WIE DAS WEHLE LANDGUT SIND DABEI, SIE ZU SCHÜTZEN UND ZU REVITALISIEREN.

DER ALTMARK-STECKBRIEF

Die Lage

Irgendwo im Nüscht Deutschlands, ganz im Norden von Sachsen-Anhalt, liegt die Altmark. 1304 ist der Name Antiqua Marchia (Alte Mark) das erste Mal aufgetaucht und bedeutet, dass hier „die Wiege Brandenburgs" und die ehemalige Kernprovinz des Königreichs Preußen war. Aufgrund der geografischen Ausmaße beschränkt sich „in the Middle of Nüscht" auf die östliche Altmark, die im Verwaltungsdeutsch Landkreis Stendal genannt wird. Die „Hauptstadt" ist Stendal.

Die Anreise

Noch führt in die Mitte Deutschlands keine Autobahn! Also darf man schon auf dem Weg hierher entschleunigen. Züge, auch ICEs, von Berlin, Hannover, Leipzig oder Hamburg halten in Stendal, Wittenberge oder Glöwen. Von Stendal aus gehts weiter – zum Beispiel mit der S1 gen Norden in Orte wie Eichstädt, Goldbeck oder Osterburg. Busse sind keine echte Alternative. Wer mit dem eigenen Flugzeug anreisen mag, landet auf dem Flugplatz Stendal-Borstel. Das Boot ist für die Anreise durchaus eine Alternative – anlegen kann man zum Beispiel in Tangermünde, Arneburg und Havelberg. Für ein Herumkommen vor Ort ist ein gewöhnliches Auto am besten. Die Elbüberquerung ist nur über die zwei Brücken – bei Tangermünde sowie Wittenberge – oder mit einer der vier Fähren möglich. Letzteres ist ein ganz besonderes Highlight, vor allem natürlich bei Sonnenauf- und -untergang. Roadmoviemusik passt perfekt dazu.

Die Geografie

Das Land ist im Osten und Norden sehr flach. Wenn man so weit gucken kann, dass man sich schon in Ostfriesland wähnt, ist man in der Wische, einem reichlich feuchten Gebiet, das niedriger liegt als der mittlere Hochwasserspiegel der Elbe. Dank der Holländer konnte man hier sicher wohnen, denn die haben im Mittelalter Entwässerungsgräben angelegt. Der Rest der östlichen Altmark ist von hier aus gesehen Bergland: Be-

Typisch Altmark: Entwässerungsgräben wie der Dollgraben (bei Schönwalde) durchziehen harmonisch die Weiten der Altmark.

eindruckende 110 Meter Höhe erreicht der Gipfel des Harkenberges in Kamern. Wasser gibts in fließender Form überall, von der Havel ganz im Osten bis zur Biese im Westen. Das weit und breit mächtigste und beeindruckendste Gewässer ist und bleibt die Elbe. Sie teilt die den riesigen Landkreis in ostelbisch und linkselbisch gelegene Gebiete.

Das Klima ...

… verleitet zum Reisen im Sommer. Die Saison beginnt manchmal schon zu Ostern, die gängigsten Monate liegen zwischen Mai und Oktober. Aber auch dann kann der Wind manchmal arg sein. Wenn der Gegenwind beim Radeln zu heftig wird: Einfach umdrehen, dann gehts besser. Wir empfehlen winddichte Sachen im Reisegepäck, von Osten her pfeift's nämlich oft ganz schön. Geheimtipp: Die Altmark ist auch im Winter ein Genuss – man kommt voll und ganz zur Ruhe! Bei Langeweile greift man zu Schlittschuhen, auf den Altarmen der Elbe lässt sich's prima Pirouetten drehen, oder man spaziert durch die unaufgeregte Winterlandschaft. Sollte es je nennenswerte Schneefälle geben, haben Langläufer beste Bedingungen auf den Elbdeichen.

Altmärkische Winterlandschaft an der Elbe bei Bittkau

Die Pflanzen- und Tierwelt

Die Natur bietet dem Touristen hier manche Herausforderung: Er oder sie möge sich wappnen und ein Fernglas mit mindestens 10facher Vergrößerung und einen Naturführer einpacken, der auch Seltenheiten berücksichtigt. Denn nicht jedes Getier ist so freizügig wie der Storch, der überall rumstolziert und sich aus Türmen und Toren ins Nest lugen lässt. Eine Portion Glück braucht es für See- sowie Fischadler und ähnliches Getier wie Kiebitze, Feldlerchen, Grau- und Goldammern. Es ist empfehlenswert, sich vorab auch über Glockenblumen, den Milchstern, Frühjahrs-Primeln oder die seltene Wiesen-Iris zu informieren. Auch die Fauna trägt zur Entschleunigung bei. Wer mit dem Auto in der Altmark unterwegs ist, sollte langsam fahren, sonst drohen Zusammenstöße mit Reh, Wildschwein oder Wolf.

Die Menschen ...

... sind bodenständig, warm & herzlich (auch wenn manche es zunächst verbergen). Dass man manchmal im Laden beim ersten Besuch nicht mit der gleichen lächelnden Freundlichkeit bedient wird wie in anderen Gegenden dieser Welt, gehört zu den guten Umgangsformen. Der Altmärker möchte sich nicht aufdrängen. Deshalb sollte man den Spieß einfach umdrehen und auf die Menschen zugehen – mit einem netten Wort und einem höflichen Lächeln. Übrigens: Wer genügend Puste hat, könnte in den Genuss einer altmärkischen Freundschaft kommen. Hat der Altmärker nämlich erstmal Vertrauen gefasst, ist er sehr anhänglich.

Das Essen

Der einfachste Weg zum schmackhaften Gericht: Man entscheidet sich im Restaurant für etwas, was zum Ort passt. Sprich: Im rustikalen Ambiente bestellt man Hausmannskost. Wirkt das Café progressiv, kann man es mit mediterraner Kost versuchen. Ein Blick auf den Teller des Nachbarn gibt weitere Hinweise, wohin die kulinarische Reise geht. Klassiker sind Altmärkische Hochzeitssuppe, Spargel (von April bis Ende Juni) mit Schinken oder Schnitzel und brauner Butter (und keinesfalls mit Sauce Hollandaise!), Hühnerfrikassee sowie hier und dort vor Ort gefangener und teils geräucherter Fisch. Ohne Kartoffeln geht übrigens nichts; zu Nudeln, Reis und Knödeln hat der Altmärker kein sehr herzliches Verhältnis. Ein Wagnis für so manchen Besucher mögen Lose Wurst oder Zungenragout sein – aber gerade in Dorfgasthäusern lohnt sich das Abenteuer. Wer Glück hat, findet auf der Liste der Desserts Zitronenspeise. Und weil die Altmärker die besten Bäcker der Welt sind, sollte man sich zum Kaffee unbedingt ein Stück Kuchen einverleiben. Schon eine Stippvisite in der Dorfbäckerei (auch unter der Rubrik Adressen zu finden) könnte der krönende Abschluss des Tages sein! P.S.: Mittlerweile gibts hier und da regionales Bier, das man unbedingt versuchen sollte.

INTERNET

... gibts auch im Nüscht. Entweder funktioniert's mobil und auf Großstadtniveau je nach Netzanbieter und Ort – oder aber gar nicht. Infos aus dem www sind manchmal mit Vorsicht zu genießen – nicht alle Angaben sind auf dem neuesten Stand, nicht jede Veranstaltung ist auch verzeichnet. Wer absolut sicher gehen möchte, dass ein Museum, eine Kirche oder ein Restaurant auch wirklich geöffnet hat, sollte vorher anrufen solange das Handy Empfang hat. Wer länger in der Region weilt oder zugezogen ist, dem sei ein Abo der örtlichen Zeitung empfohlen – dort laufen alle Infos zusammen.

SPORT ...

… ist in fast jeder Form – und vor allem entschleunigt – möglich. Die Radwege sind gut ausgeschildert. Bei Unsicherheiten sollte man vor Ort fragen – und zwar sobald man jemanden sieht. Es kann nämlich sein, das dies nicht so schnell wieder der Fall ist. Es empfiehlt

sich, Proviant und Getränke im Gepäck zu haben, denn die Dörfer liegen weit auseinander und Läden gibts nur in größeren Orten. Aber wer braucht schon alle Nase lang Laden oder Café? Mit selbstgeschmierten Broten auf der Wiese zu picknicken ist die entspannteste Art, in der Altmark Urlaub zu machen. Abseits der beschilderten Wege kann es abenteuerlich und holprig werden – aber unkonventionell von Dorf zu Dorf zu radeln, ist eh am Schönsten! Kanufahren kann man auf Havel, Elbe, Biese und Aland, gleiches gilt für's Schwimmen. Wer einmal zum anderen Elbufer schwimmen möchte, macht dies zum Beispiel unter Obhut des DLRG Tangermünde. Aus dem Wasser steigt man nämlich mindestens drei Buhnen elbabwärts. Langstreckenschwimmer fahren zum Arendsee, der liegt zwar in der Westlichen Altmark, musste aber mit ins Buch. Auch was für Taucher, Tretbootfahrer und alle, die Strand und kristallklares Wasser lieben. Lauschige Joggingstrecken hat die Region zuhauf, der Tangermünder Elbdeichmarathon genießt internationalen Ruhm. Und, man mag es kaum glauben, auch zum Wandern ist das flache Land äußerst interessant, Routen erfrage man in den Stadtinfos, auch hierbei ist Abenteuerlust gefragt. Pferdeliebhaber kommen in der Altmark gänzlich auf ihre Kosten.

VON BARBARA HALLMANN UND SIBYLLE SPERLING

BERUFSFISCHER GERNOT QUASCHNY IST TÄGLICH AUF DEM FLUSS UNTERWEGS. SEIN BERUF IST (SO GUT WIE) AUSGESTORBEN ...

24 DIE ALTMARK

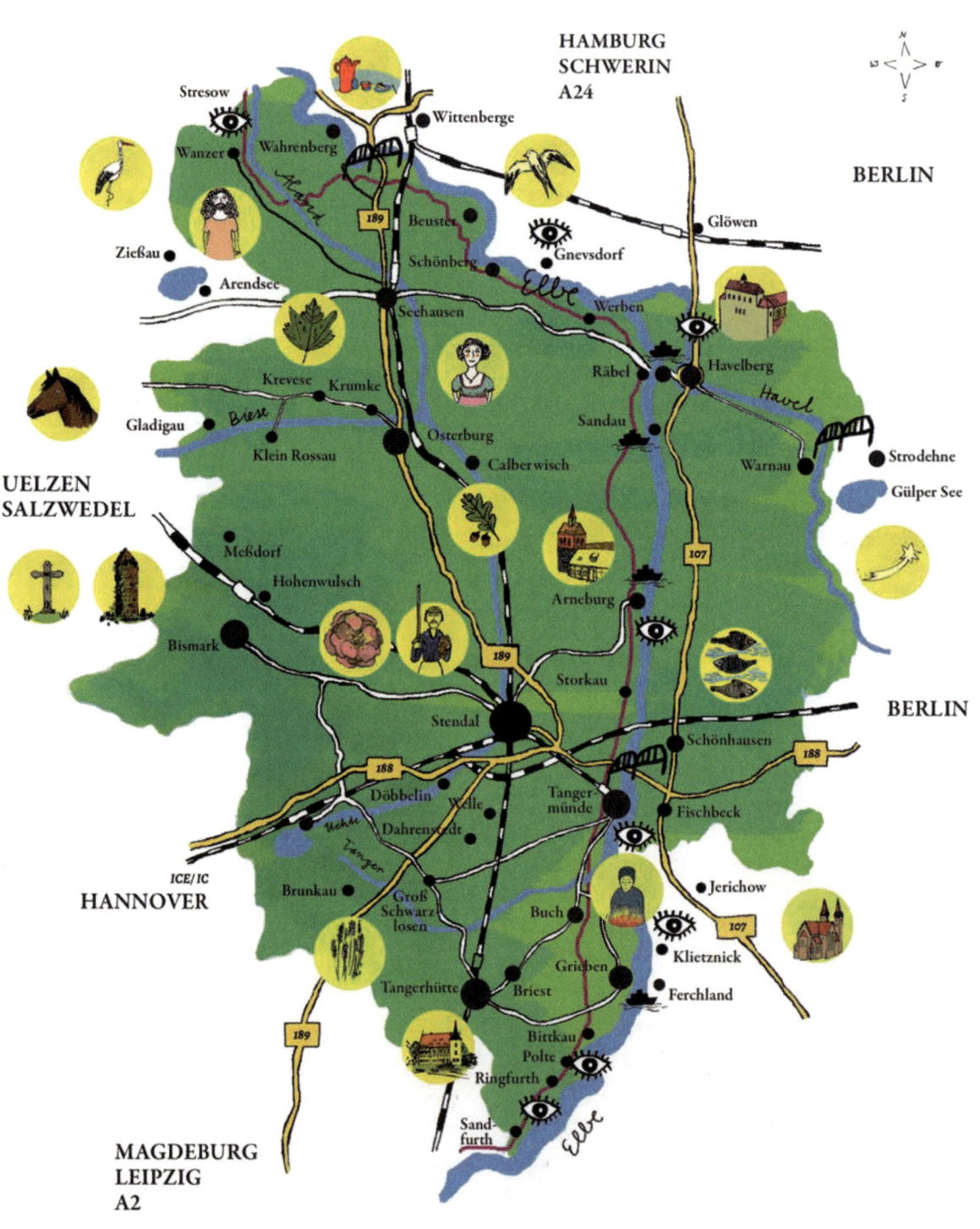

DIE ALTMARK 25

Die östliche Altmark

 Bahnstrecke mit Bahnhof

 Bundesstraße

 Landstraße

Elbe-Radweg links und rechts des Flusses

Fluß

wunderbare Aussicht

Autobrücke

Motor- und Gierseilfähre für Autos, Räder & Menschen

 Hippie Gustav Nagel in Arendsee

 Altmark-Kirche Arneburg

 Fallada & Bismark

 Goldene Laus Bismark

 Herrenhaus Briest

 Indianer in Calberwisch

 Elbe

 Ranch in Gladigau

 Stadtinsel & Dom Havelberg

 Kräuterfee Groß Schwarzlosen

 Kloster Jerichow

 Schloßpark Krumke

 Naturmaler in Schönberg

 Rosencafé in Stendal

 Stadtrundgang in Stendal

 Sternenpark Strodehne

 Grete Minde Tangermünde

 Störche in Wahrenberg

 Café in Wahrenberg

 Biedermeiermarkt Werben

Anne Zinke betreibt in Wahrenberg ein Café und macht vieles anders: Was auf den Teller kommt ist meist bio, regional und nie aus dem Tiefkühlschrank. Fleisch gibt es gar nicht.

Herbst 2005. Eine junge Ergotherapeutin sitzt in Berlin und entdeckt im Stadtmagazin Zitty eine Anzeige: Ein Wohnprojekt in der Altmark, direkt am Elbdeich, sucht nach Menschen, die in und mit der Natur leben und arbeiten wollen. Anne Zinke überlegt ein wenig. Hatte sie nicht vor einiger Zeit die Idee sich selbständig zu machen, mit einem integrativen Urlaubskonzept?

Wer den Elberadweg entlang radelt, kann sich mit einer vegetarischen Quiche stärken

Sommer 2017. Am Elbdeich spielt der Wind mit den silbrigen Weidenblättern, am Elbstrand schnattern Gänse und lachen Kinder. Störche sitzen klappernd auf dem First des Elbehofes. Der Himmel lädt ein, nach Wolkentieren zu suchen. Ein Ort zum Träumen. Und aus Anne Zinke ist Anne Elbe geworden – oder fast. Seit neun Jahren führt sie das Café, das ihren Vornamen trägt. Und dazu der Elbe die Ehre gibt, die als spektakuläre Kulisse für Café und Kuchen, Quiches und Salat dient. Für Anne Zinke sind der ehemalige kleine Fährschuppen, die Tische und Bänke auf dem Deich zum Lebensmittelpunkt geworden.

Wie es dazu kam? Nun, der Weg war nicht besonders geradlinig, erzählt Anne Zinke. Nach dem ersten Besuch in Wahrenberg war an einen Umzug an die Elbe nicht zu denken: „Ich fand es schön, ja. Aber ich war nicht euphorisch." Normalerweise, sagt die 42-Jährige, müsse sie allen und jedem davon erzählen, wenn sie eine bestimmte Sache gut finde. „Aber da hatte ich nicht das Gefühl." Und trotzdem: Sie fuhr ein zweites Mal nach Wahrenberg, im Frühjahr 2006. Und war verwirrt, denn sie sah viele Seen links und rechts der Straße. „Ich dachte, ich hab mich verfahren." Doch dann ging ihr auf, dass das Hochwasser die Landschaft verwandelt hatte – und damals muss es gewesen sein, dass sich Anne Zinke verliebte: In die Elbe und die Wiesen, die im Laufe des Jahres immer wieder anders aussehen. Sie entschied sich für den Sprung aus der Stadt an den Deich, zog nach Wahrenberg, lebte und arbeitete in der ökologisch orientierten Gemeinschaft des Elbehofes. Dort leben und arbeiten – das hieß auch ab und an: Ein paar Minuten auf dem Deich sitzen, auf die Elbe schauen, mit einem Becher Kaffee in der Hand. „Dann kamen immer wieder Radfahrer vorbei und fragten, wo man hier etwas essen und trinken kann – oder gar, ob wir etwas für sie zum Essen hätten", erzählt Anne Zinke. Gasthäuser gab es früher in Wahrenberg mehrere, nach und nach machten sie zu. Irgendwann machte Anne Zinke wahr, was für andere nur ein Gedankenspiel geblieben wäre: Sie eröffnete an genau dieser Stelle ein Café und nannte es „Anne" und „Elbe". Ein Wortspiel auf altmärkisch. Dazu verband sie beide Worte mit einer Tilde – ein Zeichen in Form einer Welle. Oft findet man es in Stammbäumen als Symbol für die Taufe, die Aufnahme in eine Gemeinschaft.

> „Der Fluss, die Natur und vor allem die Ruhe am Abend auf dem Deich geben mir ganz viel."

Das Café könnte kleiner kaum sein, gerade mal 11 Quadratmeter misst der Gastraum, 10 Quadratmeter die offene Küche. Das Fachwerkhäuschen war marode, alle Gefache mussten herausgenommen, das Gebälk neu zusammengesetzt und alles wieder ausgemauert werden. Aber gerade, weil es so winzig war, empfand Anne Zinke das Häuschen als perfekt: „Ich dachte immer, so ein kleines Projekt kann ich im Notfall auch alleine stemmen."

Vom alleine arbeiten kann keine Rede mehr sein. Insgesamt hat sie einen Personalstamm von bis zu sieben Leuten im Sommer; in Spitzenzeiten kümmern sich zwei um die Küche, zwei um den Service. Inzwischen machen die anderen Pause, schließlich hat das Café von Mai bis September keinen Ruhetag. Doch obwohl die dunkelhaarige Frau viel arbeitet – sechzig bis siebzig Stunden pro Woche seien es in der Hochsaison sicher – wirkt sie geerdet und zufrieden. Sie lerne mehr und mehr auszutarieren, abzuwägen, auch mal eine Pause zu machen. „Der Fluss, die Natur und vor allem die Ruhe am Abend auf dem Deich geben mir ganz viel." Seit ein paar Jahren ist sie passionierte Elbschwimmerin, überquert den Fluss wann immer möglich – auch, um sich von der Strömung mitnehmen zu lassen und ihre Kraft zu spüren.

Eigentlich hatte Anne Zinke mit der Elbe nie was am Hut. Sie wuchs in Berlin auf, lebte immer in der Großstadt. „Als ich

WAHRENBERG 31

Annes Spezialität sind selbst gebackene Kuchen und vegetarische Gerichte. Die Zutaten kommen aus dem Garten hinterm Café.

nach einer Weile zum ersten Mal nach Berlin zurückfuhr, merkte ich plötzlich, wie viel meiner Energie diese Stadt verbraucht", erinnert sie sich. „All die vielen Menschen – dafür war mir wohl von klein auf ein Schutzschild gewachsen, der sich hier draußen aber schnell abgebaut hatte." Es ist eine kleine und doch eine große Welt, in der Anne Zinke hier draußen lebt. Klein, weil sie im Sommer fast all ihre Zeit im Café auf dem Deich verbringt, meist zusammen mit Mandy Hiller, die ihr in Küche und Service seit vielen Jahren den Rücken stärkt. Jeden Tag kommt Herr Kloth vorbei, ihr Stammgast aus dem Dorf. Jeden Tag bäckt sie Kuchen und Sauerteigbrot. Jeden Tag erntet sie frischen Salat, Obst und Gemüse im Garten des Elbehofes hinterm Deich. Aber Anne Zinkes Welt ist auch groß, weil Menschen aus ganz Deutschland, aus ganz Europa bei ihr

Rast machen, ihr manchmal Geschichten erzählen. Und Anne Zinke erzählt selbst manchmal eine kleine Geschichte, zum Beispiel die von den Bauern in Mittelamerika, die die Bohnen für den Kaffee anbauen, den sie am Elbdeich serviert. Anne Zinke sagt, sie wolle sicher sein, dass auch diese Menschen einen fairen Lohn für ihre Arbeit bekommen – genau wie alle anderen auch, mit denen sie zusammenarbeitet.

Kaffee und Tee sind aber auch schon die einzigen Zutaten, die eine weite Reise hinter sich haben. Fleisch und Wurst kommen gar nicht erst auf den Tisch, und alle anderen Zutaten kauft sie möglichst lokal und möglichst biologisch ein. Die Eier stammen aus der unmittelbaren Umgebung – der Hühnerhof im Dorf hat sich, extra wegen Anne Zinkes Café, die Zertifizierung als Ökolandbetrieb geholt. Ihr

Die Elbe vom Café aus und da hier so gut wie nüscht los is, bitte abschalten und Seele baumeln lassen!

Prinzip: „Die Leute sollen einfach etwas wirklich Gutes auf dem Teller haben." Und ihre Haltung zeitigt Effekte. Über die Jahre hat sich im Dorf herumgesprochen, dass Anne ~ Elbe ein guter Ort ist, einer, den man weiterempfehlen kann. Tourismus-Gemeinschaften wie Ah!Land mitzugründen oder auch Partner des Biosphärenreservats Flusslandschaft Elbe zu werden – all das hilft. Trotzdem: Der Weg zur weithin bekannten kulinarischen Adresse war nicht leicht, führte die leidenschaftliche Köchin sogar dazu, einem Gast mal die einzelnen Gewächse eines Wildkräutersalates separat auf einem Teller zu präsentieren und ihm zu erklären, wie all dieses essbare Grünzeug heißt, das da hinterm Deich wächst. „Das eigene Dorf ist für jeden Gastwirt schwierig", sagt sie. Mancher beäugte das kleine Café lange skeptisch. Auf die Frage von Touristen, wo man hier etwas essen könne, antworteten viele aus dem Ort: „Hier gibts nichts." Nach fast zehn Jahren haben sich die Dinge gewandelt. Mal hat irgendjemand zu viel Rhabarber im Garten und bietet ihn Anne Zinke an. Mal sind es Gurken und Tomaten. Und immer öfter reserviert jemand für eine Geburtstagsfeier. Oder die Leute kommen, um einen Kaffee zu trinken. Und zwar einfach nur so – weil es schön ist, oben am Deich in Wahrenberg.

VON BARBARA HALLMANN

BLICK AUS DEM GEMÜSEGARTEN ZUM EHEMALIGEN FÄHRSCHUPPEN, IN DEM SICH HEUTE DAS KLITZEKLEINE CAFÉ AM WAHRENBERGER DEICH BEFINDET.

KURZ & BÜNDIG:
WAHRENBERG

... ist geografisch gesehen das letzte Dorf in der östlichen Altmark in nördlicher Richtung.

... gehört zusammen mit Vielbaum und Stresow zur Gemeinde Aland.

... liegt direkt am Elbdeich.

... ist eine der ältesten Siedlungen in der Altmark.

... hat seinen Namen vom Elbhochwasser, vor dem man sich „wahren" und „bergen" musste.

... ist im 12. Jahrhundert durch Albrecht dem Bären von holländischen und friesischen Deichbauern besiedelt worden, um das Gebiet einzudeichen.

... ist das erste Mal im 15. Jahrhundert urkundlich erwähnt worden.

... ist mit Fachwerkbauten & Dreiseithöfen aus dem 17. und 18. Jahrhundert sowie einer an den Deich geschmiegten Kirche ausgestattet. Die Höfe sind auf künstlichen Hügeln – sogenannten Warften – angelegt, so dass sie bei Hochwasser vor Überschwemmungen geschützt sind.

... zählt zu den Spitzenreitern unter den storchreichsten Orten in Sachsen-Anhalt, vor allem wenn man die Zahl der Einwohner (400) zur Zahl der Storchenpaare in Beziehung setzt (in guten Jahren bis zu 20).

Entschleunigungstipps für Wahrenberg & Umgebung

Fluss-Café Anne~Elbe in Wahrenberg:

In und vorm klitzekleinen Fährschuppen von Anne Zinke gibts selbst gebackenen Kuchen und vegetarische Gerichte. Auf den Teller kommt nur, was sie selber gern essen würde. Ihre saisonalen Zutaten kommen direkt aus dem Garten. Im Sommer grüne Elbdeich- und im Winter gemütliche Kaminromantik.

Der Elbehof in Wahrenberg:

Gleich nebenan kann man im ehemaligen Fährgasthof übernachten. Geheizt wird mit Holzhackschnitzelanlage, Warmwasser erzeugen Solarkollektoren und zum Waschen gibt es Freiluftsolarduschen. Der Hof bietet Raum für Wochenend- sowie Kulturveranstaltungen & lädt zu Naturerlebnissen sowie Trommelkursen ein.

Bockwindmühle in Wanzer:

Elf Kilometer weiter am nördlichsten Zipfel von Sachsen-Anhalt liegt direkt am Elberadweg und zum Teil auf dem Deich der idyllische Ort Wanzer. Jeden zweiten Sonntag wird im Sommerhalbjahr im Backhaus an der Kirche Pizza und Kuchen nach traditioneller Art hergestellt.

Schulhäuschen in Wanzer:

Die Ausstattung der früheren Schule wurde in einem Klassenzimmer arrangiert, außerdem zeigt das Museum historische Alltagsgegenstände aus dem Dorfleben.

Offener Garten in Wanzer:

Im Bauerngarten duften Kräuterbeete, im Schweinestall ist eine Galerie und von der Beobachtungskanzel hat man einen Feldflurblick … Christina Kloss öffnet die Pforten ihres Fachwerkhauses von 1811 im Rahmen der offenen Gärten der Altmark sowie zum Wanzer'schen Mühlen- und Herbsttag.

Regionale Künstlerin:

Die in Magdeburg geborene Anne Rose Bekker lebt und arbeitet seit 1984 am Deich in Wanzer. Sie beschäftigt sich freischaffend mit Malerei und lädt ab und an in ihre Kunstscheune ein.

WAHRENBERG 37

Der Ort Wanzer befindet sich unmittelbar an Aland & Deich mit dem Naturschutzgebiet Hohe Garbe. Abgeschiedenheit und Stille pur.

WAHRENBERG
DAS STORCHENREICHSTE DORF DER ALTMARK

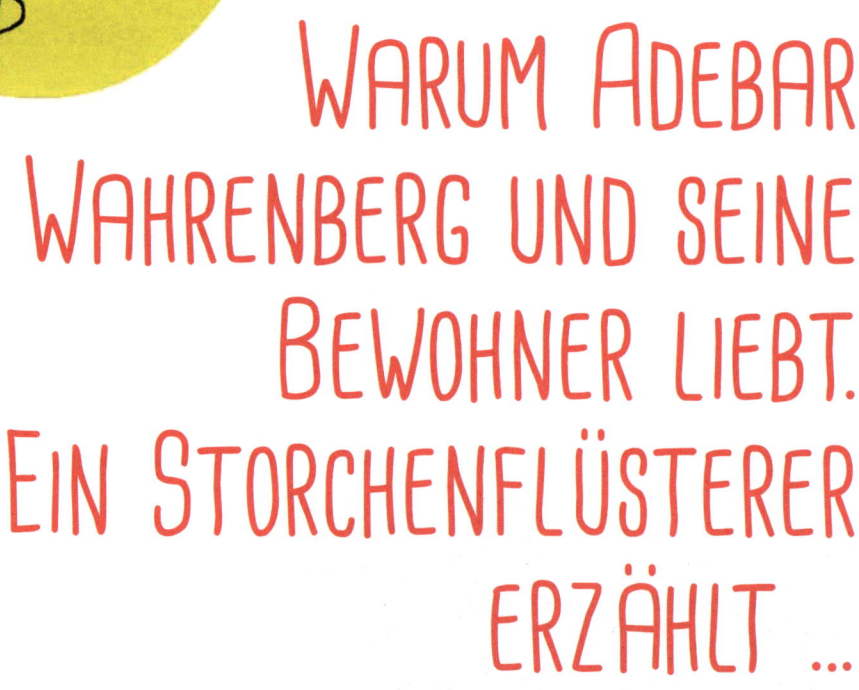

Warum Adebar Wahrenberg und seine Bewohner liebt.
Ein Storchenflüsterer erzählt …

Das westelbische Wahrenberg galt in der Altmark schon immer als das storchenreichste Dorf an der Elbe. Das hat eine Ursache: Wenn die Elbe Hochwasser hat, dringt ihr Wasser unter dem Deich in den Wahrenberger Polder hinein und in den Senken bilden sich Temporärgewässer, jährlich in unterschiedlicher Größe. Im Frühjahr sammeln sich hier unzählige Kröten und Frösche, um zu laichen. Hier wimmelt es also nur so von Amphibien und die sind nun mal der Störche Leib- und Magenspeise. Außerdem gibt es um Wahrenberg viel Grünland. Wird das im späten Frühjahr gemäht, beginnt auf den Mahdflächen die Wühlmausjagd. Ich finde, es ist ein besonderes Erlebnis, den Störchen bei ihrer Jagd zuzuschauen und zu zählen, wie viele Mäuse ein einzelner Storch erbeutet hat. Später fliegt Adebar dann vollgefressen und mit gefülltem Kropf zum Horst und „spuckt" das im Kropf gesammelte ins Nest, seinen Jungen vor die Füße. Ja, Störche würgen das Futter wieder hoch. Meine Generation ist nach dem Krieg als überzeugte Radfahrergeneration aufgewachsen. So habe ich mich als Biologiestudent in Grieben aufs Fahrrad geschwungen und bin elbabwärts geradelt, meistens auf dem Deich entlang. Weil ich zur Orientierung ein altes, farbiges Messtischblatt meines Vaters aus der Vorkriegszeit von der Altmark hatte, habe ich mich nie verfahren. Diese Landkarten waren sehr genau. In Wahrenberg hatte ich eine witzige Begegnung. Ich bat einen Einwohner um ein Glas Wasser, als Radfahrer hat man immer Durst. Brot hatte ich immer vom jeweiligen Bäcker gekauft, die es in fast jedem Elbdorf gab. Vor dem Haus des Wahrenbergers liefen auf einer Wiese Pekingenten umher, eine Entenrasse, die durch ihre aufrech-

Die Altmark ist mit 250 Brutpaaren die Storchenregion Deutschlands. In den Dörfern Wahrenberg, Buch, Beuster sowie in den Hansestädten Werben und Tangermünde nistet Adebar am liebsten

Storchenfamilien-Idylle: Streit ums Futter gibts in der Altmark nicht, denn auf den Elbauen ist genug für alle da.

te Körperhaltung entfernt an eine Sektflasche erinnert. Ich war auf dem Lande aufgewachsen und kannte die Haustierrassen. Der alte Herr war erstaunt, dass ich die Rasse kannte und griente mich verschmitzt an: „Nein, nein, das sind keine Enten, das sind Störche im Ruhestand, gefiederte Rentner, die haben sich hier durchs Kinderbringen in Wahrenberg die Beine abgelaufen und haben nun Ähnlichkeit mit Enten". Diese Form der „Art-Umwandlung" hatte ich nicht erwartet und ich habe herzlich gelacht. Deswegen habe ich wohl noch ein zweites Glas Wasser aus seinem Brunnen bekommen. Auf meiner Fahrt längs der Elbe hatte ich in all den Elbdörfern Storchennester gesehen, aber pro Dorf nur eines, selten zwei Nester. In Wahrenberg sah ich nun das erste Mal auf höheren Dächern und in Sichtweite der Paare sieben Storchennester. Aus der Literatur wusste ich, dass es so etwas in Deutschland auch in früheren Jahrhunderten gegeben hatte, auch in Wahrenberg. Im Jahre 1910 gab es hier insgesamt 17 Horste. Gesehen hatte ich das bis dahin aber noch nicht. Vor Jahrhunderten war es für Altmärker-Störche auf den strohgedeckten Dächern noch einfach, Horste anzulegen. Ihr Nistmaterial hatte auf dem Strohdach besseren Halt. Heute brauchen sie auf den Ziegeldächern eine Horst-Unterlage, aber weil solche Unterlagen fehlten, nahm anfänglich die Zahl der Horst-Paare in Wahrenberg ab. Als man sich zu DDR-Zeiten um Horstunterlagen bemühte, erhöhte sich die Zahl wieder auf acht Horste. Nach der Wiedervereinigung 1990 haben die Wahrenberger 20 bis 24 Horste errichtet und seither in Betreuung. Sie beobachten das Storchenjahr und dokumentieren auf Storchentafeln in der Nähe des jeweiligen Horstes das Ankunfts- und Abflugsdatum sowie die Anzahl der aufgezogenen Jungstörche. In den letzten Jahren schreiten allerdings nur 14 bis 15 Paare zur Brut.

Weißstörche haben sich schon vor Hunderten von Jahren schutzsuchend den menschlichen Siedlungen angeschlossen

Was aber ist der Grund, dass Störche seit Jahrhunderten immer wieder in der Nähe des Menschen auf Dächern brüten? Wieder einmal erklärt das eine Zufallsbeobachtung aus jüngster Zeit: Weil die Brut bei einem Schwarzstorch nicht erfolgreich war und Junge aus dem Horst verschwanden, installierte man eine „Wildkamera" in Horstnähe. Dabei wurde festgestellt, dass ein fast erwachsener Seeadler der Übeltäter war und nicht der Waschbär, wie man erst vermutet hatte. Der Seeadler hatte die Jungstörche erbeutet. Aber die Geschichte geht noch weiter. In Niedersachsen hat man unter einem neu errichteten Seeadlerhorst die Ständer von jungen Weißstörchen gefunden. Auch dort hat ein Altadler den etwas abseits von einer menschlichen Siedlung befindlichen Weißstorchhorst geplündert und die Jungstörche seinen Adler-Jungen zum Fraße gebracht. Durch die Vogelringe an den Beinen der Jungstörche ist herausgekommen, wo der Weißstorch-Horst geplündert wurde. Das also wird der Grund sein, warum sich die Weißstörche schon vor Hunderten von Jahren schutzsuchend den menschlichen Siedlungen angeschlossen haben. Dort nämlich traut sich ein Seeadler zum Beutemachen nicht hin. Untereinander können Störche auch aggressiv werden, dass kannte ich aus meiner Oberschulzeit in Tangermünde, wo Rückkehrer gelegentlich im zeitigen Frühjahr um einen Horst kämpften. Als ich diese Frage dem alten Herrn aus Wahrenberg stellte, sagte er nur: „Ja, das gibt es hier auch, dass sie kämpfen. Aber die Störche haben hier ausreichend zu fressen. Und Horste gibt es in

Wahrenberg auch genug, um die brauchen sie sich nicht zu streiten. Sie gehen sich wohl klug aus dem Weg und wegen vielen Storchenfutters gibt es im Grünland und den vielen Tümpeln hier keinen Streit. Wenn sie zum Horst fliegen, um Junge zu versorgen, haben sie immer einen vollen Kropf." Klar ist: Fehlt es im Horstrevier an Futter, führt das zu Streitereien. Ist genügend Futter da, wie hier im Wahrenberger Polder und Umgebung, erleben wir eine Storchensiedlungsdichte wie in der Vergangenheit.

VON WOLFGANG LIPPERT

UM SICH VOR FEINDEN WIE DEM SEEADLER ZU SCHÜTZEN, BAUEN STÖRCHE SEIT JAHRHUNDERTEN IHRE HORSTE IN DER NÄHE DES MENSCHEN. IN DER ALTMARK FINDET MAN SIE AUF TÜRMEN, DÄCHERN ODER MASTEN.

Beim Störchegucken entschleunigen

Storchenführungen:
Storchenexperte Werner Mohr, Jahrgang 1942, engagiert sich seit Jahren für Adebar. Er sagt, er sei im besten Alter und habe sich vorgenommen, 103 Jahre alt zu werden. Zu Führungen ist er jederzeit bereit.

Beobachtungstipps:
Die Brutzeit der Störche dauert von Anfang April bis zur zweiten Julihälfte. In einem Nest befinden sich zwei bis fünf Eier, die Nestlingszeit beträgt zwei Monate. Auf Tafeln in der Nähe der Horste stehen die Ankunfts- und Abflugsdaten sowie die Anzahl der aufgezogenen Jungstörche. Wenn die Jungstörche ihr Nest verlassen haben und hungrig durch Elbauen, Wiesen, Gräben, Tümpel und Wracks staksen, ist es besonders putzig.

Wahrenbergs Störche auf eigene Faust:
Nicht nur Herr Mohr, alle Wahrenberger kümmern sich liebevoll um das Wohl der Störche und deren Tafeln. Spaziergänge entlang des Auenpfades und des Nabuwegs sind vor Ort ausgeschildert. Achtung: Man sollte nicht nur ein Auge für Störche haben, Wahrenberg mit seiner Kirche, den schnuckligen Häusern und weitläufigen Gärten ist auch sonst wunderschöööhn.

Störche in Werben:
Natürlich hält sich Adebar nicht nur in Wahrenberg auf! Wer mit offenen Augen durch die Östliche Altmark fährt oder radelt, wird ihn vielerorts entdecken. Die kleinste Hansestadt Werben hat es ihm auch angetan – vom Turm des Elbtors kann man sogar in sein Nest lugen! Siehe Seite 88.

Storchenkamera in Buch:
Unweit der Hansestadt Tangermünde befindet sich Buch. Dort hat das Elbelandmuseum eine Kamera für Nestgucker installiert. Auch wenn es von Wahrenberg aus nicht gerade ein Katzensprung nach Buch ist, lohnt sich der Ausflug. Der Ort, das Museum und Tangermünde sind eine Tagesreise wert. Siehe Seite 244.

VIELBAUM

ENTDECKEN
STAUNEN UND
GENIESSEN

Wie zwei Abenteurer am Aland das Altmark-Glück fanden – allen Unkenrufen zum Trotz.

Zum Glück lagen sie alle falsch. Die uns empfingen mit „Was hat Euch denn ausgerechnet hierher verschlagen – hier gibt's doch nix !" Und die uns rieten „Kanus und Tipis ? Das könnt Ihr vergessen. Kauft Euch lieber Ziegen und macht Käse." Das war im Frühsommer 2013, als wir mit Sack und Pack – samt Tipis und Kanus – auf dem leer stehenden Hof am Rande der Aland-Elbe-Niederung ankamen. Den wir von da an unser Eigentum nannten und der heute als Naturerlebnishof unser Zuhause ist und der Ort, an dem wir unsere Ideen verwirklichen und unsere Gäste empfangen.

Dass es in diesem nördlichsten Zipfel der Altmark einiges mehr als „nix" gab, hatten wir natürlich im Vorfeld bereits erkundet. Dass es so viel Schönes und Erlebenswertes sein würde, haben wir jedoch mit zunehmender Begeisterung nach und nach entdeckt – und tun es immer noch.

Da ist zunächst das Wasser. Die Elbe – der Strom, der als einer der letzten in Mitteleuropa ungestaut über hunderte von Kilometern durch die Landschaft fließt. Die Alte Elbe, Zeugin der Hochwässer der Jahrhunderte, als der Fluss sich sein Bett immer wieder neu grub. Und der Aland, der zuerst Milde und dann Biese heißt, der das Elbewasser atmet und spannendes Grenzland durchfließt, bevor er jenseits des Grünen Bands in den Elbstrom mündet.

Diese atemberaubende Landschaft mit Rädern und Kanus zu durchstreifen, ganz gemächlich, auf dem Wasser und auf idyllischen Wegen abseits der Straßen, mit viel Zeit zum Schauen und Staunen, dabei die Besonderheiten unseren Gästen nahe bringen und immer wieder neu erleben, das ist heute unsere Passion. Arbeit und Vergnügen zugleich.

Vor allem mit dem Kanu bietet sich vom Wasser aus ein ganz neuer, faszinierender Blick auf die Landschaft, wenn die Boote lautlos mit der im hiesigen Flachland gemächlichem Strömung den Fluss hinab gleiten. Einst waren die Canadier, wie unsere offenen, gutmütigen Kanus genannt werden, Transportboote – das erste Fortbewegungsmittel, das Menschen sich schon vor Jahrtausenden erdacht und gebaut haben. Heute sind sie unverändert in ihrer bestechend einfachen Form und Bauart und lassen sich auch von Paddel-Neulingen leicht steuern. Lediglich etwas Teamwork ist gefragt, wenn man in 2er- oder 3er-Besatzung dem Wasser als Weg folgt und spurlos durch die Natur gleitet. Die ergänzende Perspektive bietet sich bei einer gemütlichen Radtour hin zum Fluss und nach der Paddeltour zurück zum Ausgangspunkt, wenn die Wege entlang des Wassers und durch die weite, grüne Landschaft führen und man dabei die typischen, blau-grünen Ausblicke im ganz speziellen Licht der Elbtalaue genießen kann.

Aber auch die Kultur in unserer dünn besiedelten Region erwartet uns auf unseren Touren mit Erlebnissen der besonderen Art: Bei den Abstechern in die Dörfer entlang der Strecke. Denn da treffen wir die Menschen. Die, vor denen man uns bei unserer Ankunft im Sommer 2013 auch gewarnt hatte: Die sturen Altmärker, mit denen wir kein leichtes Spiel haben würden … Nie haben wir in so kurzer Zeit so viele tolle, engagierte, besondere Menschen kennengelernt! Jede Tour, die uns in eins der Dörfer führt, ist ein Besuch bei Freunden – für uns und für unsere Gäste. Beim Mühlenverein in Wanzer mit liebevoll restaurierter Bockwindmühle und Backhaus auf den idyllischen Dorfplatz, bei Anne ~ Elbe in Wahrenberg im Café auf dem Elbdeich mit atemberaubenden Blick auf den Fluss, im Hoflandencafé der Schäferei und beim Imker auf dem Deich in Beuster, im Kavaliershaus im Krumker Gartenträume-Park.

Und dann sind da noch die Menschen, die auf ihren Höfen die Produkte der Region herstellen. Bodenständig, in Handarbeit, immer frisch und von unschlagbarer Qualität. Dort kaufen wir ein, um unsere Gäste bei uns auf dem Hof zu verwöhnen. Alles was die Saison gerade bietet, alles von hier und schließlich von uns auf dem Feuer frisch zubereitet, wenn alle gemütlich auf unseren selbst gebauten bequemen Holzstühlen in der Runde sitzen und dabei zusehen können.

Darum geht es in unserem Tipi-Camp: Feuer und Fackeln statt Gas und Strom. Am Lagerfeuer sitzen, am Feuer schmausen, feiern, tagen und schlafen. Gemütlich, warm und überdacht, auch wenn das altmärkische Wetter mal nicht so charmant sein sollte. Alles ein wenig langsamer, als wenn zuhause einfach nur der Schalter umgelegt oder das Knöpfchen gedrückt wird. Und alles irgendwie rund. Die Natur ist nicht gerade.

VON SUSANNE FIGUEIREDO

Susanne und Eduardo Figueredo bieten Flusswander- und Radtouren. Übernachten, Genießen & Bogenschießen kann man auf ihrem Naturerlebnishof.

Viele Jahre war die Elbe auch die Grenze zwischen zwei Welten. Wer kein DDR-Bürger mehr sein wollte, ist über die Hohe Garbe „geflitzt".

Wer vom Fahrrad aus auf dem Elbe-Radweg die Landschaft um Wahrenberg erlebt, wird lang gestreckte „Baulichkeiten" erkennen, die wie flache Erhöhungen inmitten des Mündungsraumes vom Aland in die Elbe liegen. Diese Erhöhungen nennt man „Warften". Sie sind einst von friesischen und holländischen Deichbauern errichtet worden, da die Landschaft regelmäßig vom Elbwasser überflutet worden ist. Selbst niedriges Hochwasser war einst in der Lage, das flache Land in einen riesigen See zu verwandeln. Entfernt hat diese Seenlandschaft an die Nordsee erinnert, an die Ebbe und an die Flut. Damals hatte die Elbe noch Platz, sich in der flachen Ebene auszubreiten. Albrecht der Bär hat vor etwa 800 Jahren begonnen, hier holländische und friesische Deichbauern anzusiedeln, weil sie sich mit den wechselnden Wasserständen der Nordsee auskannten und damit umzugehen wussten. Wie in ihrer Heimat begannen sie damals, Warften für ihre Häuser zu errichten und fingen zeitgleich an, erste Deiche zwischen Elbe und Aland anzulegen. Diese ersten Ansiedlungen reichen also bis ins 12. Jahrhundert zurück. Die Deiche werden deshalb heute noch „Holländer-Deiche" genannt.

Einer dieser Deiche ist der noch immer funktionstüchtige „Üterdeich". Er liegt südlich von Wahrenberg in der Märsche und verläuft quer in Ost-West-Richtung an Warften vorbei zwischen dem Elb- und dem Aland-Deich. Dieses im Süden befindliche Land wird alles „Märsche" genannt. Nördlich von Wahrenberg verläuft ebenfalls quer von Ost nach West, zwischen Elb- und Aland-Deich, der „Reetz-Wische-Deich". Der „Üterdeich" und der „Reetz-Wische-Deich" machen das Land um Wahrenberg zu einem geschlossenen Polder. Alle Deiche um den Wahrenberger Polder waren nur so hoch wie die Warften, auf denen die Häuser von Wahrenberg und Umgebung stehen. War es in früher Vergangenheit zu einem Deichbruch in Höhe Wahrenberger Polder gekommen, lief er voll. Bei höherem Hochwasser ist das Wasser über die Deiche in die angrenzende, weite Landschaft geflossen. Die Häuser auf den Warften sind jedoch immer trocken geblieben – welch Genialität dieser friesischen Deichbauern! Bei sommerlichem Wetter und niedrigem Wasser in Elbe und Aland sind heute Üterdeich und Reetz-Wische-Deich in großen Stücken als sogenannte „Schlaf-Deiche" zu bezeichnen. So nennt man Deiche, die heute keinem Hochwasser mehr ausgesetzt sind.

> Bis 1973 wurde bei starkem Hochwasser die Flutwelle der Elbe gebrochen

Die noch vorhandenen Warften in der Märsche südlich von Wahrenberg zeugen vom Wirken der friesischen Deichbauern und deren Nachfahren. Auf ihnen tronen geschützt vor dem Hochwasser Wohnhäuser und Ställe. Manche Warften sind nach dem Krieg verlassen worden. Fährt man von Wahrenberg weiter nach Norden über den Reetz-Wische-Deich, kommt man in die Garbe. Nach dem Krieg war diese weite Grünlandfläche zwischen Aland (bei Wanzer) und der Elbe noch Überflutungsaue und wurde von der Mündung des Alands bei Schnackenburg „rückwärts" überflutet. Über einen „Siel", ein Schleusentor im alten, ehemaligen Deich der Hohen Garbe, konnte man früher zusätzlich Wasser aus der Hochwasser führenden Elbe in die Garbe fließen lassen. Die Garbe war dann von Schnackenburg bis zum Reetz-Wische-Deich im Süden und dem Aland bei Wanzer im Westen ein einziger See. Bis 1973 wurde so bei starkem Hochwasser die Flutwelle der Elbe gebrochen – das Hochwasser lief in die Garbe. Das Siel, die Schleuse im alten Deich, kenne ich noch, aber dieses System ist heute funktionslos. Der ehemalige alte, viel niedrigere Deich aus vergangenen Zeiten ist bruchstückhaft heute noch an der Grenze zur Hohen Garbe vorhanden. Er schwenkt in Höhe Hohe Garbe vom 1973 neu errichteten, viel höheren Deich als niedriger Hügel nach Osten ab.

Die Hohe Garbe, das Auwald-Relikt, war schon immer dem Elb-Hochwasser ausgesetzt. Zu DDR-Zeiten, besonders nach dem Berliner Mauerbau 1961, wurde die Garbe als Grenzgebiet zusätzlich gesichert. Wie aber bei Hochwasser einen solchen Überflutungsraum sichern? Es hatte sich nämlich herumgesprochen, dass „Ost-Germanen", die keine DDR-Bürger mehr sein wollten, illegal über die Garbe, die grüne Grenze, in den Westen gelangen konnten. Wer sich trotz Minenfelder und „scharfen Hunden an Lauflinien" in den Westen hatte absetzen können, von dem hieß es hinter vorgehaltener Hand: Er wäre „geflitzt". Weil außerdem bei Hochwasser die von den Grenztruppen ausgelegten, gefährlichen Minen über die Grenze abgetrieben wurden, nämlich in Richtung Schnackenburg, hatte man 1973 in Höhe des Dorfes Stresow und südlich Schnackenburgs mit dem

Bau des Grenzdeichs begonnen. Man wollte so den ehemaligen Überflutungsraum noch besser kontrollieren. Die Elbe aber verlor an Raum – bei besonders starkem Hochwasser konnte sie sich nun nicht mehr ausbreiten und die Hochwasserwelle konnte nicht mehr gebrochen werden. Wie man inzwischen weiß, bekamen elbabwärts gelegene, aber im Westen befindliche Städte an der Elbe, bei Hochwasser erhebliche Probleme. Den DDR-Regenten aber war das egal. Der Grenzdeich ist also nicht aus Hochwasser-Schutz-Gründen gebaut worden. Er diente „nur" der Grenzsicherung. Ehemalige SED-Genossen in Hochwasserschutz-Behörden sehen das gewiss anders. Damit bei starkem Hochwasser das Elbwasser nicht Aland-aufwärts bis Seehausen fließt, hat man später ein Aland-Absperr-Bauwerk in den Aland gebaut und westlich vom Aland den Wrechow gepoldert. Er kann nun Hochwasser vom Aland aufnehmen. Genauere Informationen erhält man bei der Gedenkstätte „Stresow" und dem im Vogel-Beobachtungsturm am Wrechow neben dem Grenzdeich südlich Schnackenburg. Mit dem Neubau der Deiche bei Wahrenberg nach Norden und dem Grenzdeich sind der Üterdeich und der Reetz-Wische-Deich erhöht worden. Eigentlich ist das sinnlos. Käme es jetzt zu einem Deichbruch in Höhe Wahrenberger Polder, würden die Häuser selbst auf den Wahrenberger Warften „baden gehen". Es beweist, dass heutige Hochwasserschützer das ausgeklügelte Wissen der friesischen Deichbauern schlichtweg ignorieren. Hoffentlich kommt es nie zu einem Deichbruch bei Wahrenberg.

VON WOLFGANG LIPPERT

FREILUFTMUSEUM, GRENZANLAGEN UND EIN AUSSICHTSTURM ZUM BEOBACHTEN DER VÖGEL IN STRESOW.

Entschleunigungstipps im nördlichsten Zipfel

GPS-Auentour:

Die Auen-App führt euch auf 26 Kilometern per Rad durch die Elbe-Aland-Niederung. Der absolute Hit, um die Region auf eigene Faust zu erleben. Wichtig: Vorab App und Inhalte runter laden, damit der Reiseführer auch offline und vor Ort funktioniert.

Schnackenburg mit Grenzlandmuseum, Hafencafé und Aussichtsturm:

Die Landesgrenze zwischen Niedersachen und Sachsen-Anhalt war bis 1990 auch innerdeutsche Grenze. Das Dorf Stresow lag im 500 Meter breiten „Schutzstreifen" unmittelbar am DDR-Grenzzaun. 1952 begannen Zwangsaussiedlungen der etwa 100 Dorfbwohner, 1974 mussten die letzten Familien ihr Zuhause verlassen, Stresow wurde dem Erdboden gleich gemacht. Infotafeln, Karten und ein Original-Nachbau der Grenzbefestigungsanlagen erinnern an den Ort und das Unrecht. Unbedingt vom Aussichtsturm am Hafen auf die drei Bundesländer gucken und im Hafencafé Felicitas einkehren.

Wrechow:

Zu Stresow gehört untrennbar der Wrechow. Vom Polder mit Aussichts- und Infoturm hat man einen Überblick über den Aland-Elbe-Mündungsbereich mit Wasser- und Rastvögeln sowie dem ehemaligen Stresow. Der Wrechow kann auf den Deichen wunderbar per Rad und zu Fuß umrundet werden. Abstecher zu Aland und Elbe sind in kurzer Zeit möglich.

Grenzort Stresow:

Ein zehn Kilometer langer Natur- und Erlebnispfad führt in das Dorf, das 1952 dem Erdboden gleichgemacht worden ist. Heute erinnert eine Gedenkstätte an sein Schicksal.

Radtouren im Grünen Band:

Wer das ehemalige Grenz- und jetzige Naturparadies zwischen Elbe, Arendsee und dem Cheiner Torfmoor erforschen möchte, kann das mit Jürgen Starck, aber bitte mit dem Drahtesel, machen. 128 Kilometer der ehemaligen innerdeutschen Grenze liegen nämlich in der Altmark. Mit etwas Glück kann man Schwarzstörche, Kraniche, Seeadler und Ziegenmelker aufspüren und nebenbei den Geschichten von Herrn Starck lauschen. Denn die sind seine Spezialität!

Restaurant in Nienwalde sowie Ausflug nach Gartow:

Hanna Brillowski zaubert im Eichenkrug rustikale deutsche sowie polnische Gerichte. Die Zutaten sind regional und frisch. Legendär ist ihre Kartoffelpizza, freitags bis sonntags gibts sogar Veganes. Nienwalde liegt bereits im Wendland, ein Ausflug nach Gartow – zum Schloss, zum Gut sowie an den See – ist absolut empfehlenswert (auch kulinarisch!!!).

Vier-Länder-Grenzradweg:

Einige Relikte der deutschen Teilung wie Grenztürme, geschleifte Dörfer aber auch Reste mittelalterlicher Besiedlungen liegen auf dem Vier-Länder-Grenzradweg zwischen Elbe, Altmark und Wendland. Radtouren bietet Thomas Hartwig, ein zertifizierter Gästeführer, an.

▲ Das Naturschutzgebiet Hohe Garbe befindet sich im Drei-Länder-Eck Niedersachsen, Sachsen-Anhalt und Brandenburg.

Naturmaler Eugen Kisselmann hat sich in die Altmark zurückgezogen.

Man muss schon genauer hinsehen, seine Bilder sind keine Fotografien. Handgemalt sind Tiere und Landschaften, der Künstler tupft Öl auf Leinwand, an einem großen Bild sitzt er bis zu vier Wochen, sechs bis acht Stunden am Tag.

Dass er Vögel und Wasser ausgesprochen fein, stimmig und nuanciert malen kann, haben die Amerikaner längst entdeckt. Seit 2008 wählen sie seine Naturmotive aus, 120 Bilder von 600 internationalen Bewerbern schaffen es jährlich ins „Leigh Yawkey Woodson Art Museum". 2017 hatte sich Kisselmann mit „Knut", einem Schnepfenvogel, und 2016 mit „Sandbank der Elbe" durchgesetzt. Wer seine Kunstwerke bewundern möchte, muss nicht den Ozean überqueren und Wisconsin ansteuern. 2014 hat sich der Künstler hinter den Elbdeich zurückgezogen. Unbeabsichtigt, wie er sagt, aber auf ihrer Suche nach einem Rückzugsort hat-

NATURMALER UND ORNITHOLOGE EUGEN KISSELMANN HAT EINE VORLIEBE FÜR DIE REALISTISCHE DARSTELLUNG VON VÖGELN. SCHON VOR DER HAUSTÜR FINDET ER SEINE INSPIRATION

64 SCHÖNBERG

Seit 2008 werden Kisselmanns Naturmotive jährlich in Wisconsin auf einer internationalen Ausstellung gezeigt. „Knut beim Gefiederpflege" ist mit Öl auf Leinwand gemalt.

IN DER ALTMARK UNWEIT DER ELBE HABEN DIE KISSELMANNS UNBERÜHRTE NATUR WIE NIRGENDS SONST IN DEUTSCHLAND GEFUNDEN. SEIT 2014 LEBEN SIE HIER.

ten er und seine Ehefrau Tatjana eines Tages dieses Häuschen entdeckt – inmitten wilder Auen und unweit der Elbe, ähnlich idyllisch wie die Kulundaebene nahe der Grenze zwischen Russland und Kasachstan, der Heimat des Künstlers.

Wenige alte Kiefern auf einem Sandhügel, Steppenseen und Tümpel, sperrige Birken- und Espenwälder und nirgends eine Menschenseele – gewisse Ähnlichkeiten mit der Altmark sind unverkennbar.

Kehrt man in Kisselmanns Heimat und zu seiner Kindheit zurück, meint man, er habe bereits als Naturmaler in der Wiege gelegen. Seine Leidenschaften, die Natur und die Kunst, entflammen früh, Ausflüge durch die russische Steppe stehen auf der Tagesordnung, ebenso das Malen. Drinnen bringt er als kleiner Junge zu Papier, was ihn draußen fasziniert, und da gibt es einiges: Im Frühling die flauschigen Küchenschellen, im Herbst der knallrote Espenwald und im Winter die flinken Schneehasen; Vögel haben es ihm besonders angetan. Seine Eltern schicken ihren Sohn bald zur Kinderkunstschule, ein Malereistudium in Novoaltaisk folgt, Kisselmann wird technisch professioneller. Dennoch, sagt er heute, habe er sich auf dem Gebiet der Tiermalerei nicht entfalten können, denn genau darin lehrte ihn das Studium nicht.

„Schmeiß die dicken Pinsel weg. Nimm Feine!"

Mittlerweile ist er ein Meister seines Fachs, er ordnet sich der in Deutschland nicht sehr verbreiteten „Realistischen Naturmalerei", in Englisch der „Wild Life Art", zu. Seine Bilder gehen in die Tiefe, ins Detail, erspüren jede Schwingung, jede farbliche Nuance. Diese besondere Gabe für Feinheiten hatte auch ein Dozent bemerkt. „Schmeiß die dicken Pinsel weg. Nimm feine!", riet er. Auf der Studien-Abschlussfeier bekommt auch Tatjana, seine junge Ehefrau, einen Rat: „Eugen ist sehr talentiert, aber ein Künstlerleben ist nicht einfach. Machen Sie alles, dass er sich weiterentwickeln kann. Er ist abhängig von Ihrer Unterstützung."
Der Ratschlag hat Tatjana Kisselmann geprägt. 1992 zieht die Familie nach Deutschland, seit 1995 können sie ausschließlich vom Verkauf der Bilder leben. Tatjana Kisselmann stellt Kontakte her, kümmert sich um Ausstellungen, übernimmt Finanzielles – ihre Fähigkeiten als Kunstmanagerin hat sie sich selbst erarbeitet. Sie mag den Kontakt zu Kunden, das fülle sie aus. „Es ist sehr interessant. Oft gibt es eine Verbindung zwischen den Kunden und uns, es entstehen Freundschaften. Wir unternehmen was gemeinsam, gehen paddeln oder beobachten die Hirschbrunft." Solche Unternehmungen, aber auch Reisen und der Austausch mit anderen Naturmalern inspirieren Kisselmann genauso wie die Natur vor Ort. Die Darstellung wilder Tiere in ihrer natürlichen Umgebung hat er sich selbst beigebracht, man muss sicher ein Tier- und Naturkenner sein, sagt er.

Nach dem Malstudium nimmt er eine Stelle in einem Naturforscherzentrum an, er unterrichtet Biologie, pflegt und malt Tiere. In dieser Zeit bezeichnet er sich als Ornithologe. Als er Vogel-Illustrationen für die Rote Liste anfertigen soll, entdeckt er seine Nische. „Das war für mich eine Offenbarung", resümiert er. Tatjana sagt, beim ihm gehe das Malen wie von selbst, sie habe es auch mal versucht, aber nach drei Stunden aufgegeben. Ihr Mann schmunzelt, nach drei

AB UND AN LÄDT FAMILIE KISSELMANN PERSÖNLICH IN DIE ELBAUENLANDSCHAFT EIN: ZU ZEICHENKURSEN UND KRÄUTERWANDERUNGEN

Stunden werde er erst richtig warm, Tatjana nickt. „Wenn er malt, ist er nicht ansprechbar. Ich sage dann, er ist nicht zu Hause, er ist im Urlaub." Seine Bilder stehen und hängen im Atelier, den Verkauf sieht er pragmatisch, an den Atelierbildern hänge er nicht. Lediglich von denen, die draußen entstanden sind, könne er sich schwerer trennen. „Mit den Bildern verbinde ich meist etwas, einen schönen Tag, eine Stimmung." Überhaupt draußen – da sind die Kisselmanns immer gern! Stück für Stück entwickeln die beiden den Garten und renaturieren die Brache, pflanzen heimische Bäume und Sträucher auf Wiesen und im Vorland. „Wenn einer hier mit einem gelben Eimer unterwegs ist, ist das Eugen. Er sammelt Samen von heimischen Kräutern und sät sie auf der Brache aus." Kisselmann deutet mitten ins Grün. „Guck mal, der große Wiesenknopf ist gekommen." Man muss lange suchen und mit den Augen blinzeln, um die dunkelroten Köpfe des zarten Krauts zu entdecken, zwei Jahre ist es her, dass er die Samen in die Erde gebracht hatte. Links daneben, auf einem kleinen Elbarm, hat er eine Nisthilfe aufgestellt. Für Seeschwalben. „Als wir uns damals die Immobilie angeschaut haben, gab es welche", erzählt er. „Sie nisten eigentlich auf Inseln, aber hier gibts keine natürlichen mehr. Also hab ich eine gebaut." Noch hat er keine nistenden Seeschwalben auf dem Floß gesehen, aber Kisselmann ist geduldig, freut sich, dass er dafür die Turmfalken mit einer Nistkiste unterm Hausdach und den Eisvogel mit einer Steilwand angelockt hat. Auch im Haus zwitschert es. In der Wohnstube über dem Esstisch meldet sich ein Pirol – aus einer Wanduhr, die zu jeder Stunde mit einer anderen Vogelstimme ruft …

Kisselmann und die Vögel, Kisselmann und die Natur, Kisselmann und die Malerei … Wer einen Blick auf sein vielseitiges Schaffen werfen möchte, ist herzlich eingeladen. Wer den Elberadweg entlang radelt, könnte inmitten von Wiesen, zwischen Beuster und Werben, Kisselmanns weißgetünchtes Häuschen entdecken.

VON SIBYLLE SPERLING

DAS SEEHÄUSER BEUSTERTOR. ÜBER EINE WENDELTREPPE GEHT'S ZUR WOHNUNG DES TORWÄRTERS. NEBENAN DIE SALZKIRCHE (VON 1460), FRÜHER KAPELLE DES HOSPITALS SANKT SPIRITUS

KURZ & BÜNDIG: SEEHAUSEN

... wurde durch holländische Kolonisten gegründet.

... hat seinen Namen nicht vom See sondern eventuell vom Grafen Sidag. Der hatte das Gebiet als Lehen bekommen.

... wurde 1151 unter Albrecht dem Bären zur Stadt ernannt.

... war von 1358 bis 1488 Mitglied der mittelalterlichen Hanse und ist seit 1998 wieder Mitglied des Altmärkischen Hansebundes.

... war mehrfach von Deichbrüchen und Überflutungen betroffen.

... hatte mal 'ne Stadtmauer. Reste & das Beustertor sind erhalten.

... wirkt aus der Ferne durch sein Wahrzeichen, die Sankt Petri-Kirche (erbaut 1170 bis 1220) mit den 62 Meter hohen Türmen. Von der Türmerwohnung (45 Meter Höhe) hat man einen weiten Blick über die nördliche Altmark. Hier oben haben 270 Jahre lang die Türmer mit ihren Familien gelebt und gearbeitet.

... ist ein ruhiges & grünes Städtchen.

Schönberg ...

... ist ein Ortsteil von Seehausen & Einfahrtstor in die Wischeregion.

... wird 1208 erst als Schoneberg erwähnt – 1271 schreibt man Schonenberg.

... Die Kirche ist ein romanischer Backsteinbau (von 1150), den Napoleon 1813 aufgrund der Hügel-Lage zur Verteidigung ausbauen ließ.

Entschleunigungstipps für Schönberg & Umland

Malkurse sowie Naturwanderungen:
Tiere oder Landschaften realistisch zeichnen? Naturmaler und Ornithologe Eugen Kisselmann nimmt seine Besucher mit in die Elbauenlandschaft – zum Wandern und Zeichnen. Bei schlechtem Wetter geht's ins Atelier.

Beuster:
Wer von Schönberg aus etwa 30 Minuten den Deich elbabwärts radelt, kommt ins malerische Beuster. Am alten Elbarm gelegen, erstreckt sich der Ort über drei Dörfer – ein Spaziergang bis hin nach Werder entspannt die Seele. Beuster hat gleich zwei Kirchen – die große Stifts- und die kleine Fachwerkkirche.

Stiftskirche Sankt Nikolaus in Beuster:
Die ehemalige Stiftskirche der Augustiner-Chorherren wurde 1160 fertig gebaut und ist seit dem 16. Jahrhundert die Dorfkirche von ehemals Groß-Beuster. Die Radfahrerkirche ist die älteste Backsteinkirche der Altmark – eine Führung lohnt schon deshalb, weil Ehrenamtler dies mit Leib und Seele tun. Zur Saison gibt's regelmäßig Kultur.

Dorfkirche Sankt Marien in Beuster:
Der kleine Fachwerkbau mit vorgesetztem massiven Turm (1885) stammt aus der Mitte des 18. Jahrhunderts und gehörte früher zu Klein-Beuster. Tipp: Wer den schlichten, barocken Innenraum

Blick über die Biese nach Seehausen.

und die intakte Voigt-Orgel sehen möchte, sollte die lieben Gästeführer der Stiftskirche Sankt Nikolaus bitten.

Schäferei Schuster in Beuster:

Seit 1990 hält der Familienbetrieb auf saftigen Elbweiden Schafe, derzeit 550 Mutterschafe. Geschlachtet wird stressfrei vor Ort, im Hofladen ist fast alles vom Schaf. Im dazugehörigen Café wartet Frau Schuster mit kleinen, frischen Lammgerichten und Süßem - handgezaubert sind ihre Hefekuchen & Torten. An Himmelfahrt lädt die Familie zum Lammessen. Neben dem Hüten von Schafen hat Herr Schuster noch ein Händchen für die Welsh-Pony-Zucht.

Deichimkerei in Beuster:

Am Fuße des Elbdeichs stehen die Bienenkästen des Deichimkers Hans-Werner Spillner. Jährlich produzieren seine Bienen unterschiedlichste Honigsorten von Frühjahrsblüte über Raps und Linde. Neben speziellem Blüten-Honig wie Akazie oder Buchweizen gibts auch Honig-Schnaps und Propolisprodukte.

Ausflug nach Seehausen:

Die 62-Meter-hohen Kirchtürme der Sankt Petri-Kirche sind schon von Weitem sichtbar. Fans alter Bauwerkskunst sollten außerdem zur Salzkirche, zum Beustertor und ins einzigartige Turmuhrenmuseum gehen. Wer's geruhsamer braucht, geht ins Waldbad. Es hat 80 Jahre auf'm Buckel – liegt aber wunderschön im Schillerhain.

Eis & Kuchen in Seehausen:

Wer einen Ausflug nach Seehausen plant, sollte auf einer Bank vor Henkels Restaurant rasten. Das Soft-& Kugeleis stellt die Familie nach alter Rezeptur her, das Fruchteis ist auf Sojabasis, der Kuchen hausgebacken. Schmeckt auch prima im Grünen hinter der Stadtmauer.

Deichbäckerei Buchholz in Seehausen:

Seit vier Generationen gibts Buchholzens, noch heute wird nach alter Tradition gebacken. Früher wurden Brot und Brötchen mit dem Pferdewagen ausgeliefert, heute machen das vier Verkaufsmobile.

Blaulichtmuseum in Beuster:

Historische Feuerwehr-, Polizei- und Rettungsdienstfahrzeuge sorgen für (n)Ostalgie. Mehr DDR-Feeling gibts in Konsum, Zeitungskiosk oder Minoltankstelle. Ausgiebig zelebriert wird die Museumswoche.

Fleischerei Wohlfahrt:

Das Traditionsunternehmen ist vom Magazin „Der Feinschmecker" als eine der besten Fleischereien Deutschlands ausgezeichnet worden. Fleischermeister Wohlfahrt legt Wert auf artgerechte Haltung & regionale Herkunft des Fleisches, ebenso bei den weiteren Zutaten wie Gewürze, Eier und Milchprodukte. Kuriositäten sind die Portwein-Salami, Currywurst im Glas oder die Hansegriller zur Grillsaison, für den Vorratsschrank oder als Mitbringsel eignen sich hausgemachtes Frikassee, altmärkische Hochzeitssuppe oder Chili Con Carne im Glas.

Wanderung ab Seehausen:

Die abwechslungsreiche Tour (18 Kilometer/4 Stunden) führt an allen Sehenswürdigkeiten der Altstadt vorbei und durch Waldlandschaften zur Hubertusquelle mit Hexentreppe & zum alten Braunkohletagebau (bis 1876 Abbau von Knorpelkohle). Weiter gehts zur Käserei Kintra in Drüsedau mit Hofladen bis hin zum berühmten Försterfriedhof mitsamt Hundefriedhof in Barsberge. Im Forsthaus Barsberge rasten.

Beuster liegt direkt an Deich und Elberadweg.

Stiftskirche Beuster: Muffiger Geruch sowie feuchte Wände und Pfeiler. Das ist Dank des 2001 gegründeten Fördervereins längst vergangenheit, denn sie konnte nach und nach saniert werden.

Naturmensch Gustav Nagel war in den 20ern der bekannteste Wanderprediger Deutschlands und hat den Arendsee berühmt gemacht.

Zehntausende Berliner ließen sich vom „Kohlrabi-Apostel" die Zukunft weissagen. Den Nazis prophezeite Gustav Nagel 1942, dass sie den Krieg verlieren würden. 1943 kam er ins Konzentrationslager und nach dem Zweiten Weltkrieg in die Nervenheilanstalt. Bis zu seinem Tod geriet der Reformer mit dem Staat in Konflikt – seine Lebensweise, seine politischen Anschauungen und seine Lehren passten weder ins kaiserliche, faschistische noch ins sozialistische Weltbild. Doch der Altmärker war seiner Zeit weit voraus: Er predigte das einfache Leben in und mit der Natur.

Man stelle sich einen Kurort inmitten weiter Kiefernwälder vor. Ein kristallklarer See, ordentlich gefegte Straßen und hübsche Fachwerkhäuschen. Das 20. Jahrhundert hat begonnen. Wohlhabende Kurgäste aus der Großstadt fühlen sich genauso wohl wie Einheimische. Man erfrischt und vergnügt sich im Strandbad und zwischendrin gibt's ein Schnitzel und ein Bierchen. Und nebenan hockt einer mit Möhren und Äpfeln bei Wasser, das einfache Leben predigend, der egal, ob die Sonne scheint, es stürmt oder schneit, im See baden geht. Langbärtig, wallenden Haupthaars sowie barfuß wandert dieser Sonderling umher, angetan mit einem knappen Höschen, Lendenschurz und einem über die Schulter geworfenen Cape. Er träumt von einem Sonnen- und Brausebad à la Kneipp, aber für die Armen. In den 20ern wird aus Gustav Nagels kühner Idee der Garten Eden und der größte Anziehungspunkt der Altmark.

IM GUSTAV-NAGEL-AREAL, FRÜHER DER GARTEN EDEN, STEHEN WENIGE RELIKTE DER HEILIGEN WOHNSTÄTTE, WIE HIER DIE TREPPENRESTE DER TEMPELGROTTE.

Wer heute den Uferweg zwischen Arendseer Kloster und Strandbad entlang schlendert, wird die niedrigen Säulen am Eingang des Garten Eden übersehen. Treppenreste am Ufer, eine gemauerte Sitzecke aus Sand und Muschelkalk am Eingang, einige Schautafeln auf der Wiese zwischen Koniferen, Obstbäumen und Studentenblumen. Aus dem einstigen Paradiesgarten ist ein schlichtes Wiesengrundstück geworden, genannt „Gustav-Nagel-Areal". Und das auch nur, weil Christine Meyer, Jahrgang 1942, eine ehemalige Lehrerin und Erzieherin, Jahrzehnte dafür gesorgt hat, dass einer der großen Altmärker nicht in Vergessenheit gerät.

> ER SCHWÖRT AUF GOTT UND DIE NATUR UND MÖCHTE SEINE NEUE LEBENSWEISE ALS BOTSCHAFT UNTER DIE MENSCHEN BRINGEN.

Sie führt gern durch den Garten und erzählt vom Leben des Reformers, das am 28. März 1874 in der altmärkischen Hansestadt Werben beginnt und den sensiblen Jungen mit 14 Jahren nach Arendsee führt. Hier beginnt er eine Kaufmannslehre, genießt die exotischen Waren und die Distanz zum kleinbürgerlichen Werben. Wäre da nicht seine Gesundheit! Als die Tuberkulose umgeht, wird der Jugendliche wie viele seiner Mitmenschen sterbenskrank, vegetiert zwischen Leben und Tod. Auf Anfrage seiner Mutter schickt Pfarrer Kneipp seinen therapeutischen Rat und Nagel beginnt, seine Lebensweise umzustellen. Nach einigen Jahren wird er gesund, allein die Natur habe ihn geheilt, behauptet er fortan. Er schwört auf Gott und die Natur und möchte seine neue Lebensweise als Botschaft unter die Menschen bringen. „Er hielt Vorträge in Berlin. Da ging er natürlich zu Fuß hin, über Rathenow, hatte Unterkunft in Berlin genommen, ging barfuß über die Friedrichstraße, barfuss im tiefen Schnee. Er nahm ja den Pastoren die Konfirmanden weg. Wir haben uns als Kinder einfach dazu gestellt ... haben ihn verehrt. Ich mochte sein Leben im Einklang mit der Natur und habe mir alles über ihn gemerkt", erzählt Christine Meyer. Mit sechs Jahren hörte die Arendseerin ihn das erste Mal, begegnet ihm später im Laden ihres Großvaters, wo er seine eigenwilligen Postkarten verkauft. Bis heute hält ihre Faszination an, 2001 hat sie sich einen Traum verwirklicht und von ihrer Abfindung ein Buch, eine Dokumentation, veröffentlicht. Dort schildert sie detailliert das Leben des Reformers.

Christine Meyer berichtet von Wanderjahren, die ihn zu Fuß durch ganz Europa bis hinunter ins Heilige Land geführt haben und von seiner großen Sehnsucht zur Heimat, die ihn schließlich zurückkehren ließ. Am Arendsee kauft Nagel ein Grundstück, auf dem er, inspiriert durch seine Reisen, ein Sonnen- und Brausebad errichten möchte. Er kommt nicht weit, denn der Ort zeigt sich empört, Gustav Nagel muss sein Grundstück abgeben. 1910 eröffnet sich eine zweite Chance, der Naturmensch kauft wieder ein Grundstück am See und beginnt in mühevoller Arbeit seinen eigenwilligen Garten Eden zu errichten. Der Prediger ist von der heilenden Kraft des Sees überzeugt. „Aus reicher Reiseerfahrung wissen wir, dass Arendsee ein gottbegnadeter Ort ist, berufen, die Menschen zu heilen, ihnen Erholung, Stärke und Freude zu bieten … da wir mit ganzem Herzen, ganzer Seele und mit ganzem Gemüt an Arendsee hängen, würde es uns zur Genugtuung reichen, wenn wir dazu beitragen könnten, dass Arendsee in das rechte weithin leuchtende Licht gestellt wird.", schreibt er 1915 im Namen seiner Familie an den Magistrat zu Arendsee. Zu diesem Zeitpunkt ist Gustav Nagel ohne Einnahmen und bittet die Stadt um finanzielle Unterstützung. Die Ablehnung kommt prompt, doch die einfachen Menschen helfen ihm mit Baumaterialien. Aus Muschelkalk, Gesteinsbrocken und Schlacke baut Nagel einen Seetempel und eine Grotte, einen Musikpavillon, ein Schwanenhäuschen und ein Bootsanlegesteg. Die Behörden setzen unterdessen alles daran, den Naturmenschen für verrückt zu erklären und sein Wirken zu diskreditieren. Doch der Vegetarier, Poet, Liedermacher, Rechtschreib- sowie Lebensrefor-

Gustav Nagel mit seiner Familie um 1920.

BLICK VOM GARTEN EDEN ZUR EHEMALIGEN TEMPELGROTTE

mer verfolgt unbeirrt seinen Weg. 1924 steigt der Arendseer in die Politik ein. Er gründet die „deutsch-kristliche-mittelstands-folkspartei", lässt sich mehrmals als Reichstagskandidat (1924 erzielt er 4287 Stimmen) aufstellen und prangert öffentlich den Führer an. Man kennt ihn, den Propheten des einfachen Lebens, der mit seiner Frau und den drei Kindern in einer einfachen Holzbaracke lebt. Wer 1928 ins Strandbad fährt, geht selbstverständlich bei ihm vorbei. Über 10 000 Besucher kommen in einer Saison, Schulklassen machen Ausflüge und ganze Familienscharen lassen sich im Paradiesgarten mit ihm ablichten – nicht das heilende Wasser sondern Gustav Nagel macht Arendsee in den 20ern zum größten Anziehungspunkt der Altmark. Vom Verkauf der Eintritts- und Postkarten, die sein alltägliches Leben im Paradiesgarten zeigen und von Vorträgen lebt er. Kein Fleisch, kein Alkohol, der Schulunter-

Über dem Garten Eden thront einsam und verlassen der einstige Säulenaussichtsstempel (von 1930).

richt soll in die freie Natur, und in der Kirche soll nicht nur der Pfarrer sondern auch die Gläubigen das Wort haben, so die Worte des Wanderpredigers, dem schon bald die Nazis den Mund verbieten. Nagel bekommt 1938 Redeverbot und wird ins Konzentrationslager gesteckt. Nach dem Krieg widmet er sich dem Wiederaufbau seines zerstörten Grundstücks. Am 15.2.1952 stirbt er an Herzversagen in der Nervenheilanstalt Uchtspringe.

„Heute sind die merkwürdigen Typen ausgestorben, die damals barfuß in Sandalen, in kurzen Hosen und mit wallenden Haarmähnen durch die Straßen zogen"

Die Meinungen zum Lebensreformer sind auch nach seinem Tod gespalten: Einige finden, Gustav Nagel hätte den Arendsee erst berühmt gemacht, andere wollen Dynamit spendieren, damit nichts mehr an ihn erinnert. Die Medien stolpern regelmäßig über den Naturapostel. Die Frankfurter Illustrierte veröffentlicht 1957 ein Foto, das ihn ins Schaufenster einer Berliner Apotheke schauend zeigt: „Der Gesundheitsapostel. Heute sind die merkwürdigen Typen ausgestorben, die damals barfuß in Sandalen, in kurzen Hosen und mit wallenden Haarmähnen durch die Straßen zogen und ein besseres, naturgemäßes Leben predigten. Gustav Nagel war wohl der Bekannteste unter ihnen, die die Berliner gutmütig als Originale duldeten."

von Sibylle Sperling

Heute eine Ruine: Die Steine des im 13. Jahrhundert errichteten Klosters sind 1826 zum Wiederaufbau der Stadt verwendet worden.

KURZ & BÜNDIG:

DER LUFTKURORT ARENDSEE

… hat als Erholungsort eine über 125-jährige Tradition.

… ist im Jahr 822 mit dem Einbruch eines Salzstocks vom „Arnseo" erstmals erwähnt worden.

… besitzt ein Benediktinerinnenkloster (von 1183), das Markgraf Otto I., Sohn Albrechts des Bären, gestiftet hat.

… erhielt unter Kurfürst Friedrich II. von Brandenburg 1475 Stadtrecht.

… liegt an einem See, von dem die Stadt ihren Namen bekommen hat. Der Arendsee liegt im Landschaftsschutzgebiet, ist bis zu 50 Meter tief & fischreich.

… hatte eine Windmühle, die 1685 durch einen Salzstockeinbruch in die Fluten gestürzt ist. Die Entstehung des Arendsees geht auf mehrere Einbrüche des Untergrunds zurück, der See ist heute der größte Einbruchsee Norddeutschlands.

… ist überregional durch den Wanderprediger Gustav Nagel (1874 bis 1952) bekannt geworden.

… besticht mit dem kristallklaren See, den Schwarzerlen-, Eichen- sowie Kiefernwäldern und durch die Lage unweit der ehemaligen Innerdeutschen Grenze (Grünes Band).

Insidertipps für Arendsee, das Tor in die östliche Altmark

Führungen übers Nagel-Areal & Literatur:

Gustav-Nagel-Forscherin Christine Meyer zeigt gern den Garten Eden und bringt auch gleich ihr Buch mit. Literatur: gustaf nagel - Der Provokateur vom Arendsee, Eine Dokumentation - 2001, Christine Meyer, erschienen im Märkischen Kunst- und Heimatverlag.

Christine Meyer.

Nagel in der Ausstellung:

Den exzentrischen Wanderprediger zeigen die Touristinformation & das Heimatmuseum. Letzteres befindet sich im ehemaligen Hospiz des Nonnenklosters. Wer Geschichtliches zum Ort oder Geschichten zum See hören möchte, kommt garantiert auf seine Kosten. Im Garten des Klosters befindet sich der vom Seegrund geborgene Mühlstein (von 1685).

Fisch essen in Zießau:

Der Familienbetrieb „Maränenhof" war schon zu DDR-Zeiten begehrt. Besonders zu empfehlen: Die Maräne natürlich! Wilfried Kagel holt sie höchstpersönlich aus dem See, und das seit 48 Jahren. Uriger Biergarten – rustikale Bänke, den Fisch gibts geräuchert oder eingelegt.

Auf jeden Fall die Maräne kosten.

Strandbad Arendsee:

Die sechs Meter hohe und 55 Meter lange Seetribüne mit etwa 500 Sitzplätzen aus Holz ist der Hit! Hinhocken, sonnen und irgendwann in den glasklaren See hüpfen. Wer auf dem Wasser entlang schippern mag, sollte dabei entschleunigt vorgehen – auf dem 5,5 Quadratkilometer großem See fahren allerhöchstens Tret-, Segel- oder Ruderboote. Für ganz Faule empfehlen wir zur Seeumrundung den Schaufelraddampfer. Motorboote gibt es nicht. Wer schwarze Menschen aus den Fluten auftauchen sieht: Der See ist ein Paradies für Tauchsportler, seitdem hier 2006 ein Schiffswrack in 16 Metern Tiefe versenkt worden ist.

Nonnenkloster in Arendsee:

Im 1184 gegründeten und 1208 geweihten Benediktiner-Nonnenkloster steht die Zeit still. Die spätromanische Klosterkirche am Ufer des Sees ist der älteste vollständig gewölbte Backsteinbau im nordöstlichen Deutschland. Die altehrwürdigen Ruinen des Klosters, das Heimatmuseum und der charmante Kloster-Garten laden zur Rast ein – auf ´ne Bank setzen und den See bewundern. Im Sommer werden Freiluft-Theateraufführungen sowie Konzerte angeboten. Klosterkirche und Klosterruine sind Monumente an der Straße der Romanik.

Entschleunigung am Arendsee: Auf der Seetribüne, beim Tretbootfahren oder bei der Seeumrundung mit dem Missisippi-Dampfer Queen

(Rad)Wandern:

Zu Fuß geht es einmal um den See (nur 9,8 km), die Strecke steht auch bei Joggern & Nordic Walkern hoch im Kurs. Die Touristinformation hält Infos sowie Karten zu sechs kurzen sowie langen Radrouten – „Durch altmärkische Dörfer" (24 km), „Durch Felder und Wälder" (15 km), „Durch den Wald zum Weinberg" (19 km) – in der Umgebung bereit.

Restaurant in Zießau:

Am Nordufer in einem der ältesten Landschaftsschutzgebiete Deutschlands wird im Restaurant „Zur Wildgans" gutbürgerliche Küche und frischer Seefisch serviert. Die Zutaten sind regional und der Kuchen direkt vom Konditor.

Jugendfilmcamp:

Kleine Teams lernen in entschleunigter, naturnaher Umgebung in einer Woche, wie man Filme dreht. Geschlafen wird in Wohnwagen. Jörg Schüttauf und Tom Wlaschiha sind Paten des Projekts.

Wildgänse beobachten:

60 000 nordische Wildgänse machen es sich im Herbst auf dem See gemütlich und lassen sich nicht stören, wenn man sie vom Ufer aus beobachtet. Zur „Wildgans-Saison" bieten Arendseer Hotels spezielle Übernachtungs-Angebote.

Im Frühjahr und Herbst ist der See nahezu verwaist. Wer abschalten mag, kann auf einem Kurztrip hunderte Wildgänse beim Rasten beobachten oder den See zu Fuß umrunden.

Im Nordosten der Altmark liegt die kleinste Hansestadt der Welt: Werben. Für viele ist das Städtchen zum Sehnsuchtsort geworden.

Was macht Werben so besonders? Es hat ganz sicher viel mit diesem „Ende-der-Welt-Gefühl" zu tun, das einen unweigerlich beschleicht, wenn das Auto nach einer zweistündigen Fahrt aus Berlin heraus mit dem charakteristischen Klack-Klack auf die Räbeler Elbfähre rollt. Von der Hauptstadt aus führt der Weg beinahe zwangsläufig über diese Fähre, die dem sonst rastlosen Autofahrer einen Stop auferlegt. Die letzten vier Kilometer hin nach Werben säumen Felder und alte Alleebäume die holprige Pflasterstraße. Schon der Weg in die Hansestadt gibt Besuchern einen anderen Rhythmus vor.

Das Elbtor (von 1470) ist das einzig erhaltene von einst fünf Stadttoren. Von oben schaut man über Werben und die Elbniederung, im Turm ist ein kleines Heimatmuseum.

Am Rand der flachen Wische liegt das Städtchen, von weitem sieht man den Turm von Sankt Johannis, der alles überragt. Die Häuser ducken sich links und rechts der Straße, Leute unterhalten sich auf dem Gehsteig, hier und da schleicht eine Katze herum. Ein Bild wie aus vergangenen Zeiten, nirgendwo blinken Leuchtreklamen oder heischen große Werbetafeln um Aufmerksamkeit. Werben hat eine große Vergangenheit, war der erste Ort auf norddeutschem Boden, an dem sich der Johanniterorden niederließ. Die Ordensritter bauten die prächtige Kirche und weihten sie dem heiligen Johannes. Schwedens König Gustav II. Adolf lagerte während des Dreißigjährigen Krieges mit seinen Truppen hier und schließlich wurde Werben während der napoleonischen Kriege Anfang des 19. Jahrhunderts für einige Jahre Hauptort eines Kantons im Elbedepartement. Heute schlummert hier eine Schönheit aus vergangener Zeit, denn der Ort konnte seine mittelalterliche Struktur bewahren und gilt als verwunschene Prinzessin im Nordosten der Altmark. Und gerade weil für einige Häuser noch immer die Uhr des Zerfalls tickt – der Putz bröselt, in den Wänden klaffen Risse und Fensterläden hängen schief herunter – sind Einheimische wie

Zugezogene mit Feuereifer dabei, die schlummernde Schönheit mit Leben zu füllen.

Bernd Dombrowski und Holger Schaffranke sind zwei von ihnen. Dombrowski, studierter Restaurator, und Schaffranke, der im Vorstand einer Berliner Wohnungsgenossenschaft arbeitet, haben 1999 das Kommandeurhaus an der Seehäuser Straße gekauft, das damals eigentlich abgerissen werden sollte. Bernd Dombrowski schüttelt in seiner typisch pragmatischen Art den Kopf: „So ein Haus kann man doch nicht einfach dem Erdboden gleich machen." Dass es an dieser Stelle steht, ist König Friedrich II. von Preussen zu verdanken. Der oberste Offizier des 7. Kürassierregiments hatte 1765 in einem „Commun-oder Commandanten Hauß" am Markt gewohnt und war mit seiner Unterbringung so gar nicht zufrieden gewesen. Zu baufällig war seine Bleibe und die Stadt Werben, die eigentlich für Ersatz hätte sorgen müssen, unternahm nichts. So hatte sich König Friedrich selbst der Beschwerde angenommen und am 13. Juli 1767 mit einer Verfügung dafür gesorgt, dass ein Neubau nicht mehr verschoben werden dürfe. Ab 1913 wurde das Haus Gasthof und Eiskeller, später kam ein Friseurgeschäft hinzu, nach 1990 suchte die Stadt lange Zeit einen Investor. Und 1999 fanden sich zwei - Bernd Dombrowski und Holger Schaffranke hatten sich in das geschichtsträchtige Haus verliebt und begannen mit der Sanierung. Mittlerweile sind Räume für Veranstaltungen, eine historische Ferienwohnung und Kojen für Pilger entstanden, im Gewölbekeller kann man Bier, das sogenannte Werbener Johannesgold schlürfen und zwar in der Zeit des Biedermeiermarktes, der zweimal jährlich tausende Besucher nach Werben lockt.

Werben, bekannt bis nach New York

Überhaupt, der Biedermeiermarkt. Er beschert dem Wischestädtchen an der Elbe Gäste aus Europa und Übersee und macht es bis nach New York bekannt. Schaffranke und Dombrowski sind nur zwei von mehr als 50 Akteuren, die zwei Mal im Jahr einen Markt wie vor 200 Jahren auf die Beine stellen – mit historischen Kostümen, Schaustellern, Theaterstücken, Seildrehern, historischen Laufrädern und einer Postkutsche mit vier Pferden. Ein heiteres Wochenende lang verwandelt sich Werben, Menschen jeden Alters überbieten sich

Längst über die Grenzen der Altmark bekannt: Der Biedermeiermarkt. Im Sommer und zur Adventszeit kann man entschleunigtes Markttreiben genießen.

gegenseitig darin, wer das schönste Kostüm, den bauschigsten Reifrock, die prächtigste Uniform oder die edelste Schutenhaube trägt. 2004 haben Zugezogene und Einheimische den „Arbeitskreis Werbener Altstadt", kurz AWA, gegründet und gehen damit Wege, die für die Region durchaus als unüblich zu bezeichnen sind. Wenn alle von den stetig leerer werdenden Orten der Altmark reden und meinen, man könne das Leben hier kaum noch aufrecht erhalten, dann kehren die Werbener den Spieß um. Sie planen ein Biedermeiercafé, veranstalten Lesungen und führen Theaterstücke auf. Sie machen Interessenten einen Umzug schmackhaft, zeigen ihnen leerstehende Häuser, vermitteln Kontakt zu den Eigentümern und halten weiter die Augen offen, wenn das Passende im Moment noch nicht dabei war. Werner Eifrig, der Vorsitzende, kennt jedes Haus und jeden Besitzer – und gibt zu: „Ja, manchmal fallen einem die neuen Eigentümer dann schonmal um den Hals."

Werben verspricht ein einfaches Leben, wie aus einem Traum in Kindertagen: Wochenenden mit einem Buch, Tee und Keksen, mit selbst gekochter Marmelade, frischem Hefekuchen und Sonnenstrahlen, die durchs Küchenfenster blinzeln. Und hin und wieder ein Fest, für das sich alle hübsch machen – wie den Biedermeiermarkt oder den Tag des Offenen Denkmals. Dann öffnen die stolzen Besitzer ihre Häuser, zeigen historische Türen und sorgfältig restauriertes Fachwerk und berichten mit Stolz in der Stimme von den Mühen, die das Unternehmen mit sich brachte. Und motivieren damit andere, es ihnen gleich zu tun und die schlummernde Schönheit mit Leben zu füllen.

VON BARBARA HALLMANN

Holprig, aber einmalig: Stadtbesichtigung mit Postkutsche. Die Fabianstraße, in der einst Ackerbürger, Kaufleute und Handwerker gewohnt haben, ist die schönste der Stadt.

KURZ & BÜNDIG:

DIE HANSESTADT WERBEN

... liegt im Norden der östlichen Altmark.

... hat einen Namen, der wendischen Ursprungs ist und so viel wie „unter den Weiden" oder „Weidenbusch" bedeutet.

... ist mit etwa 800 Einwohnern nicht nur die kleinste Stadt Sachsen-Anhalts sondern auch die kleinste offizielle Hansestadt.

... ist der Ort, wo Markgraf Albrecht der Bär 1160 durch eine Schenkung die erste Ordensniederlassung der Johanniter im nordöstlichen Deutschland begründet hat. Die Lambertikapelle auf dem Komtureigelände aus dem 13. Jahrhundert ist der älteste erhaltene Bau des Ordens in Deutschland.

... hat eine „Glucke", die Sankt-Johannis-Kirche (um 1150). Die spätromanische Basilika wurde bis ins 16. Jahrhundert hinein ständig umgebaut.

... war von 1358 bis 1488 Mitglied der Hanse.

... ist der Geburtsort des berühmten Wanderpredigers Gustav Nagel.

... ist zum Ruhestands- und Urlaubssitz von Friedrich Schorlemmer geworden. Der Friedenspfarrer und Bürgerrechtler ist einst in Werben aufgewachsen.

... ist ein stiller Urlaubsort, der malerisch in der weiten, naturbelassenen Landschaft der Wische liegt.

Entschleunigungstipps für Werben

Sankt Johannis-Kirche:

Man darf Werben keinesfalls verlassen, ohne die imposante Kirche gesehen zu haben. Die Hallenkirche ist das deutlichste Zeichen für Werbens Vergangenheit als erster Ort im norddeutschen Raum, an dem sich der Johanniterorden niederließ. Ehrenamtliche Gästeführer erklären gern die reiche Ausstattung.

Die Kirche Sankt Johannis: Der imposante Bau ist im 15. Jahrhundert mehrmals verändert worden.

Biedermeiermarkt:

Zweimal im Jahr – am ersten Juliwochenende und am dritten Adventswochenende – streifen die Einwohner ihre Biedermeier-Kostüme über und sorgen für ein buntes Markttreiben. Lustvoll versetzen sie sich in die Zeit von 1815 bis 1848, in der sich einst bürgerliche Nischen als Reaktion auf den Polizeistaat und den Ausbruch der Revolution gebildet haben. Heute gehts um Spaß & Genuss: Zwischen Honig- und Backwerkständen hämmert der Schmied, schreinert der Tischler oder näht der Schneider, die historische Postkutsche rumpelt durch die Gassen. Im Advent leuchten vielerorts Kerzen, im Café dampft heiße Schokolade und ein Theater beschert Kultur.

Elbtor:

Der Aufstieg belohnt mit einem Rundumblick, zur Storchenzeit kann man Adebar sogar ins Nest lugen.

Werben als Hansestadt in der Literatur:

Wer sich für die altmärkischen Hansestädte und deren Hanse-Geschichte interessiert, stöbert in diesem Buch: Donald Lyko und Frank Mühlenberg: Türme, Tore, stolze Bürger - Der Altmärkische Hansebund, AWA Stendal.

Räbel:

In dem romantischen Werbener Ortsteil direkt an der Elbe leben nur etwa 40 Personen. Ein Spaziergang durchs Dorf und über den Elbdeich entspannt die Seele. Hier ist der regionale Künstler Rainer Trunk zu Hause.

Bäckerei Obara in Berge:

Das schmucke Café in der ehemaligen Obaraschen Wohnstube liegt direkt am Elberadweg – zur Saison ist der Kaffeegarten geöffnet, für vorangemeldete Gruppen wird die Tafel auch außerhalb der Öffnungszeiten gedeckt. Äußerst beliebt: Blechkuchen mit Hefeteig nach Omas Rezept und Cremestückchen wie die Marzipanstange. Einheimische kaufen die Kartoffelbrötchen. Die Familie betreibt den Betrieb in 3. Generation.

KultourSpur:

Über Pfingsten öffnen sich rund um Werben vielerorts (private) Türen für Kultur - Lesungen, Konzerte oder ein Blick ins private Künstleratelier sind möglich. Familie Bahß lädt mit ihrem „Café am Rande der Welt" in Haus & Hof ein. Ähnliches gilt übrigens für Himmelfahrt.

Die Salzkirche: Die Kapelle des Hospitals zum „Heiligen Geiste" (von 1313) war später Salz- sowie Getreidelager und Spritzenhaus.

98 WERBEN

Holger Schaffranke und Bernd Dombrowski haben sich einst ins Kommandeurhaus verliebt und es 1999 gekauft. Seit 2004 sind sie wie viele andere im Arbeitskreis Werbener Altstadt organisiert.

Kommandeurhaus:

Im um 1770 für das 7. Kürassier-Regiment auf Befehl Friedrich des II. errichteten Gebäude gibt es eine historische Ferienwohnung, Gästezimmer und Pilgerkojen mit 22 Betten. Nicht nur zu den Biedermeiermärkten öffnet sich das Dach, die Sommerbühne lädt regelmäßig zu Events ein.

Pension Roter Adler:

Das historische, denkmalgeschützte und urgemütliche Ackerbürgerhaus liegt direkt am Markt und ist familiengeführt.

Mit der Gierseilfähre fahren:

Es gibt keine ökologischere und romantischere Art, die Elbe zu queren: Die Fähre pendelt von morgens bis abends zwischen den Ufern von Räbel hin zum Havelberger Mühlenholz und funktioniert nur mit Wasserkraft. Eine Brücke gab es nie. Aber Achtung: Bloß nicht die letzte Fähre verpassen, denn um auf dem Landweg ans andere Flussufer zu kommen, braucht man mit dem Auto knapp zwei Stunden.

Das Kommandeurhaus ist nicht nur zu den Biedermeiermärkten geöffnet. Auf der Sommerbühne und im Gewölbekeller gibt's Events, Konzerte und Familienfeiern.

HAVELBERG
PFARRHAUS IN INSELLAGE

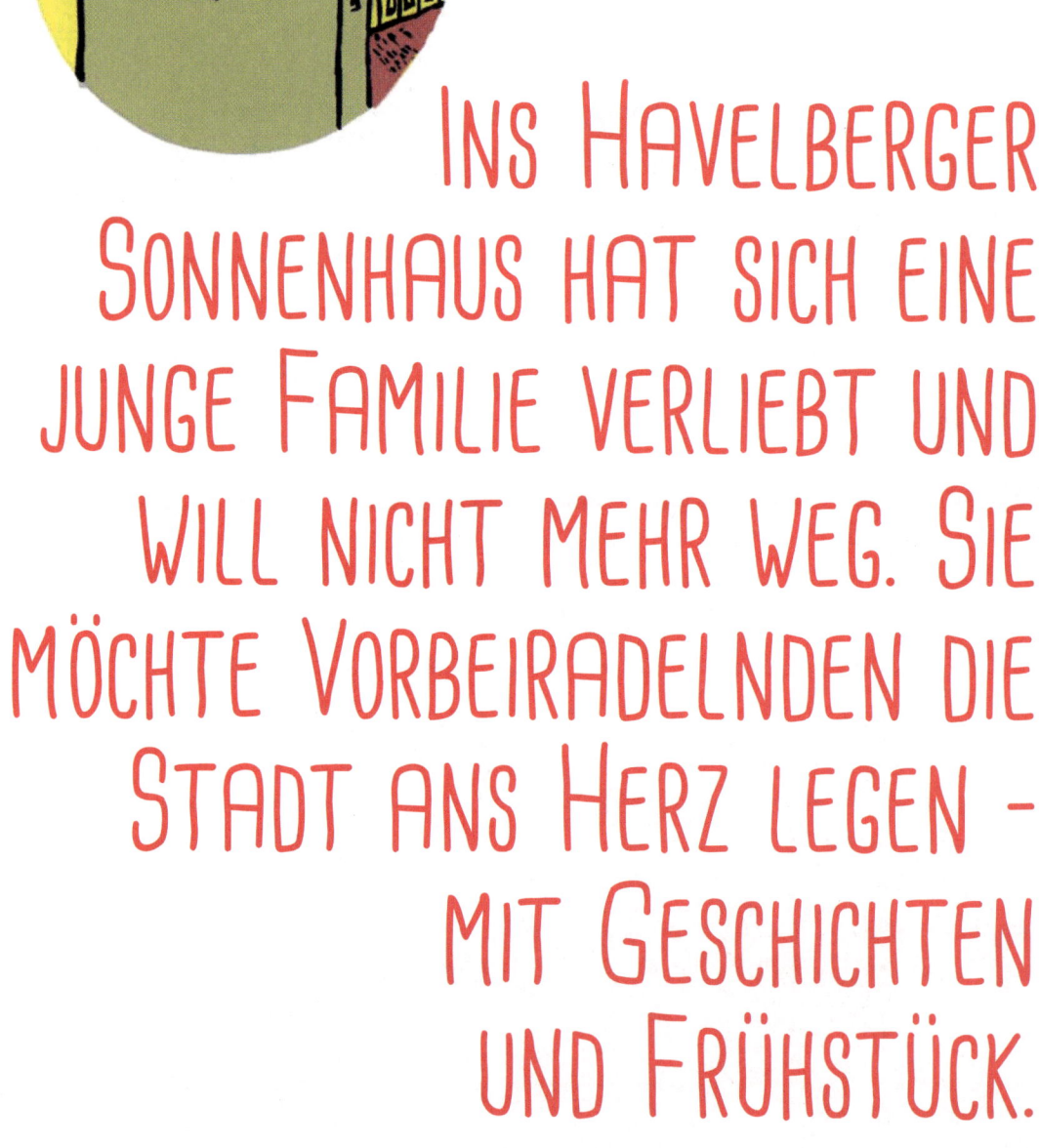

Ins Havelberger Sonnenhaus hat sich eine junge Familie verliebt und will nicht mehr weg. Sie möchte Vorbeiradelnden die Stadt ans Herz legen – mit Geschichten und Frühstück.

Ne, Barbara, wir Havelberger! Das hat die Frau aus dem Spielzeugladen gesagt. Es war einer von diesen Momenten, in denen Barbara Hallmann wußte, dass sie auch für andere dazugehört. Zu Havelberg im Allgemeinen, und zur Stadtinsel im Besonderen. Die größte Angst der Journalistin und ihres Mannes im neuen Zuhause keinen Anschluss zu finden, hatte sich aber ohnehin schnell zerschlagen. „Es kommt darauf an, wie man auf die Leute zugeht." Gott sei Dank hat die erzgebirgische Pflanze ein offenes Wesen. So klappt's auch in der – ja, wo eigentlich?!

Havelberg gehört zum Landkreis Stendal und damit zu Sachsen-Anhalt, „emotional sind wir aber mehr Prignitz, fühlen uns brandenburgisch". Die Elbe schneidet Havelberg von der eigentlichen Altmark ab, rüber gehts ganz langsam, mit der Fähre am Gierseil. Von dort drüben, aus der altmärkischen Wische, stammt Florian Hallmann. Nach mehreren Jahren in Zürich bekam er Sehnsucht, und zwar nach der Heimat. Und deshalb hat die mittlerweile fünfköpfige Familie beschlossen, sich genau hier niederzulassen, ob nun östlich oder westlich der Elbe, darüber entschied letztlich das Angebot. Ende 2014 haben die Zwei das Pfarrhaus von 1735 auf der Stadtinsel Havelberg am Fuße der Kirche Sankt Laurentius gekauft. Das alte Fachwerkhaus hat einfach gepasst. „Die zentrale Lage und die hohen Räume waren ausschlaggebend. Und das Gefühl hat gestimmt", sagt Barbara Hallmann, die sich schnell in die Heimat ihres Mannes verliebt hatte. Willkommen in der Hansestadt Havelberg!

Ein Besuch der Hansestadt ohne den Dom – undenkbar.

Mehr als 1000 Jahre ist ihr neues Zuhause alt. Otto I. gründete das Bistum Havelberg zur Christianisierung der Slawen um 948 und ebnete damit auch den Weg für den im 12. Jahrhundert geweihten Dom Sankt Marien. Er thront, ja, trutzt, auf einer rund 20 Meter hohen Erhebung über der Stadt und ist das Wahrzeichen Havelbergs, mit ihm die Klosteranlage. Ein Besuch der Hansestadt ohne den Dom – undenkbar. Als der Ort sich 2015 als einer von fünf Gastgebern der Bundesgartenschau präsentierte, war der Dombezirk liebevoll mit eingebunden. Wer oben steht, die mächtigen Mauern im Rücken, hat einen atemberaubenden Blick auf die wasserumsäumte Altstadt. Er sieht Brücken, Boote und Weiden, die in der glitzernden Havel hängen und kann in die orangerote Dächerlandschaft der Stadtinsel eintauchen.

Familienprojekt: Barbara und Florian Hallmann, Architekt, sanieren das alte Pfarrhaus auf der Stadtinsel.

Auch das Dach des Pfarrhauses ist zu sehen. Ein Segen, dass das Gebäude recht gut erhalten war. Mit der Sanierung gehen beide behutsam vor. „Wir haben noch nicht eine Schippe Lehm rausgetragen", erzählen sie. Alter Lehm wird zerstampft, ausgesiebt und wieder eingesumpft. Fertig für die Wand oder die Decke. Das Haus, das schon als Baustelle herrschaftlich anmutet, wird mit Wandheizungen versehen. Es soll nach der Sanierung „heile" sein, aber nicht neu wirken. „Hier kommt nur so viel Neues rein wie nötig." Auch Türen samt Zargen stammen teils aus anderen Altgebäuden. Nicht jeder traut sich an ein Projekt wie das der Hallmanns heran, auch wenn die Sanierung zum Teil gefördert wird. Es birgt Unwägbarkeiten, braucht Idealismus, eine gehörige Portion Mut und langen Atem sowieso. Die beiden Enddreißiger gehen bei der Sanierung mit Respekt an die Bausubstanz. Architekt Florian Hallmann möchte die regionale Baukultur bewahren, indem er typische Materialien wie Backstein verwendet und traditionelle Bauformen neu interpretiert.

Neben schnuckeligen Adressen fallen dem Spaziergänger auf der Stadtinsel auch verlassen wirkende Gebäude auf. Die Hallmanns schätzen die Leerstandsquote auf etwa 20 Prozent. Kein Grund, den Kopf in den Sand zu stecken, denn Mutige, die Freude und Lust an der Sanierung eines Häuschen haben, sind in der Hansestadt genauso willkommen wie Touristen.

Das „Häuschen" der Hallmanns, das die Havelberger auch Sonnenhaus nennen,

HAVELBERG

Bei der Sanierung gehen die Hallmanns behutsam vor – alter Lehm wird zum Beispiel zerstampft, ausgesiebt und wieder eingesumpft, fertig für Wand oder Decke.

Die Hansestadt Havelberg sonnt sich an einem Fluss, der ein paar Kilometer weiter nördlich in die mächtige Elbe mündet.

soll in allererster Linie offen sein: Gespräche sind ausdrücklich erwünscht, denn die Neu-Havelbergerin hat „einen diebischen Spaß" daran, Leute zusammenzubringen. „Ich liebe, was daraus wird, wenn Menschen sich begegnen." Zumal in einer Region, die sie und ihr Mann so gerne mit voranbringen möchten, weil ihr Herzblut daran hängt. „Wir müssen ja nur mal die Augen dafür öffnen, was wir hier haben. Dieses viele Wasser und die Inseln …" Von Havelberg spricht Barbara Hallmann als sei es Klein-Venedig. Vielleicht fühlt die Familie das so, wenn sie gemeinsam ihre Räder vom Hof zur Spülinsel hin schieben oder zum Strand nach Nitzow radeln. „Diese Nähe zur Natur, wo Nüscht is, wo hat man das schon? Du musst nicht erst aus der Stadt raus. Wir gehen vom Hof und sind schon da." Wenn Barbara Hallmann morgens vorm Sonnenhaus sitzt, die Sankt Laurentius Kirche im Blick, erlebt sie immer wieder diese magischen Momente. „Zuerst meint man, da sei nichts und niemand, aber dann schwirren Vögel durch die Luft, eine Katze streicht vorbei." Wie ein kleiner Kosmos sei die 400 Meter breite Spülinsel, Kiezcharakter inklusive.

IMPRESSIONEN: KLASSIZISTISCHE HÄUSERFASSADEN, ÄLTERE, GIEBELSTÄNDIGE FACHWERKHÄUSER UND DIE KIRCHE SANKT LAURENTIUS PRÄGEN DIE STADTINSEL.

Und Havelberg? „Die Stadt hat eine Sogkraft auf die Menschen von außerhalb. Die besondere Baukultur gepaart mit der Elb- und Havellandschaft, lädt zum Sein ein." Und deshalb ist die Familie wohl auch in der Insel- und Domstadt im Grünen gelandet und hat genau hier ihren Pflock in Mutter Erde geschlagen. „Da habt ihr euch ganz schön was vorgenommen", hören sie immer wieder. „Das stimmt", sagen sie immer wieder.

VON KARINA HOPPE

108 HAVELBERG

Hoch oben über der Havel thront der Dom mit Kreuzgang. Das Haus der Flüsse schmiegt sich ans Ufer. Drinnen gibt's Ausstellungen zur Auenlandschaft, draußen einen Wasserspielplatz

KURZ & BÜNDIG:

DIE HANSESTADT HAVELBERG

… liegt natürlich direkt an der Havel, kurz vor ihrer Mündung in die Elbe, im Nordosten der östlichen Altmark.

… war ein Bistum, das 946/948 von König Otto I., dem späteren Kaiser, gegründet wurde.

… ist 1147 in Folge des Wendenkreuzzugs Albrechts des Bären Bischofssitz geworden.

… beeindruckt mit seinem Wahrzeichen, dem Dom Sankt Marien, 1150 von den Prämonstratensern erbaut. Er thront hoch oben über der Havel. Kunstgeschichtlich herausragend sind die wertvollen Grisailleornamentfenster (von 1330).

… gehörte von 1358 bis 1559 der Hanse an.

… ist durch Holz- sowie Getreideverschiffung nach Hamburg sowie durch Handelskontakte bis Flandern aufgeblüht.

… besticht durch herausragende Gebäude wie die klassizistische Havelberger Domschule (von 1804-1805), den spätklassizistischen Bau der Stadtschule (von 1847), das Havelberger Rathaus (von 1735) sowie die Fachwerkfassaden der Scabell-Straße.

… hat ein historisches Zentrum, das auf einer Insel liegt. Die St. Laurentius-Kirche, um 1300 als Backsteinbau errichtet, ist eines der ältesten Gebäude auf dieser Insel.

Strodehne …

… ist ein Ortsteil von Havelaue & liegt an der Grenze zu Sachsen-Anhalt in Brandenburg.

Entschleunigungstipps für Havelberg

Romanischer Dom, Klosteranlage & Prignitz-Museum:

Der Dom, der an der Straße der Romanik und an der Route der Backsteingotik liegt, ist ein Muss! Vom imposanten Bauwerk aus hat man einen Weitblick über Stadt & Havel. Ende Juni verbreiten Gaukler, Fakire, Händler und Chöre zum Domfest Mittelalterflair. Rasten sollte man im Dom oder im Dechaneigarten. Geschichtshungrige gehen bitte ins Prignitzmuseum. Es befindet sich im Obergeschoss der drei Stiftsgebäude des ehemaligen Prämonstratenserklosters südlich des Doms. Der Komplex gilt als eine der wenigen vollständig erhaltenen Klosteranlagen des Mittelalters in Norddeutschland.

Das Bilderbuchcafé:

Auf der Stadtinsel gibt's bei Kerstin Maslow Kuchen nach Muttis Rezept und Kaffee aus einer regional ansässigen Rösterei. Außerdem beglückt sie Gäste mit nicht alltäglichen Gerichten sowie mit Frühstück, manchmal auch mit Theateraufführungen. Ausstellungen und regionale Literatur zum Schmökern gibt es dauerhaft und umsonst!

Pferdemarkt:

Der größte Pferdemarkt Deutschlands ist zwar trubelig und nicht unbedingt was für Ruhesuchende, aber was besonderes! Er findet traditionell zum ersten Septemberwochenende statt; mit Pferdehändlern, einem riesigen Flohmarkt und einer Kirmes mit mehr als hundert Attraktionen.

Verein denkMal und Leben e.V.:

Vier Personen können im denkmalgerecht sanierten Fachwerkhaus des Domherrn von Bredow im Dachgeschoss wohnen. Lehmwände, geölte Dielen und historische Fenster … Neben der Wohnung bietet der Verein im Sommer sonntags Stadtführungen (ohne Anmeldung), einen Regionalladen sowie einen Cafégarten an.

Haus der Flüsse:

Das Haus an der Havel ist 2015 zur Bundesgartenschau auf einer Industriebrache entstanden. Allein schon architektonisch ist das Gebäude an der Havel mit der Lärchenholzfassade ein Hingucker. Drinnen gibts Ausstellungen und Geschichten über die Natur der Flussauen. Man kann Zugvögel per Knopfdruck fliegen lassen, in Storchenhorste gucken, übers Wasser laufen oder sich auf Nachtwanderung begeben.

Bootstouren & Bootskorso im August:

Zig liebevoll beleuchtete Boote bringen im Dunkeln Havelbergs Wasser am letzten Samstag im August zum Tanzen. Für Neugierige in Sachen Flora & Fauna bietet Familie Lewerken geführte Touren ins Naturparadies der Havel mit dem hauseigenen Katamaran Cabrio sowie weitere Boote & Fahrten an (u.a schwimmendes Standesamt).

Wanderung auf Frau Harkes Sagenpfad in Kamern:

Am Ortseingang von Kamern hat einst Frau Harke, die mythische Riesin und Schutzpatronin von Mensch, Natur und Tier ihren Spinnrockenstock in den Boden gesteckt. Daraus wurde ein stämmiger Baum, der als „Hedemicke" Ausgangspunkt für eine beruhigende Wanderung vorbei an Seen, Wiesen, Wäldern, Flüssen und Anhöhen ist. Der Pfad führt zu den Stätten, an denen die Göttin über den Elb-Havel-Winkel wacht.

Radfahren im Elb-Havel-Winkel:

Zwei überregional bekannte Radwege – der 2015 ausgebaute Havelradweg und der Altmarkrundkurs – liegen direkt vor der Haustür Havelbergs. Insgesamt neun weitere Radrouten gibt es in der Region, wie die Kloster-, die Bismarck- oder die Kranichroute. Die Kranichroute ist ein 29 Kilometer langer Rundkurs (Dauer 2 Stunden), der durch die Scharlibber & Klietzer Heide und das Naturschutzgebiet des Schollener Sees, auch gerne Silbersee genannt, führt. Im Frühjahr & Herbst kann man hier die Vogelzüge zwischen Elbe und Havel beobachten.

Naturbad in Kamern:

Zwischen Elbe und Havel, unweit der Kamernschen Berge, unter hundertjährigen Eichen, erstreckt sich der Kamernsche See. Hier gibt's ein (neu entstandenes) Naturbad mit Sprungbrett, Camping und Bootsverleih. Mit etwas Glück angelt man einen Karpfen.

Oper im Schweinestall in Klein Leppin:

Jedes Jahr im Juni führen Laien und Profis unter Schwalbengezwitscher in einem ehemaligen Schweinestall ein Opernstück auf. Das kulturelle Großereignis findet in der Prignitz in Klein Leppin statt. Monatelang proben Ein-

heimische aus umliegenden Dörfern und Havelberg, auch Themen-Workshops finden statt. Am Ende erwartet die Besucher nicht nur eine Opernaufführung sondern ein buntes Kultur-Potpourri.

Blick vom Dom auf die Stadtinsel. 1998 ist Havelberg 1050 Jahre alt geworden obwohl: Historker sind sich uneinig, ob die erste urkundliche Erwähnung 946 oder 948 war.

Unterwegs mit Sternführerin Marion Werner in der dunkelsten Region Deutschlands, am Rande der östlichen Altmark.

Ein heller Streifen huscht über den Nachthimmel. „Eine Sternschnuppe", rufen einige, doch blitzschnell ist sie wieder verschwunden. Sehnsüchtig hatten 20 Sternengucker auf diese eine Millisekunde gewartet. „Der Gedanke hinter jeder Sternschnuppe ist doch der, einen Wunsch frei zu haben", sagt Marion Werner. Sie weiß, wovon sie spricht. Sterne sind ihr Hobby, seit ihrer Jugend. Seit einiger Zeit ist sie Sternführerin. „Wir können uns auch etwas vom Mond wünschen, der Wunsch muss nur von Herzen kommen." Die 55-Jährige wohnt dicht an der Grenze zur Östlichen Altmark, direkt an der Havel, in der dunkelsten Ecke Deutschlands. Seit drei Jahren ist dieser Fakt offiziell. Entdeckt hatte dies der Leiter des Osnabrücker Planetariums, Doktor Andreas Hänel, als er sich 2010 im Auftrag der Dunkelheit auf den Weg machte. Mit einem Messgerät war er der Lichtverschmutzung auf der Spur, und das Ergebnis hatte den Forscher mehr als beeindruckt: Das Westhavelland offenbarte sich ihm als die dunkelste Region Deutschlands.

EIN LEBEN AM UND MIT DEM FLUSS! MARION WERNER BADET SOMMERS WIE WINTERS IN DER HAVEL.

Seither ist Marion Werner eine von drei Sternführern im Naturpark. Bevor sie auf Sternschnuppenjagd geht, hält sie immer einen Vortrag und zeigt eine Nachtaufnahme der Kontinente. „Die Erde ist voll von künstlichem Licht. Europa, Japan, Indien, Nord- und Südamerika – nachts ist es überall hell. Von 1992 bis 2008 hat das künstliche Licht stark zugenommen." Sie deutet in Richtung Deutschland, dann auf die Elbe.

„Hier ist viel Blau, das kommt vom Wasser. Wir haben große Seen und Flüsse und wo Wasser ist, kann nicht gebaut werden." Glück für das Westhavelland und Glück für die Natur! Beide profitieren von der dünnen Besiedlung, genauso wie Tiere und Menschen. Von Letzteren sind es vor allem Fotografen und Sternenbeobachter, denn wo wenig künstliches Licht ist, haben sie optimale Bedingungen. Ihr Blick auf den Nacht-

himmel ist ungetrübt und das in unmittelbarer Nachbarschaft der Großstadt Berlin. 2014 hat deshalb die International Dark Sky Association (IDA) die Region als ersten Sternenpark Deutschlands anerkannt. Kein einfacher Weg, erzählt die Sternenführerin, vier Jahre habe es gedauert. Wer den Titel „Sternenpark" tragen möchte, hat Aufgaben zu erfüllen. „Alle Kommunen mussten einverstanden sein, wenig Licht zu installieren. Wenn es nach oben oder zur Seite strahlt, ist es meist nutzlos und deshalb soll die Beleuchtung nicht in den Himmel gehen."

Als Gesundheitsberaterin weiß Marion Werner um die Bedeutung der Dunkelheit – sie ist für den menschlichen Organismus essentiell. „Wenn Oma Erna nachts oft auf Toilette geht und sich freut, dass sie kein Licht anmachen muss, hat sie eine Laterne vorm Fenster

DIE MILCHSTRASSE BEI VOLLENSICHER IM AUGUST 2016. DER GELBE LICHTKEGEL STENDALS WIRKT WIE EIN ROMANTISCHER SONNENUNTERGANG.

und Schlafstörungen!" Nur bei Dunkelheit kann das Gehirn das Schlafhormon Melatonin produzieren, nur wenn es richtig dunkel ist, schläft man gut. „Wenig Kunstlicht reicht aus, um den Körper in Stress zu versetzen und die Melatoninproduktion zu hemmen." Das Schlafhormon hat noch andere wichtige Funktionen: Es stärkt unser Immunsystem und beugt Krebs, Migräne und Herzinfarkt vor.

Die Natur heilt, davon ist die Fastenleiterin überzeugt. Vor vielen Jahren hat sie ihrer Heimat Berlin den Rücken gekehrt und sich ihren Traum verwirklicht. Sie hat sich ein Haus an der Havel gekauft. Als sie nach Zwischenstationen in Potsdam und Prietzen 2011 nach Strodehne kam, war ihr klar, dass sie sich Arbeit mitbringen muss. Früher hatte die gelernte Elektromechanikerin in der Gastronomie und als Kauffrau gearbeitet, aber mit und nach dem Ausbau ihres Hauses ergaben sich andere Aufgaben. Ihr rotes, zweigeschossiges Backsteinhaus bot viel Platz. Sie fing an, Zimmer zu vermieten und Seminare abzuhalten. Mittlerweile hat alles, was Marion macht, mit und in der Natur zu tun. Jeden Tag, im Sommer wie im Winter, steigt sie in die Havel. „Es ist meine Krankenversicherung", sagt sie amüsiert. Auch in ihre einwöchigen Fastenkurse hat sie das Havelbad integriert. Außerdem macht sie Wildpflanzenführungen und lädt Gäste ein, Kraniche sowie Sterne zu beobachten. „Bekannte und Freunde sagen, das ist meine Berufung."

In 20 Minuten ist die Naturliebhaberin am Gülper See. Das Nordufer ist bekannt für seine einzigartige Dunkelheit. Vier weitere Plätze im nördlichen Westhavelland gibt es, die einen besonders klaren Blick auf die Sterne und die Milchstraße freigeben, mitten im Nirgendwo, zwischen Spaatz und Hohennauen, zwischen Parey und Gülpe, zwischen Görne und Schönholz und in Schwarze Pumpe. Allen Sternschnuppenjägern legt Marion Werner optimale Zeiten ans Herz. Im November heißen sie Leoniden (vom Löwen), im Dezember Geminiden (von den Zwillingen), im Januar Quadrantiden und im August Perseiden (von Perseus). Natürlich hat die Natur ihre eigenen Regeln. Am 12. August 2017, zur Perseiden-Maximum-Nacht, hatten Wolken und Regen dazwischen gefunkt. Marion Werners Radar hatte ein paar Lücken gezeigt. „Manchmal reißt urplötzlich der Himmel auf und wenn es nur ein paar Minuten sind." Sie zieht immer los, so auch am 12. August und tatsächlich, für zwei Stunden haben sich Sterne, Milch-

Nachthimmel über Strodehne im August. Die Sternkreise entstehen durch Langzeitbelichtung (von 22 bis 23 Uhr) und Erdrotation

Die Milchstraße in Weißewarte im September 2015.

straße und Sternschnuppen in vollem Glanz gezeigt. Während es damals am Nachthimmel nur so gezischt hatte, hat Marion in die Dunkelheit Kreise gezeichnet. Vom Polarstern ausgehend ist ihr Taschenlampenstrahl von Stern zu Stern gewandert, es hat so ausgesehen, als habe sie mit ihrer Lichtspitze jeden Stern einzeln berührt.

„WAS AM TAG DIE BLUMEN AUF DER WIESE SIND, SIND IN DER NACHT DIE STERNE AM HIMMEL."

Während ihrer Führungen erzählt Marion Anekdoten zu Sternbildern und sie verrät einen Satz, vielleicht ihr Mantra, der ihre Leidenschaft für die grüne Natur und die Sterne vereint: „Was am Tag die Blumen auf der Wiese sind, sind in der Nacht die Sterne am Himmel." Dem zehnjährigen Sterngucker Michael gibt sie einen anderen Satz mit nach Hause. Sie sagt, wenn er sich den einpräge, könne er in der Schule punkten. „Mein Vater erklärt mir jeden Sonntag unseren Nachthimmel. Wenn du die Reihe der Anfangsbuchstaben nimmst, hast du die Reihenfolge der Planeten, wie sie unsere Sonne umkreisen: Merkur, Venus, Erde, Mars, Jupiter, Saturn, Uranus und Neptun."

Jedes Jahr zur gleichen Zeit, um die Leoniden, streifen wir den Meteoriten-Strom von Temple Tuttle. Der Komet braucht 33 Jahre um die Sonne. Am Leoniden-Maximum-Tag, der jährlich ein wenig variiert, könnte es Sternschnuppen vom Himmel regnen. 1833 sind 200.000 Schnuppen pro Stunde vom Himmel gefallen, sagt Marion Werner, unzählige Maler hatten es auf Leinwänden verewigt. Heutzutage werden wohl eher Fotografen das funkelnde Spektakel festhalten, vorausgesetzt, das Wetter spielt mit, aber da ist Marion Werner immer optimistisch.

VON SIBYLLE SPERLING

Als Sternegucker entschleunigen

Sternenwanderungen vor Ort:

Strodehne liegt zwar im Havelland, aber direkt an der Grenze zur östlichen Altmark. Und weil der altmärkische Himmel genauso weit und sternenreich ist, lohnt sich ein Blick in die Dunkelheit allemal. Sternexpertin in Strodehne ist Marion Werner, die neben Fastenkursen und Wildpflanzenführungen auch gemütliche Ferienzimmer direkt an der Havel anbietet. Weitere Sternführer im Anhang.

Optimale Sternen-Aussichtspunkte:

1. Verbindungsstraße Görne - Witzke, 2. Straße Hohennauen - Spaatz, 3. Straße Parey - Gülpe, 4. Gülper See Nordufer, 5. Schwarze Pumpe. Mehr Infos sowie Sternenkarten beim Naturpark Westhavelland.

Sternschnuppenzeiten:

Zu bestimmten Zeitpunkten ist die Wahrscheinlichkeit groß, am Nachthimmel Sternschnuppen zu sehen. Im Sommer wird's ab Mitte August zu den Perseiden ernst, im Herbst ab Mitte November zu den Leoniden und im Winter sind es Mitte Dezember die Geminiden sowie Mitte Januar die Quadrantiden. Da die Termine variieren, sollte man vorher googeln.

Beobachtung:

Man sollte den Himmel 1,5 Stunden nach Sonnenuntergang beobachten. Am besten sieht man Sterne, wenn der Mond untergegangen ist. Je weiter man von beleuchteten Flächen entfernt ist, umso besser ist die Sicht. Die Augen brauchen zehn Minuten, um sich auf die Dunkelheit einzustellen. Nicht auf helle Lichter gucken.

Ausflüge zum Sternenpark von Havelberg aus:

Wer Komfort & das Sternenglück sucht, dem sei das Havelberger Arthotel Kiebitzberg empfohlen. Man residiert in modernen Zimmern sowie Suiten, im Restaurant werden hochwertige & edle Speisen angeboten, zum Beispiel gibts Fleisch vom Wagyu-Rind aus dem Havelland. Neben Ausflügen zum Sternenpark bietet Familie Lewerken auch Kultur. Wladimir Kaminer, Max Moor & viele Musiker standen schon auf ihrer Bühne.

Fischerstube in Warnau:

Familie Schulze wirft seit 1846 in der 5. Generation ihre Netze aus. Gefischt wird im Gülper See, in der Strodehner Havel und in der Elbe bei Gnevsdorf. Der bislang größte Fang der Schulzes war ein Wels, 2,20 Meter lang und 71 Kilogramm schwer. Der Hauptteil der Fänge wandert frisch in die Küche oder in die Räucherkammer. Rustikales Ambiente!

Naturbaden & Campen in Kamern am See:

Direkt unterm Sternenhimmel schlafen und von Sonne und Vogelgezwitscher geweckt werden? Am Kamernschen und Schönfelder See gibt es zwei Möglichkeiten zu campen. Bei Familie von Katte schlägt man sein Zelt unter alten Eichen auf und entdeckt das Landleben mit hauseigenen Hühnern, Schafen, Schweinchen und einem Reitpferd. Größer ist der Campingplatz am Schönfelder See. Zu empfehlen: die Naturbadestelle mit Sprungbrett, eine Runde im Boot und Wanderungen in die Kamernschen Berge.

Ein Fenster für Sternengucker am Gülper See. August, 23 Uhr, Mondaufgang.

In Krumke kann man unter Baumriesen von Annegrets Torten naschen & manchmal Kulturhäppchen lauschen. Von einem magischen Park, den die Glühwürmchen längst entdeckt haben ...

Wer den Weg in den Ort Krumke findet, wird hin und weg sein von so viel Dorf und so viel Idylle. Das Auto holpert über die alte Straße aus Pflastersteinen, Pferde grasen auf dem Gestüt und fast am Ende des Weges steht dieses schmiedeeiserne Tor. Dahinter befindet sich ein Schlosspark wie aus dem Märchen – tiefgrün, urwüchsig und exotisch. Hier arbeitet Annegret Spillner. Ihr Café in dem ockerfarbenen Kavaliershaus befindet sich gleich neben dem Parkeingang, unweit des schmiedeeisernen Tors. Bei ihr kann man unterm Sonnensegel Platz nehmen und die Baumriesen betrachten, gleichzeitig das muntere Gezwitscher der vielen Vögel im Ohr. Annegret grinst: „Die machen immer ordentlich Tamtam." Man kennt sich, sagt die Cafébesitzerin und meint damit die Vögel, jeder habe hier seinen angestammten Platz, der Zaunkönig, der Gierlitz … Die Beusteranerin liebt die Vögel und die Natur, und sie liebt den Park – den Rosengarten, die Glühwürmchen, den Bootssteg.

DAS KRUMKER SCHLOSS WURDE VON 1854 BIS 1860 IM NEUGOTISCHEN STIL AN STELLE EINER ALTEN WASSERBURG GEBAUT. HEUTE BEFINDET ES SICH IN PRIVATBESITZ.

„Mensch Annegret, mach doch ein Café!"

Auf dem sieht sich auch Enrico Potzesny, ihr Companion, am allerliebsten sit-

Aus der Hand des Gartenarchitekten Charles La Ronde (M. 18. Jahrhundert): der Schlosspark Krumke. Arthur von Gwinner hat später Karpfenteich, Inseln und ein Alpinum anlegen lassen.

AM RANDE DES PARKS STEHT DAS KAVALIERSHAUS

zen. Einfach reduziert hatte er damals seine Arbeit, erzählt er, als Annegret jemanden von hier, jemanden aus Osterburg, für ihr Vorhaben gesucht hatte. Ein gewaltiger Sprung ins kalte Wasser folgte – Quereinstieg à la Annegret sozusagen. Für sie nix Besonderes, so ist sie halt. „Einfach machen!", das sagt sie öfter. Es passt also wie die Faust aufs Auge, dass sie mitten im Studium der Kulturwissenschaften ist, als ihre Mutter sie anspitzt „Mensch Annegret, du wolltest doch schon immer was mit Kultur machen, das Kavaliershaus ist frei. Mach doch ein Café!" … und sie völlig selbstverständlich antwortet: „Gut, dann probier ich das mal aus!"
Ein bisschen Existenzgründung hier, ein nicht fertiger Businessplan da, helfende Freunde und Verwandte … da trifft es sich gut, dass ihr Bruder Architekt ist und den alten Charme im Innenraum des Kavaliershauses wiederherstellen kann. Das griechische Tempelflair darf weichen, damit 2011 ein Café eröffnen kann.

Das Kavaliershaus – in dem sich heute das Kultur Café & Bistro befindet – gibt es seit 1911, den Park schon eine Ewig-

Annegret Spillner und Enrico Potzesny sorgen im Kavaliershaus für gute Stimmung – mit Flammkuchen, Wein- und Kulturabenden …

keit. Im 12. Jahrhundert gehört er zum dörflichen Ensemble des Rittergutes Krumke. Das Bächlein „Krumme Beke", das sich am Ort entlang schlängelt, führt zur Namensgebung Krumke. 1649 erwirbt das Gut Familie von Kannenberg, die einen französischen Gartenarchitekten beauftragt, einen barocken Lustgarten mit geschnittenen Hecken und Alleen anzulegen, eine Orangerie darf auch her. Doch schon 200 Jahre später ist der Park nahezu verwildert. Das ändert sich rasch, als ihn die Familie von Kahlden übernimmt. Geschwungene Wege, ein großer Teich und exotische Bäume werden auf ihr Geheiß angepflanzt, auf die Burginsel kommt ein gotisches Schloss. Noch heute prägen Familie von Kahldens Verschönerungen den Krumker Schlosspark.

Annegret und Enrico sind mittlerweile ein eingespieltes Team – in ihrem Kavaliershaus gibts Cappuccino und Torten, Lesungen und Konzerte, Wein- und Burgergrillabende. Die anfänglichen Mädchen-für-alles-Ambitionen sind Vergangenheit, selbst Kuchen und Tor-

Kuchen und Cappuccino

ten sind in anderen Händen, gebacken wird jedoch noch immer frisch und saisonal nach Rezepten der Chefin. Die ist mehr und mehr zur Kulturmanagerin des großen Ganzen geworden, während Enrico seinen Platz an der Bar mit einem Gespür für Wein und Winzer gefunden hat. Manchmal ist er aber auch der DJ und an bestimmten Tagen steigt er in den Zug, denn zur anderen Hälfte ist Enrico Lokführer.

Seitdem das Café ins Kavaliershaus gezogen ist, gehts hier zwar munter aber beständig zu – turbulente Zeiten gab's genug. Arthur von Gwinner, der Generaldirektor der Deutschen Bank, war im 19. Jahrhundert der letzte bedeutende Besitzer des Gutes. Er hatte auch das Kavaliershaus erbauen lassen. Danach gab es Wechsel, 1945 kam es zur Enteignung, später wurde das Schloss für soziale Zwecke genutzt – mal beherbergte es Tuberkulosekranke, zuletzt eine Kinderkurklinik. Mit dem Untergang der DDR folgte ein tiefer Dornröschenschlaf – niemand interessierte sich mehr für Krumke, außer diese Filmcrew, die im

...HANDGEMACHTER MUSIK SOWIE ANDEREN KULTURHÄPPCHEN.

Schloss 2004 „Das Bernsteinamulett" gedreht hat. Nach einem langen Tief folgt für gewöhnlich ein Hoch – seit 2005 befinden sich Burginsel (um 965 soll sich hier eine Burganlage befunden haben) und Schloss im Privatbesitz. Einer von hier, der Krumker Gonthard Westphal, hatte das Anwesen gekauft. Klingt wie im Märchen, aber ganz so traumhaft war das Unternehmen Schlossbesitzer nicht, im 21. Jahrhundert wird man eben nicht mehr feierlich gekrönt. Der Finanzplaner hätte die behutsame Sanierung nicht ohne Rückendeckung aus dem Dorf, mithilfe seiner Familie und seinem Lebensgefährten Kai Wiegels geschafft. Mittlerweile wird hier einmal im Monat geheiratet – denn 750 Quadratmeter nutzt das Osterburger Standesamt. Wer nach Krumke kommt, muss natürlich nicht gleich heiraten. Der Park hat eine ganz eigene wilde Romantik. Neben der ältesten Buchsbaumhecke Europas und den exotischen Baumriesen warten im Frühjahr die Schneeglöckchen, in lauen Juninächten die Glühwürmchen und im Herbst … Einfach vorbeikommen, würde Annegret wohl sagen!

VON SIBYLLE SPERLING

KURZ & BÜNDIG:

DIE HANSESTADT OSTERBURG

... IST AUS EINEM WENDENDORF UND EINER ALTDEUTSCHEN GRENZBURG ENTSTANDEN.

... IST 1157 ERSTMALS DURCH ALBRECHT DEN BÄREN ERWÄHNT WORDEN. OSTERBURG HEIßT SOVIEL WIE „BURG IM OSTEN".

... HAT IM JAHR 1208 STADTRECHTE BEKOMMEN.

... GELANGTE IM 13. JAHRHUNDERT IN DEN BESITZ DES MARKGRAFEN VON BRANDENBURG.

... GEHÖRTE VON 1436 BIS 1478 ZUR HANSE.

... BEKAM NACH EINEM STADTBRAND 1761 DURCH HANDWERKER, ACKERBÜRGER UND WENIGE KAUFLEUTE SEIN LÄNDLICHES FLAIR.

... IST DURCH AUGUST HUCHEL UND DIE GRÜNDUNG DER SPARGELHOCHZUCHTGESELLSCHAFT SEIT 1929 SPARGELSTADT.

... HAT ETLICHE HISTORISCHE GEBÄUDE, ZU DEN ÄLTESTEN DER STADT GEHÖREN DIE KAPELLE SANKT MARTIN (AUS DEM 9. JH.) UND DIE SANKT NICOLAI-KIRCHE (AUS DEM 12. JH.).

... IST EINE IDYLLISCHE & FAMILIENFREUNDLICHE STADT.

KRUMKE ...

... IST EIN ORTSTEIL DER HANSESTADT OSTERBURG UND BEKANNT FÜR SEINE REITSPORTANLAGEN. DER GUTSPARK MIT SCHLOSS, ORANGERIE UND KAVALIERSHAUS GEHÖRT ZU DEN SCHÖNSTEN IN SACHSEN-ANHALT.

Im Krumker Schlosspark entschleunigen

Kulturcafé & Bistro:
Neben Herzhaftem wie Flammkuchen und Soljanka gibts frische & mit viel Liebe zubereitete Torten und Kuchen. Die Kaffeebohnen stammen von der Elbland-Genuss Kaffeerösterei in Wittenberge. Die Inhaber veranstalten Konzerte, Lesungen, Ausstellungen & Weinproben. Mittlerweile gibt es auch Gästezimmer.

Bootssteg im Park:
Die Beine ins Flüsschen Biese hängen und auf den Eisvogel oder Kanufahrer warten.

Vier-Jahreszeiten-Tour im Park:
Der Park ist nicht nur im Sommer schön! Zur „Nichtsaison" trifft man hier keine Menschenseele - im Januar blühen die Schneeglöckchen, danach kündigen die Winterlinge den Winterendspurt an. Ab Mai blühen die Rhododendren, im Juli die Rosen und das besondere Highlight gibts um Johanni: Dann malen Glühwürmchen in den Nachthimmel ihre Kreise.

Baum- & Heckentour auf eigene Faust:
Irgendwo zwischen Ginkgo, Sumpfzypresse und Stechpalme steht die älteste Buchsbaumhecke Europas.

Geocaching im Park:
Mindestens sechs Verstecke warten im Park auf große und kleine Menschen.

Schloss Krumke:
Bewundern kann man's nur von außen, denn das Schloss befindet sich in Privatbesitz. Es sei denn, man heiratet – die Besitzer haben dem Osterburger Standesamt mehrere Räume sowie eine Hochzeitssuite zur Verfügung gestellt. Übrigens: Das Schloss war auch schon Filmkulisse für „Das Bernsteinamulett" (2004).

Herrenhaus & Klosterkirche in Krevese:
Im barocken Herrenhaus (von 1725) der Familie von Bismarck leben heute keine von Bismarcks. Der zweigeschossige Putzbau liegt etwas versteckt und be-

findet sich seit 2003 in Privatbesitz. Mehrmals im Jahr öffnen die „hippen" Besitzer ihr WG-Domizil und führen durch Haus & Garten, zeigen das barocke Treppenhaus und den mediterranen Kübelpflanzengarten – ein Geheimtipp sind die Lesungen, der Haus-Weihnachtsmarkt für Familien mit Ständen der Dorfbewohner am Samstag vor dem 1. Advent und Haushund Christoph. Zu den Tagen der „Gartenlandschaft Altmark" gibt es Parkführungen, ein Großteil des Gartens ist ganzjährig frei zugänglich. Von Juni bis September gibts in der Klosterkirche jeweils zum 1. Samstag im Monat den Kreveser Orgelsommer.

Kreveser Tillyeiche:

Auf dem Gelände der Agrargenossenschaft befindet sich ein Naturdenkmal: Die Tillyeiche hat einen Stammumfang von sieben Metern, ist 600 Jahre alt und wirkt äußerst mitgenommen. In ihrem Schatten wächst aber schon die nächste Generation.

Boot ausleihen in Klein Rossau:

Lust auf eine Paddeltour vorbei an endlosem Weideland, weiten Wiesen mit Störchen allerorts, dichten Wäldern, grasenden Kuhherden, idyllischen Streuobstwiesen, vereinzelten Vierseitenhöfen? Familie Heinrichs Garten ist ein optimaler Ausgangspunkt für Kanutouren. Im Garten kann man auch Grillen und in den Ferienhäuschen Urlaub machen. Nicht so leicht zu finden!

Kanuverleih in Klein Rossau

Ein Indianer vom Stamm der Niitsitapi bietet im Dörfchen Calberwisch uralte Heilmethoden an. Eine wagemutige Stadtbewohnerin hat Vision Quests und Schwitzhütte ausprobiert.

Dass Richard von den Schwarzfussindianern, den Blackfoot, abstammt, 15 Jahre einsam wie ein Mönch gelebt hat und uralte Heilmethoden anwendet, um Menschen gesund zu machen, sieht man ihm weder auf den ersten noch auf den zweiten Blick an. Er trägt keinen Kopfschmuck oder eine traditionelle Tracht – Richard ist einfach nur Richard mit Basecap und Armeehose. Wenn dann aber sein langes dunkles Haar zum Vorschein kommt, er vor einer „Healing Session, einer Heilbehandlung, sich, das Zimmer und seinen Patienten einräuchert und ein beruhigendes Englisch anstimmt, fühlt man sich in einer anderen Welt, vielleicht sogar in der der Indianer. Eine wohltuende Stille breitet sich aus, während die Hände des Blackfoot über meinen Körper gleiten, um körperliche Disharmonien und negative Emotionen zu erspüren. Nun fängt er an, kräftig über meinen Oberkörper zu pusten, danach streicht er ihn aus bis hinunter zu den Armen und Beinen. Ich höre sein melodisches „Blackfoot", bis er leise „Please breath through your nose and imagine the sun" sagt. Später soll ich durch den Mund ausatmen und mir die Farbe Schwarz vorstellen. Seine Worte beruhigen, die Gedanken sind weit weg.

Richard Jack Pard hat sein Handwerk im Reservat von der Familie und bei Stammesältesten gelernt

Es gibt viele Bezeichnungen, die Richard verwendet, um seine Arbeit zu erklären. Da fallen Worte wie Medizinmann, Doktor, aber auch Psychologe, Praktiker oder Priester. Seine Fähigkeit Menschen gesund zu machen ist angeboren, erzählt er, dahinter stehe eine lange Familientradition. Seine Urgroßmutter und sein Urgroßonkel waren kraftvolle Heiler, gelernt habe er aber vor allem von seinem Bruder. Denn obwohl ihm die Begabung, Menschen mit anderen Dingen als mit Pillen und Hightech-Geräten gesund zu machen, in die Wiege gelegt worden ist, hat der Kanadier genauso wie andere Menschen seinen „Beruf" erst erlernen müssen. Während Schulmediziner zur Universität und dann ins Krankenhaus gehen, hat Richard sein Handwerk in einem Reservat unweit der Rocky Mountains erlernt. Mit Reservat meint er die letzten Schlupfwinkel der Indianer, die weder bebaut noch erschlossen sind, wo die Natur noch so unberührt wie vor tausenden von Jahren ist. Der 51-Jährige stammt von den Peigans ab. Diese indianische Gruppe ist der größte, mächtigste und südlichste Stamm der Niitsitapi (Blackfoot), ihr Name leitet sich von ihrer Eigenbezeichnung als Piikuni ab. „Pih–kuhn–ee" sagt Richard, es klingt weich und sanft, obwohl es wörtlich „Räudige, mit Krätze verschmutzte Kleidung" heißt. Eine wunderschöne Bedeutung hat dagegen Niitsitapi, es bezeichnet „das wahre ausgeglichene Volk". Ihre Zahl wird heute mit drei weiteren Blackfootstämmen zusammen auf etwa 18.000 geschätzt. Die wenigsten leben in Reservaten, denn die westliche Kultur hat auch sie eingeholt, die Indianer wohnen in Städten und haben normale Berufe.

> **Schnell spricht sich herum, dass ein Medizinmann vom Stamm der Blackfoots in Europa weilt.**

Etwa 300 Mitglieder gehören zu Richards „Clan". Sie wohnen dicht beieinander und pflegen ihre Familientradition, die ausschließlich mündlich von Generation zu Generation durch die Stammesältesten weitergegeben wird. In seinen „Lehrjahren" hat Richard von ihnen und anderen Medizinmännern gelernt, durch Hände Energien zu übertragen und kraft seiner Gedanken Krankheiten zu heilen. Dass er nun weitab von seinem Clan in Deutschland lebt, ist aus traditioneller Sicht unüblich. Doch als 2011 sein engster Freund einen Schlaganfall erleidet, kommt der Kanadier nach Europa, um ihm zu helfen. Schnell spricht sich herum, dass ein Medizinmann vom Stamm der Blackfoots in Europa weilt. Viele Menschen suchen seine Hilfe und lernen seine Heilmethoden zu schätzen. In den folgenden Jahren folgt ein Hin und Her zwischen Kanada und Großstädten wie Hamburg und Berlin, eine Zeit, in der Richard in Wohnungen wie ein Vogel im Käfig, so beschreibt er es, leben muss.

Vor zwei Jahren ist Calberwisch, ein altmärkisches Dorf nahe Osterburg, sein Zuhause geworden. Hier lebt er am Ende einer mit Schlaglöchern und tiefen Pfützen gesäumten Pflastersteinstraße in einem alten Gutshaus zusammen mit seiner deutschen Frau und seinen zwei kleinen Söhnen. Als ich ihn frage, wie lange er bleiben wird, sagt er, er wisse es nicht. Eine Weile, frage ich. Der Kanadier lächelt, dann nickt er. Hier sei er am richtigen Ort, denn was er für sein Leben und seine Arbeit braucht, ist die Natur. Außer Wiesen, Wald und dem grenzenlosen Himmel – etwa einen Kilometer entfernt steht das nächste Haus – gibt es hier weit und breit nichts, man sieht nicht mal Windräder. Und doch ist es nicht 100-prozentig das, was der Niitsitapi die letzten 15 kanadischen Jahre gewohnt war. Wie ein Mönch habe er da allein auf einer Farm gelebt. „Der nächste Nachbar war zwei Kilometer von mir entfernt, die Tankstelle 30 und ein Laden 40." Blaue Bänder flattern im Wind, sie hängen an zwei Kuppelzelten aus Weidenruten, auf einem Erdhügel liegt der Schädel eines Büffels, daneben eine buddhistische Gebetsfahne, Reliquien, die an die Heimat erinnern und die er für seine Arbeit braucht.

Die „Sweat Lodge", die Schwitzhütte, ist sein wichtigstes Arbeitsmittel. Die aus Nordamerika stammende Zeremonie ist tausende Jahre alt und dient ritu-

BLICK AUF MESEBERG BEI CALBERWISCH, IM SÜDEN DER WISCHE GELEGEN. DER NAME WISCHE LEITET SICH AUS DEM NIEDERDEUTSCHEN WORT FÜR WIESE AB.

Relikt aus der Heimat: Richard benutzt den Büffelschädel für die Schwitzhüttenzeremonie.

ellen Zwecken. Sie hilft, den Körper, den Geist sowie die Seele zu reinigen. Wenn er eine Anfrage bekommt, macht der Medizinmann eine öffentliche Sitzung. Etwa 200 Steine müssen zuvor in einem Feuer erwärmt werden, um später in dem mit Decken behangenen Kuppelzelt ihre Wärme zu verbreiten. Bis zu 15 Klienten finden unter der Kuppel Platz, die Schwitzzeremonie dauert vier Stunden, gemeinsam werden traditionelle Lieder in Blackfoot gesungen. Eine noch kleinere Hütte dient der „Vision Quest", die üblicherweise mit einer Schwitzhütte eingeleitet wird. Um den Betreffenden zu reinigen, schickt Richard ihn anschließend vier Tage und vier Nächte in eine Hütte in den Wald, ohne Essen, ohne Trinken. So sollen auch Träume und Visionen zu Tage gebracht werden. Der Indianer grinst. „Ihr könnt euch das nicht vorstellen, aber ich habe das schon sooooo oft gemacht. Hinterher fühlt man sich großartig. Ich interpretiere Träume und Visionen."

„WER MICH FRAGT, DEM HELFE ICH."

Was die Schulmedizin von seinen Methoden hält? Und dann erzählt er Geschichten. Von Ärzten, die skeptisch zu ihm gekommen sind. Ein Allgemeinmediziner aus Thüringen sei missmutig gekommen, seine Ehefrau hatte ihn geschickt. Nach der Sitzung habe er sich über den Indianer lustig machen wollen und probeweise seine blutdrucksenkenden Medikamente abgesetzt. Tage später, so erzählte die Ehefrau, habe ihr Mann mit gen Himmel gereckten Armen sein Haus verlassen und „Ich bin geheilt" gerufen, fassungslos darüber, dass er die starken Pillen habe komplett weglassen können. Richard lacht. Das sei dann der Punkt, wo viele wiederkämen, erstaunt darüber, dass seine Methoden tatsächlich wirken. Dass Schulmediziner kommen, um sich sein altes Wissen anzueignen, empfindet der Schamane jedesmal als Kompliment. „Manche haben Bücher studiert, aber sie wissen nicht, wie sie unsere Methoden praktisch anwenden sollen. Ich kann ihnen das zeigen." Die konventionelle Medizin lehnt er keineswegs ab, er weiß, dass die Menschen eine Wahl haben wollen. Richard findet es sinnvoll, die schulmedizinischen mit den indianischen Heilmethoden zu kombinieren. Der Medizinmann sieht sich nicht als einer, der gekommen ist, um einen Job zu erledigen, er wolle den Menschen einfach nur helfen. „Wer mich fragt, dem helfe ich." Ein Hamburger Schmerzspezialist schickt seine Patienten, wenn die konventionelle Therapie ausgereizt ist. Andere kommen mit Krebs. „Viele haben eine schwere Chemotherapie hinter sich und starke Medikamente genommen. Wenn sie wollen, reinige ich ihren Körper und befreie sie von den Giften." Der Kanadier hat den Eindruck, dass Krebs vor allem in Deutschland sehr verbreitet ist. „Die Deutschen sind zu perfektionistisch. Sie schauen immer auf die Uhr und stressen sich." Auch im Vergleich zu den anderen Europäern. Das Gegenteil zu den Indianern. „Wenn wir uns verabreden, können auch mal zwei Tage vergehen. Stress senkt das Energieniveau und macht den Menschen krank. Die Stammesältesten haben mich gelehrt, nicht zu hetzen. Meine Urgroßmutter hat gesagt: Nimm dir Zeit und sei achtsam."

VON SIBYLLE SPERLING

Die Wische bei Büttnershof. Der Jakobsweg führt durch die Wische.

Kurz & bündig:
Calberwisch

... ist ein romantischer Ortsteil der Hansestadt Osterburg, der mit alten Eichen, wenigen Häusern, einem Schloss & einer Dorfkirche aus Feld- sowie Backsteinen besticht.

... soll um 1150 als ehemaliges Rittergut vom Grafen Werner III. mit Hilfe sächsischer Kolonisten angelegt worden sein. Umgeben von einem Befestigungsgraben besaß die einstige Hofstätte des Gutes in der Mitte einen Festungsturm.

... ist als Rittersitz 1524 in den Besitz von Familie Jagow gekommen.

...s Schloss ist von Bernhard von Jagow 1875 mit den Architekten Martin Gropius und Heino Schmieden liebevoll im Stil der Neorenaissance erbaut worden. Heute in Privatbesitz ist das Schloss nur vom Zaun aus zu bewundern.

... der Friedhof bewahrt mit historischen Grabdenkmälern das Andenken an die früheren Gutsbesitzer, Familie von Jagow.

... hat keinen Laden, dafür aber reichlich unberührte Natur, die zum Wandern und Radeln einlädt.

In & um Calberwisch
Entschleunigen

Schwitzhütte & Heilbehandlungen in Calberwisch:

Richard Jack Pard arbeitet meist von zu Hause aus, manchmal ist er auch in Berlin. Mit indianischen Heilmethoden unterstützt er Körper, Geist und Seele von Menschen sowie Tieren. Der Indianer macht regelmäßig Schwitzhütten und Vision Quests.

Baden in Osterburg:

Das älteste Flussbad Europas befindet sich an und in der Biese und ist 2014 saniert worden. Alle, die Spaß am Planschen haben, kommen auf ihre Kosten, Langstreckenschwimmer sollten im kühlen Flusswasser entspannen. Im Flussbad gibt es einen Kanuverleih und Camping.

Konditorei & Café in Osterburg:

Der Familienbetrieb führt zwei Läden in Osterburg, die der junge Konrad Behrends erst 2017 übernommen hat. Die Behrends backen seit 1856 in der 6. Generation. Die klassische Konditorei frischt der Nachwuchs mit kleinen, kreativen Törtchen à la Großstadt auf. Schwester Johanna bäckt sensationelle Torten, Törtchen & Küchlein mitten im pulsierenden Berlin-Friedrichshain. Unbedingt auch mal zum kleinen, verzuckerten Laden in die Hauptstadt fahren.

Die Gebetsfahne erinnert den Schamanen an Kanada, wo er mit buddhistischen Mönchen und Pastoren zusammen gesessen hat.

Osterburger Literaturtage:

Weil 1999 Kunstsinnige die kleine Stadt eine Woche lang zum Mekka für Lesende und Schreibende gemacht haben, gibts seither alljährlich Lesungen, Konzerte & Schreibwerkstätten. Mit dabei waren schon Hellmuth Karasek, Walter Kempowski, Hermann Kant und Wladimir Kaminer. Also auf in die altmärkische Hauptstadt für Literatur, und zwar im Herbst!

Dorfkirchen(rad)touren in der Umgebung:

Es gibt zwei Routen, die auf 45 Kilometern per Auto oder Rad zu den vielen Dorfkirchen der Osterburger Region führen. Die Kirchen sind zwischen dem 12. und 13. Jahrhundert in der Spätromanik und der Frühgotik in Feldstein- oder Backsteintechnik errichtet worden. Die „Wir-leben-Land-Tour" führt von Gladigau über Rossau, Krevese und Krumke nach Osterburg in die Kernstadt und von dort aus über Flessau zurück. Über „stille Straßen" führt der abwechslungsreiche 80-Kilometer-lange Milde-Biese-Radweg. Nur was für Pedalritter!

Radeln auf dem Altmarkrundkurs:

Durch Calberwisch führt der 500 Kilometer lange Altmarkrundkurs. Wer auf den meist naturbelassenen Wegen, die zum Teil auch sandig und anspruchsvoll sind, entlangfährt, entdeckt weite Landschaften, unzählige romantische Orte mit alten Back- & Feldsteinkirchen sowie mittelalterliche Städte.

Die Korbweiden sind typisch für die altmärkische Landschaft.

GLADIGAU

WO DIE PRÄRIE LEBT

Zwei Westfalen sind angekommen und machen die Mitte von „In the Middle of Nüscht" zur Prärie an der Biese.

Aufsitzen, Kopf aus, alle Sinne an. Sehen, riechen, hören, tasten, bewegen, und ja, schmecken auch – den Geschmack von Freiheit. Und dann das Gleichgewicht finden. Manches rückt im Laufe des Lebens in den Hintergrund, verkümmert vielleicht sogar ein wenig. Bis das Schicksal einen berührt? „Eher bis der Zufall es so wollte", meint die aus dem Ruhrgebiet stammende Karin heute. Sieben Jahre nach der Gelegenheit, „uns einen Traum hier in Gladigau zu verwirklichen". Der Wendepunkt in ihrem, dem von Ehemann Reinhold und in Tochter Fabias Leben folgte keinem Plan. „Es war wohl eher ein Versehen", ist ihr lachend bewusst, wie sonderlich das eigentlich klingt, wenn die Gedanken zu Worten werden. Ihr ist versonnene Dankbarkeit offen ins Gesicht geschrieben. Eines, das pure Zufriedenheit und vor allem Klarheit darüber ausdrückt, an der Weggabelung richtig abgebogen zu sein. „Stimmt", pflichtet ihr der inzwischen lizenzierte Westernreitlehrer Reinhold kurz und knapp zu, streichelt dabei liebevoll Hengst Leo über die Nüstern, dem mit 28 Jahren ältesten tierischen Bewohner der Four Side Ranch im idyllischen Dorf an der Biese, umsäumt von Wiesen und Wäldern. Urig, typisch, einfach altmärkisch. So als sei er von hier. Dem Herzen der Altmark entsprungen. Wo zwar

KARIN UND REINHOLD HEITKÖTTER BIETEN WESTERNREITEN SOWIE GEFÜHRTE TRAILRITTE AN.

Das Biesebad in der Hansestadt Osterburg ist das älteste Flussbad Europas.

nicht seine Wiege stand, aber wo er eine Heimat gefunden hat. Angekommen, herzlich aufgenommen, zwanglos mittendrin. Das was Karins und Reinholds Gäste auf dem liebevoll sanierten 600 Quadratmeter großen Vierseitenhof aus dem Jahre 1932 erwartet.

Das sogenannte Altenteil auf der Four Side Ranch dient heute als komfortable 90 Quadratmeter große Ferienunterkunft. Das fröhlich farbenfroh gestaltete Fachwerkhaus mit Kaminofen und Balkon, das fünf Hektar große Weideland zum täglichen Auslauf der insgesamt zwölf als besonders gutmütig und robust geltenden American Quarter Horses, der drainierte Außenreitplatz, ein überdachter Logierzirkel, übrigens auch Gastboxen für Urlauber mit eigenem Pferd, und vor allem die traumhaften Reitsandwege direkt vor der Tür machen die Bullerbü-Idylle perfekt. Rund um Gladigau kann man überall reiten, Verbotsschilder stören nicht – sie sind schlicht nicht vorhanden. Eine Besonderheit des in der Altmark liegenden größten Reitwegenetzes Europas. In der Antiqua Marchia, der Alten Mark, ehemalige Kernprovinz des Königreichs Preußen und noch heute Zeugnis nahezu unberührter Landschaften und ursprünglichen Lebens.

Das 330-Seelen-Dorf Gladigau liegt am Flüsschen Biese, in der man angeln, paddeln oder baden kann.

Ja, die Tiefe der Wälder, die Weite der blühenden Wiesen, die sanften Hügellandschaften, die ungefilterten Geräusche der Natur, das gemütliche Fortbewegen im Rhythmus des Pferdes, den Blick ungestört bis zum Horizont – den Lippen entflieht unweigerlich ein seliges Seufzen. Störche, Fledermäuse, Biber, Kranich – Alpakas inzwischen auch – haben hier ein Zuhause und es würde nicht wundern, wenn man ganz unverhofft, Fuchs und Hase beim Gute-Nacht-Sagen am bewaldeten Gladigauer Mühlenberg antrifft. Die bis zu 25 Meter über das Dorf ragende Erhebung Berg zu nennen ist vielleicht etwas übertrieben, für hiesige landschaftliche Gegebenheiten aber dann doch eher konsequent. Kommt ganz auf den Blickwinkel an. Wie alles. Seinen Namen jedenfalls hat er einer Windmühle zu verdanken, die dort bis 1887 ihre Räder im Wind klappern ließ. Ist lange her...

Gladigau – ein Dorf der Zukunft

...zurück ins Jetzt: Im knorrigen Pflaumenbaum brüten Vögel, vom Hof nebenan dringt Kinderlachen ins Ohr, Nachbars Katze lugt neugierig hinterm Zaun gegenüber hervor, die Hunde bel-

BLICK AUF GLADIGAU

Goldmedaille im deutschlandweiten Wettbewerb um herausragendes bürgerliches Engagement für eine lebenswerte Zukunft auf dem Land. Der Ort schaffte es in einem lupenreinen Durchmarsch sinnbildlich von der Kreisklasse in die Regional- und schließlich in die Bundesliga. Punkte gab es vor allem für das rege Vereinsleben. Mehr als 90 Prozent der Einwohner sind in einem oder mehreren aktiv. Das gibt Halt, erzeugt ein warmes Wir-Gefühl – eines zu dem Karin und Reinhold über den Zusammenschluss Pferdefreunde „Pegasus" e. V. aktiv beitragen. Insbesondere die Aufführungen des Dorftheaters sind weit über die Altmark hinaus bekannt. Hier engagieren sich Mitglieder aller Generationen beim komödiantischen Spiel in plattdeutscher Mundart.

Und wie war das nun mit dem Versehen? Der Fachanwalt für Medizinrecht mit gut gehender Kanzlei im nordrhein-westfälischen Hagen hatte 2003 einen Gerichtstermin in Magdeburg. Karin, damals Referentin bei einer Krankenkasse in Wuppertal, wollte das Geschäftliche mit dem Angenehmen verbinden, suchte nicht einfach ein Hotel in der Stadt, sondern eine Unterkunft auf dem Land. Fündig wurde sie in Schartau. Irrtümlich allerdings im altmärkischen Schartau und nicht in dem

len sich die aktuellen Nachrichten zu, irgendwo wird gewerkelt. „Mahlzeit! Na, kann ich helfen?", man kennt sich im 330-Seelen- Dorf. Und wenn nicht, dann wird halt gefragt. Geholfen sowieso, untereinander oder Gästen, das ist ungeschriebenes Wohlfühl-Gesetz in Gladigau – einem „Dorf mit Zukunft". Diesen Titel trägt es seit dem Sieg der

ländlichen Ortsteil nahe der Landeshauptstadt Sachsen-Anhalts. Die Altmark und ihre Menschen – für das Paar Liebe auf den ersten Blick. Es folgten Ausflüge und Urlaube, ein zaghaftes Ausschauhalten nach Möglichkeiten, die Freizeit mit bereits vier Pferden im Ruhrgebiet in den Lebensmittelpunkt zu rücken und ihrem inneren Kompass zu folgen, dem magnetischen Sog. Und wenn sie im karierten Flanellhemd die Pferde satteln, sich die Cowboyhüte aufsetzen, dann wird die Umgebung von Gladigau zu einem Ort, wo die Prärie lebt. Wo die Welt noch in Ordnung, aber alles andere als stehengeblieben ist – mit Bäckerei, lokaler Gaststätte „Dörp'sche Krug", bodenständig fortschrittlichen landwirtschaftlichen und Handwerksbetrieben.

So viel Natur zwischen so wenig Menschen. Purer Luxus – je nach Perspektive. Apropos: Ob nach Norden, Osten oder Westen, egal wohin sich das Auge richtet, von hier aus geht es laut Ortsausgangsschildern nicht weiter. Oder ins Nüscht. Und Gladigau selbst? In the Middle of Nüscht!

VON JANA HENNING

ENTSCHLEUNIGEN BEIM RADFAHREN: WIE EIN BLAUES BAND BEGLEITET DAS FLÜSSCHEN MILDE-BIESE-ALAND DIESE LANDSCHAFTLICH REIZVOLLE TOUR.

158 GLADIGAU

Die Gladigauer haben einiges auf die Beine gestellt. Als „Dorf mit Zukunft" hat der Ort im deutschlandweiten Wettbewerb eine Goldmedaille geholt.

KURZ & BÜNDIG:

DAS BIESEDORF GLADIGAU

… liegt in the middle of Nüscht.

… ist 1238 auf der Urkunde vom Grafen Siegfried von Osterburg erwähnt worden.

… gehörte 1375 mit dem höchsten Gericht dem Kloster Krevese und ist 1562 an die Familie von Bismarck übergegangen.

… ist im 30-jährigen Krieg mehrfach geplündert worden.

… ist 1833 nach einem Brand in Fachwerkbauweise wieder aufgebaut worden.

… ist seit Generationen von Handwerk und Landwirtschaft geprägt.

… hatte ab 1914 einen Bahnhof an der Kleinbahnstrecke Osterburg-Pretzier.

… erhielt 1952 eine Dorfschule.

… gehört mit seinen Ortsteilen Schmersau und Orpensdorf seit 2009 zur Hansestadt Osterburg.

ENTSCHLEUNIGEN IN THE MIDDLE OF NÜSCHT (GLADIGAU)

Four Side Ranch:

„Träume nicht Dein Leben, sondern lebe Deine Träume!", ist Karin und Reinhold Heitkötters Lebensmotto. Westernreiten auf nervenstarken American Quarter Horses. Typ „Weißnix" für Anfänger, Wiedereinsteiger oder Profi-/Hobbyreiter. Im Programm haben der Reitlehrer mit Trainer C Lizenz des Deutschen Olympischen Sportbundes (DOSB) und die Reitlehrerin der Kölner Pferdeakademie sowie Pferdefachwirtin verschiedene Kurse, geführte Trailritte im Bummelmodus oder Cowboy-like schnell rasant, Übungen im Verstehen und Erlernen der Pferdesprache.

Mit dem Pferdewohnwagen durch die Altmark:

Familienurlaub im Nüscht! Der Pferdewohnwagen zuckelt fünf Kilometer pro Stunde, Zeit genug, um die Umgebung zu betrachten und mit den Menschen zu plaudern. So lassen sich verborgene Schätze entdecken, die man aus dem Auto heraus nicht sieht, weil man zu schnell vorbeifährt.

Landhof in der Westaltmark:

Noch ist Maren Jochum die einzige deutsche Pferdetrainerin, die das aus Amerika stammende Westernpferdetraining nach der Methode von Clinton Anderson anbietet. Neben Trainingsstunden, Reiterferien & Ferienwohnungen organisiert die Familie auch Workshops. Im Spätsommer kommt Trainer Jeff Davis von Downunder Horsemanship und lehrt das „Hands on"-Training aus erster Hand. Der Vierseitenhof liegt im schnuckligen Hagen und bietet etliche Zimmer.

Dorfgaststätte „De Dörp'sche Krug":

Gegenüber der Kirche befindet sich der familiengeführte „De Dörp'sche Krug" mit bodenständiger, altmärkischer Hausmannskost. Trotz Küchenschluss hat Frau Roloff für uns fünf um 13 Uhr gekocht, Gruppen sollten sich vorher anmelden. Frau Roloffs warmherzige Art und ihre Liebe zu Gladigau sind berührend, sie weiß alles über ihr Heimatdorf. Daher gibt es auch historisch-kulinarische Kultur- und Preußenabende.

Pfarrhaus mit Garten & Backtagen:

Das spätbarocke Kleinod direkt gegenüber der Feldsteinkirche ist ein echter Hingucker und wurde 1764 eingeweiht. Seine Geschichte reicht bis zur Reformation der Altmark zurück. Im lauschigen Pfarrgarten mit Backhaus heizt der Pfarrer von Mai bis September eines jeden Jahres hin und wieder den Ofen an und lässt seine Gäste ein Stück traditionelle Heimatgeschichte, in Form von Brot und Kuchen nach historischem Vorbild hergestellt, probieren.

Landwirtschaft pur:

Mit viel Leidenschaft betreibt Petra Kaufmann nachhaltige Landwirtschaft in Gladigau. Rinderhaltung, Milchproduktion, Getreide- und Rapsanbau – wer einen typisch altmärkischen Bauernhofbetrieb hautnah erleben möchte, erhält nach Vereinbarung einen Einblick in die tägliche Arbeit.

Angeln:

Aal, Barsch, Brassen, Rotauge, Schleie – sie fühlen sich in der Biese heimisch. Wer sein Fischerglück versuchen möchte, kann dies in Gladigau von April bis Oktober. Über den Angelverein werden Tageskarten verkauft.

Burg zu Gladigau:

Gleich am Ortseingang das erste optische Highlight und beliebtes Fotomotiv: die Burg zu Gladigau. Keine „echte" und „nur" in Kleinformat, aber in direkter Nachbarschaft zur ursprünglichen Burg von 983, die einst auch Zollstelle war.

Mühlenbäckerei Schulz:

Wo einst die Mühle stand, gibt es heute noch die kleine, familiengeführte Bäckerei. Versteckt am Ende des Dorfes, gibt es typische, altmärkische Backwaren. Zwischen Broten, Brötchen und Hefekuchen versteckt sich die Spezialität des Hauses: Die Eiche. Frau Roloff vom „De Dörp'sche Krug" sagt, die Creme sei sensationell. Die Eiche gibt's nur auf Bestellung!

Skaten:

Von Rossau nach Gladigau oder umgekehrt lässt es sich wunderbar Skaten. Rampen oder Sprungschanzen gibts nicht, dafür fährt auf der Strecke fast kein Auto, man kann an Kuhställen rasten oder auf ner Bank in der Sonne sitzen. Flyer zu Gladigau und Umgebung bekommt man im „De Dörp'sche Krug" oder der Touristinfo Osterburg.

BISMARK
DIE WIDERSTÄNDIGEN

Elise Hampel trotzte mit ihrem Mann Otto der Nazi-Herrschaft. Nicht nur Hans Fallada hat der mutigen Frau ein Denkmal gesetzt.

Fahles Licht fällt durch die Blätter der Ahornbäume, wo heute auf dem Friedhof des kleinen Bismark ein Holzkreuz steht. Darauf ist eine Gravur zu lesen: Elise Hampel, geb. Lemme, hingerichtet am 8. April 1943, geb. am 27. Okt. 1903. In Bismark hieß sie noch Elise Lemme. Hier, in ihrem Heimatort in der Nähe von Stendal, wohnte sie in der Schützenstraße, erzählt Reinhold Lau und schiebt sich die Schirmmütze zurecht. Der hochgewachsene Bismarker führt die abschüssige Fahrbahn entlang. Seit Jahren ist das schon die Straße der Einheit und sie liegt ein gutes Stück hinter den Gärten, die sich seit eh und je wie ein grünes Band durch den Ort ziehen, wo einmal der alte Stadtwall verlief. Elise Lemme ging diese Straße hinab, wenn sie damals ihre Dienste als Hausmädchen und -schneiderin zu versehen hatte. Sie lebte hier bei ihrer Mutter, blieb für damalige Verhältnisse lange ledig. Reinhold Lau, 74 Jahre und ortsansässig von Kindesbeinen an, hatte irgendwann mal begonnen, alles zu sammeln, was er in den Zeitungen über den altmärkischen Ort finden konnte. Einen ganzen Aktenschrank voll seit den 1970er Jahren. Zum Leben von Elise Lemme war sehr lange nichts darunter. Zu DDR-Zeiten gab es nichts, was man hätte ausschneiden und sorgsam wegheften können. „So richtig

HEUTE ERINNERT EIN HOLZKREUZ AN ELISE HAMPEL

wusste niemand etwas darüber, es klang nur mal etwas an." Es muss wie eine Art Nachhall gewesen sein, so vage, dass es unaussprechlich blieb. Sei es aus Angst oder aus Scham, wenn sich irgendwann überhaupt noch jemand erinnerte. Die Familie lebte nach dem Tod von Elise Lemme nicht mehr lange in Bismark, in dieser Straße, wo sich heute auf der einen Seite flache Wohnhäuser aneinanderreihen und auf der anderen Kinder im Schatten eines Fünfgeschossers toben. Elise Lemme selbst war zur Hochzeit 1937 zu ihrem Mann nach Berlin gezogen, und ihre daheimgebliebenen Eltern überlebten sie nur um ein paar Jahre. Die Mutter starb im Mai 1947, der Vater nahm sich nur wenige Tage später das Leben. Das Kreuz auf dem Friedhof von Bismark ist das einzige, was im Ort noch an ihr Schicksal erinnert. Wieder erinnert, muss man sagen.

Ein Foto aus glücklichen Tagen (1937), das frisch vermählte Ehepaar.

Otto und Elise Hampel lebten in Berlin einen Alltag wie seinerzeit viele. Fabrikarbeit, Haushalt, irgendwo anders begann bald der Krieg, der in Berlin Angst, Hysterie hervorrief, Taumel, „Heil Hitler". Eines Tages aber kam dieser Krieg zum Ehepaar Hampel nach Hause: Sie erfuhren, dass Elises geliebter Bruder Kurt sein Leben lassen musste. Dort, wo die Wehrmacht im Expansionskrieg an der Westfront kämpfte, war er als Soldat gefallen, und es war diese Nachricht vom Sommer 1940, die das Ehepaar umdenken ließ. Der Widerstand von Otto und Elise Hampel wuchs erst ganz still im Inneren. Dann verließ Elise Hampel die NS-Frauenschaft, der sie seit Jahren angehörte. Mitten im Kriegsjubel dieser Diktatur. Einen Tag später tauchte die erste Postkarte auf. Dutzende Karten sollten es werden, mühselig geschrieben und geheim gehalten. Man spürt, dass sie wachrütteln sollten: „Dass hitlerische System ist für uns deutsche wirklich ein qualvolles Leben. In jeder Weise ist es wahr zu nehmen, dass Hitler mit seinen Banden der Volks Verräter ist!" Wenn sie losgingen, um diese Karten auszulegen, in Treppenfluren und Hauseingängen, schauten sie sich um, suchten immer wieder den unbeobachteten Moment. Das Kriegsende aber blieb fern, zu fern für ihr Überleben...

Auf den Gestapobildern lässt sich nur erahnen, wie aufgewühlt Elise Hampel im Innern gewesen sein muss, als sie sich für eine Ablichtung, die ein rein bürokratischer Akt in der Hinrichtungsmaschinerie der Gestapo war, hinstellen und stillhalten sollte. Sie steht vor einer kargen, weißen Wand, die halblangen Locken hängen traurig im Nacken, das Seitenhaar ist mit Haarnadeln festgesteckt. Ihr Blick wirkt streng, aber wie sich die Augen unter den tief sitzenden Brauen in diesem blassen Gesicht ausmachen, haben sie vor allem etwas Verschrecktes. Wenige Monate später wurde Elise Hampel enthauptet, ebenso ihr Mann. Er wurde 45, sie 39 Jahre alt.

> DER KRIEG MUSSTE ERST IN DEN ALLTAG EINER FAMILIE EINSCHNEIDEN, DAMIT SIE ANDERE ZUM AUFWACHEN BEWEGEN WILL.

Der Bismarker Reinhold Lau hat das Schicksal der Altmärkerin gründlich erforscht und bewahrt. Am liebsten sähe er in seinem Ort eine Straße umbenannt.

Ziemlich unbemerkt wurde diesem Ehepaar schon vor langer Zeit ein Denkmal gesetzt: Mit dem Buch „Jeder stirbt für sich allein", das letzte von Hans Fallada. Den Roman über ein Arbeiterehepaar, das dem Faschismus die Stirn bietet, hat er kurz nach dem Krieg geschrieben. Der damalige Präsident des „Kulturbundes zur demokratischen Erneuerung Deutschlands in der SBZ", Johannes R. Becher, legte Fallada die literarische Verarbeitung ans Herz und verschaffte ihm zu diesem Zweck Zugang zu den Gestapo-Akten des Falls Hampel. Für den einsamen Kampf der Eheleute fand Fallada schließlich eine Sprache und eine Dichte, die es vermochten, den Charakter dieses Widerstands im Kleinen spürbar zu machen. Er ließ Mitgefühl aus den Zeilen sprechen und machte die Tragödie dieses Paares so nachvollziehbar, dass sie tief berührt. Zugleich zeigte er, wie widersprüchlich dieser Widerstand sein konnte: Der Krieg musste erst in den Alltag einer Familie einschneiden, damit sie andere zum Aufwachen bewegen will. In seinem Buch wurden Elise und Otto Hampel zu Anna und Otto Quangel. Von der Verbundenheit

Die „Goldene Laus", das Wahrzeichen von Bismark, der Sage zufolge, den Turm besteigen und den Blick über die Stadt schweifen lassen – der engagierte Förderverein hilft dabei

dieser beiden Paare wusste man in Bismark lange nichts.

Reinhold Lau führt durch die schmalen Straßen von Bismark, schließlich die Straße der Einheit hinunter, über eine schiefe Kreuzung mit Verkehrsspiegel hinweg und dann nach rechts – vorbei an der romanischen Turmruine „Goldene Laus" – zum Friedhof. Dabei erzählt er, wie sich spätestens in den 1990er Jahren doch noch die Zeitung zu füllen begann. Das war das Ergebnis der Spurenlese des Ortschronistenkollektivs mit dem Bismarker Rudolf Grützmacher vom Ende der 1980er Jahre. Auch davon begann Lau jeden Schnipsel aufzubewahren. Mit Stimmen von Menschen, die Elise Lemme noch vor ihrer Eheschließung kannten, als „nettes Mädel", eine, „die einsame Spaziergänge in der Natur" liebte – und ihren Bruder Kurt. Im Buch von Hans Fallada verliert das Ehepaar einen Sohn. In Wirklichkeit waren Elise und Otto Hampel, der vor ihr schon verwitwet war, kinderlos geblieben. Als Fallada sie zum Vorbild für seinen Roman machte, verschwammen diese Details vor dem Hintergrund literarischer Freiheiten. Geworden ist es eine Geschichte, die das Aufstehen sichtbar macht, den Entschluss zu handeln, und Fallada beschreibt, wie dicht Mut und Leichtsinn beieinander lagen, er beschreibt die Zweifel, die Angst und wie das Paar von all dem zusammengeschweißt wurde. Bis die Gestapo doch auf ihre Spur fand, sie abführte und aufs Schafott brachte.

Der Sammler Reinhold Lau kennt das Buch, er kennt aber auch die mittlerweile sehr umfassende Forschung zum

Aufbegehren der Hampels. Weiß, dass ihr Leidensweg in Wirklichkeit noch viel schmerzvoller war. „Es gab die grausliche Entdeckung, dass sie nicht wie bei Fallada als aufrechte Kämpfer in den Tod gegangen sind", sagt er. Dieses Schicksal hinter dem Roman, das noch viel tragischere Ende der echten Hampels, das lässt Lau nicht los. Wie das Todesurteil ein so heftiger Schock gewesen sein muss. Wie sie danach begannen, Bittschriften zu fertigen, in denen sie sich gegenseitig die Schuld zuwiesen – im letzten Moment auf Gnade hoffend, auf Gnade ausgerechnet von Hitler. Vor ihrer Hinrichtung schrieb Elise Hampel noch einen Brief an ihre Eltern, in dem sie sich von ihrem Mann lossagte. Auch wenn der Brief ihre Familie erst viel später erreichen sollte, ist er heute als Zeugnis erhalten. Es ist das letzte schriftliche Lebenszeichen von Elise Hampel und datiert auf einen Monat vor ihrem Tod. Man kann diesen verzweifelten Brief nachlesen im Buch von Manfred Kuhnke. Kuhnke war Gründungsmitglied der Hans-Fallada-Gesellschaft, ein Germanist, der die Biografien von Elise und Otto Hampel über Jahre nachvollzogen, Familienangehörige ausfindig gemacht, Archive durchforstet und die wahre Geschichte des Paares so weit es ging rekonstruiert hat.

> BISMARK KENNT RECHTE HETZE UND ANFEINDUNGEN.

Um ganz öffentlich und sichtbar dieser Widerständigen mit ihren so gebrochenen Leben zu gedenken, sähe der Bismarker Reinhold Lau in seinem Ort am liebsten eine Straße umbenannt. Oder das Denkmal wieder aufgestellt, das steinerne Mal mit polierter Platte und Gravur, das es vor dem Holzkreuz gegeben hatte. Lau hat das Bild des trüben Novembertags aus dem Jahr 2001 noch gut vor Augen, als die Stadt – zu dem Zeitpunkt war Bismark noch eigenständig, mittlerweile ist es Teil einer großen Einheitsgemeinde – diese Gedenktafel für Elise und Otto Hampel auf dem Friedhof einweihte. Eine Spendensammlung hatte das ermöglicht. Damals hatten zahlreiche Zeitungsartikel, die laufende Forschung von Germanist Kuhnke und seine Buchlesungen ein breites Interesse für ein Gedenken an das Paar geweckt. Die Tafel sei schon ein erstes, würdiges Zeichen gewesen, fand Reinhold Lau. Leid tat ihm, dass sie in einer hinteren Ecke des Friedhofs stand, wo auch ein Gedenkstein an die Opfer des Zweiten Weltkriegs erinnert.

Ruhe und Zeit zur Besinnung an das mutige Engagement vom Ehepaar Hampel.

„Warum? Ich habe mir dann gedacht, es muss aus Angst so gewesen sein. Vor dem, was da kommen könnte", sagt er. Bismark kennt rechte Hetze und Anfeindungen. Manche sehen darin den Grund, warum es nie dazu gekommen ist, es Berlin nachzutun und eine Tafel direkt am früheren Wohnhaus von Elise Hampel anzubringen.

Sieben Jahre nach der Einweihung wurde das steinerne Denkmal auf dem Bismarker Friedhof geschändet. Die Täter – nie gefunden. Reinhold Lau hat die Bruchteile der gravierten Platte noch gesehen, bevor sie ohne großes Aufsehen weggeräumt wurden. Das Holzkreuz kam stattdessen hierher und hält seitdem unaufgeregt die Stellung. Kein Wieso, kein Warum. Von dem Leidensweg dahinter zu erzählen, das bleibt im Moment vor allem Fallada überlassen.

VON MANDY GANSKE-ZAPF

Kurz & Bündig: BISMARK

... liegt im Herzen der Altmark zwischen Stendal und Kalbe.

... war eventuell Namensgeber für die adlige Familie von Bismarck. Ehrenbürger der Stadt ist daher der erste Reichskanzler & Familienmitglied des Adelsgeschlechts Fürst Otto von Bismarck.

... hat ihren Namen vom Fluss Biese (holländisch - Binse) und dem Begriff Mark (althochdeutsch - Gegend oder Gebiet). Das Wort Biese haben die Holländer eingeführt, als sie zur Trockenlegung von Albrecht dem Bären um 1100 dort angesiedelt worden sind.

... war im Mittelalter ein Wallfahrtsort. Der einzige Zeitzeuge ist das Wahrzeichen, die „Goldene Laus", der Turm der ehemaligen Wallfahrtskirche.

... ist 1676 samt Kirche und Rathaus durch eine Feuersbrunst zerstört worden.

... hat eine Evangelische Kirche, das älteste Gebäude (aus dem 12. Jahrhundert) der Stadt.

... & Region sind von Landwirtschaft und Handwerk geprägt. Viehauktionen haben die Stadt überregional bekannt gemacht.

Für Leute, die Fallada mögen und sich gern an mutige Menschen erinnern

2008 wurde das steinerne Denkmal zum Gedenken an das Ehepaar Hampel geschändet und nicht erneuert. Es stand sieben Jahre auf dem Friedhof.

Bismarker Friedhof:

Hier kann man sich an mutige Menschen erinnern: Am Rande des Friedhofs steht ein Holzkreuz mit der Aufschrift „Elise Hampel, geb. Lemme hingerichtet am 8. April 1943, geb. am 27. Okt. 1903". Die Bismarkerin hatte zusammen mit ihrem Ehemann Otto Hampel Postkarten mit Antikriegslosungen und Parolen gegen die nationalsozialistische Gewaltherrschaft geschrieben und in Berliner Mietshäusern ausgelegt. Das Schicksal des in Berlin-Plötzensee hingerichteten Paars war Vorbild für Hans Falladas Roman „Jeder stirbt für sich allein". Im Roman wird Elise Hampel zu Anna Quangel. Sie hat in der heutigen Straße der Einheit gewohnt. Der Elise-Hampel-Experte ist Reinhold Lau.

In der Literatur:

Für Leseratten empfiehlt sich Falladas Roman. Fallada, Hans: „Jeder stirbt für sich allein", ungekürzte Neuausgabe, Aufbau Verlag. Für alle die, die es ganz genau wissen wollen, ist die wahre Geschichte das Richtige. Manfed Kuhnke: „Falladas letzter Roman: Die wahre Geschichte", Steffen Verlag.

Als Hörbuch:

Für Lesefaule empfiehlt sich die von Schauspieler Ulrich Noethen gelesene Fassung auf der Hör-CD. „Jeder stirbt für sich allein", vorgelesen von Ulrich Noethen, 2011, gekürzt 9 h 23 min, Hörbuch Hamburg HHV GmbH.

Als DVD:

Und zu guter Letzt drei Filme - zwei antike und die aktuelle Variante! „Jeder stirbt für sich allein", mit Erwin Geschonnek und Elsa Grube-Deister, Regie: Hans-Joachim Kasprzik, TV-Mehrteiler der DEFA 1970, 310 Minuten (2 DVDs), 2018 erschienen oder „Jeder stirbt für sich allein", mit Hildegard Knef und Carl Raddatz, Regie: Alfred Vohrer, Deutschland 1976, 106 Minuten, Filmjuwelen oder „Jeder stirbt für sich allein", mit Emma Thompson, Brendan Gleeson und Daniel Brühl, Regie: Vincent Perez, BRD/Frankreich/Schweiz/Großbritannien 2016, 99 Minuten, Xedition.

Eiscafé Ziehers & Gasthaus Weisser Schwan:

Nach dem ruhigen Gedenken gibt es Aufwind für die Seele: Eis! 2014 hat der Familienbetrieb den 3. Platz der zehn beliebtesten Eisdielen Sachsen-Anhalts belegt. Seit 1986 gibt es Softeis und verschiedene Sorten Streicheis aus eigener Herstellung. Die Familie führt ein weiteres Café in Kalbe. Wer richtig hungrig geworden ist, geht besser in den Weissen Schwan. Das gutbürgerliche Gasthaus von 1906 bereitet altmärkische Gerichte wie Zungenragout, Tiegelbraten und Hochzeitssuppe.

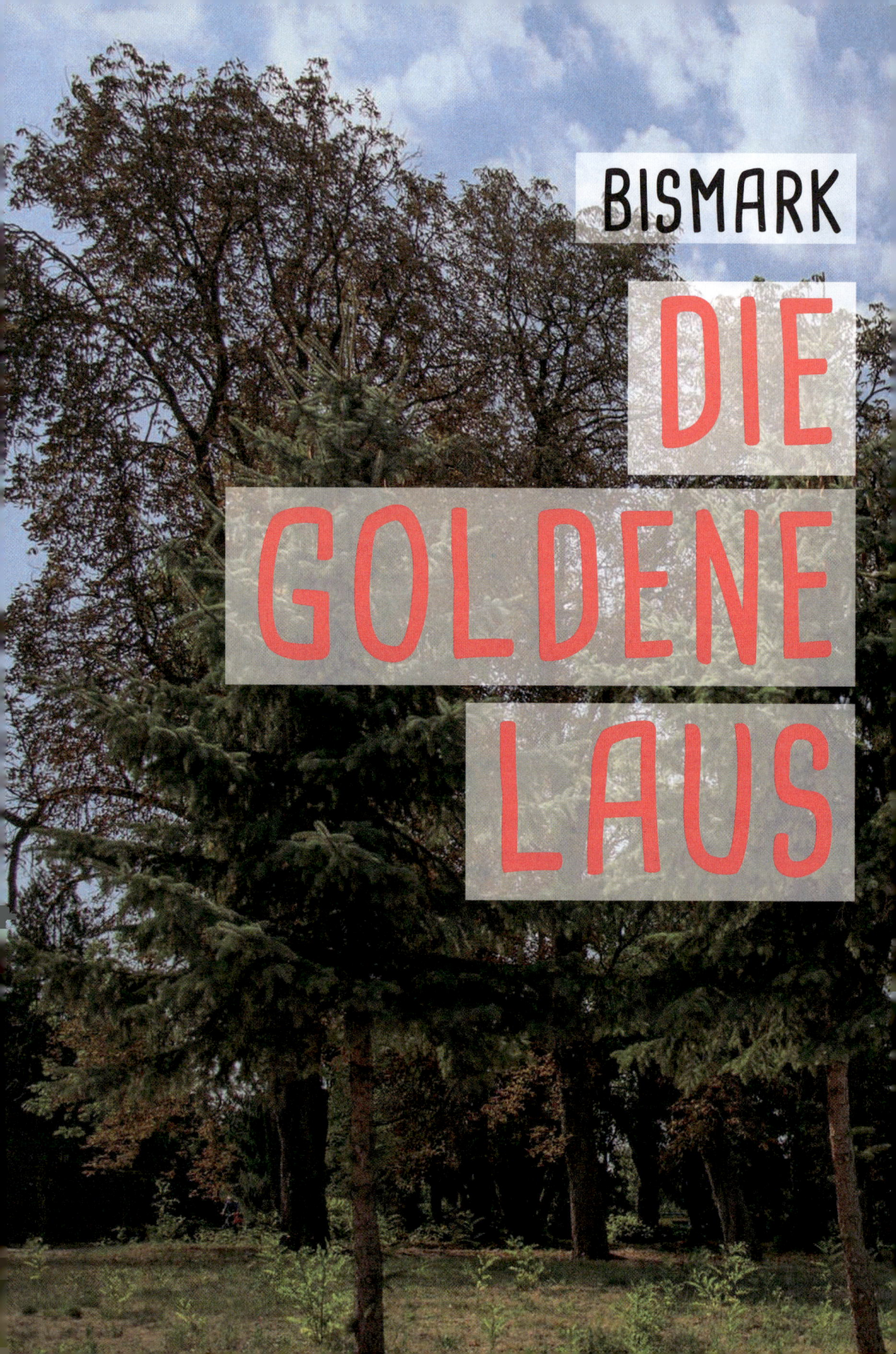

Als das Wahrzeichen noch Fleisch verzehrt und Wein gesoffen haben soll. Eine Sage!

Auf Bismarks Friedhof steht das Wahrzeichen der Stadt, ein Turm aus Feldsteinen aus dem 12. Jahrhundert, der Rest der ehemaligen Wallfahrtskirche ‚Maria Himmelskönigin'. Die Bismarker haben dem Turm den Namen ‚Die Goldene Laus' gegeben. Der Sage nach ist die Kirche einst an der Stelle errichtet worden, wo ein leuchtendes Kreuz vom Himmel gefallen war. Die Kunde vom wundertätigen Kreuz verbreitete sich bald über die Grenzen der Altmark. Die Magdeburger Schöppenchronik berichtet von Pilgerscharen, die sich zur Zeit der großen Pest in langen Zügen nach ‚bismarke' bewegten. An der Spitze der feierlichen Pilgerzüge glänzte ein goldenes Kreuz, mittendrin brannten Kerzen, wehten goldbestickte Fahnen und rote Kreuze verzierten die Hüte und die weißen Mäntel der Wallfahrer. Auch der Bischof von Halberstadt, Albrecht der II., ist 1349 über Magdeburg und Stendal nach Bismark gekommen. Bei ‚Maria Himmelskönigin' haben alle Schutz und Heilung gesucht, gebetet und geopfert. Allerdings, so berichtet die Schöppenchronik, habe man so lange geopfert, bis sie sich um das Opfer schlugen und mordeten. Über den wunderlichen Namen des Turms gibt es folgende Sage: In alten Zeiten hielt man im Turm eine riesige Laus an einer goldenen Kette gefangen. Unersättlich war sie, täglich verzerrte sie ein Pfund Fleisch und viel Wein, man war der Ansicht, der Teufel habe in ihr gesteckt. Der Wahrheit näher, so sagen die Bismarker, sei aber diese Geschichte: An der Kirchenruine befand sich lange die in golden gehaltene lateinische Inschrift ‚Laus Deo' (Lob Gottes). Angesichts der reichen Opfergaben habe der Volksmund daraus ‚Die Goldene Laus' gemacht. Man kann davon ausgehen, dass die Kirche zum Ende der Wallfahrt zerfiel. 1898 war der Turm so stark beschädigt, dass er abgerissen werden sollte. Dem Engagement der Bismarker ist es zu verdanken, dass Besucher noch heute von oben einen herrlichen Blick über das grüne Bismark haben.

vom Heimatverein Goldene Laus

Der emsige Förderverein hat die Turmruine bewahrt, herausgeputzt und bietet Führungen an.

Insidertipps für Bismark

Goldene Laus in Bismark:
Die Turmruine aus Feldsteinen gilt als das Wahrzeichen des Ortes. Engagierte Vereinsmitglieder verraten gern alle Geheimnisse rund um den Rest der Wallfahrtskirche. Turmführung inklusive! Zum Tag des offenen Denkmals generell geöffnet.

Heimatstube in Bismark:
Die Zimmer entführen in vergangene Epochen – zum Beispiel in die des Bismarker Komponisten und Musikverlegers Wilhelm Lüdecke (1868 bis 1939). Sein Nachlass kann dienstags von 16 bis 18 Uhr begutachtet werden, ansonsten hält Ruth Rothe gern einen Schlüssel bereit. Ruth Rothe gehört zum Verein Goldene Laus.

Findlingspark in Darnewitz:
Der Park ist ein Ort der Ruhe und Entschleunigung, weit ab von Verkehrslärm und Hektik. 60 beschriftete Findlinge (Herkunft, Alter und Art), ein Seilgarten, das Kneipp-Becken, eine Streuobstwiese, der Grillplatz ... Der Park ist ganzjährig geöffnet und nimmt jeweils am 3. Sonntag im September am deutschlandweiten „Tag des Geotops" teil.

Naturlehrpfad in Hohenwulsch:
Der Lehrweg unterteilt sich in drei Rundkurse (3, 7 und 13 km). Auf den Wegen kann man – gern auch mit Förster und Imker – ein Baummuseum, ein Bienenhaus, eine Insektenwand, einen Gesteins- und einen Waldgarten erkunden. Der Verein bietet öfter Familientage an.

Musikfesttage sowie Café in Meßdorf:
Jedes Jahr aufs Neue wird die altehrwürdige Feldsteinkirche in Meßdorf zur musikalischen Kulisse für Künstler und Ensembles aus dem Bereich der Klassik. Die 1116 Pfeifen der restaurierten Schleifladenorgel (von 1744) entführen in die Klangwelt des 19. Jahrhunderts. P.S.: Parallel zu den Konzerten öffnet das Café Melange

seine Tür. Wer Biedermeier, Sammeltassen und Selbstgebackenes liebt, kann vor den Konzerten von 14 bis 17 Uhr zuschlagen.

Bauernmarkt in Steinfeld:

Traditionell am letzten Samstag im September findet der größte Markt seiner Art im Norden Sachsen-Anhalts statt. Händler & Handwerker präsentieren regionale Produkte, Handwerkskünste, historische & moderne Landtechnik. Mit Jungtierzüchterwettbewerben sowie Kinderbauernmarkt. Landleben pur!

Adventsmarkt in Kläden:

Am ersten Adventssonntag versammeln sich rund um das Klädener Schloss zahlreiche regionale Händler. Ein Märchenwald, das Weihnachtspostamt und Cafés werden aufgebaut, daneben gibt's Einsichten in ländliche Hobbys wie Rassekaninchen- und Rassegeflügelausstellungen.

Wanderung bei Kläden:

Die Tour, die einst die Schäfer zurückgelegt haben, durchstreift sechs Dörfer und führt über Wiesen & Felder. Sehenswert sind Klädens Gutshofensemble & die romanische Feldsteinkirche, die Hünengräber am Trappenberg Bülitz, mehrere alte Dorfkirchen sowie der Bauerngarten mit Heimatstube vom "Altmarkhof" in Schäplitz. Auf dem 15 Kilometer langen Rundweg (Dauer etwa 4 Stunden) kann man ins altmärkische Landleben eintauchen.

Kelles Suppenmanufaktur in Kläden:

Die "NVA-Feldsuppe" erobert gerade die Mägen zurück, die Idee dazu hatte Antje Mandelkow mit ihrer kleinen Familien-Firma in Kläden. Seit 2009 werden regional geprägte Köstlichkeiten nach Omas Rezept per Hand und ohne zusätzliche chemische Stoffe vor Ort in ihrer Manufaktur zubereitet. Die berühmte altmärkische Hochzeitssuppe, Erbsensuppe, Weiße Bohnen, Wild- & Kesselgulasch, Soljanka oder Hühnerfrikassee gibt's in Konservenform. Als Mitbringsel hervorragend geeignet!

Waldschwimmbad Dobberkau/Möllenbeck:

Das 1999 sanierte Bad liegt idyllisch im Grünen an der Straße zwischen Möllenbeck und Dobberkau. Ab 19 Uhr gibt es Nachtbaden und am Sonntag öffnet das Café.

ELBE
EIN FLUSS MIT HANG ZU TAILLEN

Der scheue Strom verliert nicht gern viele Worte. 1996 ist es der Einheimischen Karina Hoppe gelungen, den mächtigen Strom zum Interview zu bewegen.

KARINA: Wo bist du denn geboren?
ELBE: In Tschechien werde ich ständig auf's Neue geboren, wobei man von einer sanften Geburt in höheren Lagen des Riesengebirges sprechen kann.

KARINA: Wie groß bist du?
Elbe: Ich bin 1093 Kilometer lang und meine Taille ist unterschiedlich breit.

KARINA: Hast du Geschwister?
ELBE: Ja viele. Neben anderen meine Schwestern Havel, Spree, Saale und meinen Bruder Aland – sie treten nach und nach in meinen Lebenslauf.

KARINA: Hast du Freunde?
ELBE: Ja, allmählich habe ich wieder welche. Die Biber, Störe und Störche konnten mich lange Zeit nicht riechen, wollten nichts mehr mit mir zu tun haben. Sie meinten, ich würde faule Geschäfte machen, und sie könnten es mit mir nicht mehr aushalten – dabei konnte ich doch gar nichts dafür.

KARINA: Ja, nun werd doch mal konkreter, was war denn zum Beispiel mit dem Storch?
ELBE: Also das war so, da meine Taille nicht länger so unterschiedlich breit sein sollte, zwangen mich die Menschen, eine Diät zu machen. Das wussten natürlich die Störche nicht. Wie auch – sie sind ja ständig unterwegs. Naja, und als sie dann total gestresst von ihren langen Dienstreisen zurückkehrten, bekamen sie einen Schreck. Ersteinmal hatte sich die Landschaft so verändert, dass ich sie gar nicht mehr gemütlich bei mir unter-

ELBÜBERQUERUNG AUF ALTMÄRKISCH: DIE (VIER) GIERSEILFÄHREN BRINGEN AUTOS, RÄDER UND MENSCHEN ÜBER DIE ELBE. NUR DAS WASSER GURGELT. PERFEKTE URLAUBSSTIMMUNG.

bringen konnte. Speisen gab es auch nicht genug im Kühlschrank. Die Störche haben mir das total übel genommen und kamen nicht mehr. Dabei vergaßen sie aber, dass ich mich gegen die Menschen nur schlecht wehren kann.

Karina: Aha, und jetzt versteht ihr euch wieder?

Elbe: Naja, in manchen Gebieten läuft es mit uns sehr gut – dort treffen wir uns schon wieder des öfteren. Unser Verhältnis ist eben extrem, mal Asche mal Glut. Aber wenn der Storch die Freundschaft abbricht, macht mich das immer ganz traurig.

Karina: Wen magst du nicht so gerne?

Elbe: Vor allem die Schiffe. Sie treffen mich immer an derselben Stelle und hinterlassen schmerzhafte Narben.

Karina: Hast du Feinde?

Elbe: Ja, leider die größten sind die schon erwähnten Menschen. Sie zwingen mich zum abnehmen, zwängen mich ein. Naja, und manchmal explodiere ich dann. Weil sich meine Fluten so angestaut haben. Die Menschen nennen das Überschwemmung. Ich würde gern mal wissen, was die machen würden, wenn man ihnen den Gürtel so eng schnallt, dass sie nicht mehr atmen können. Ist das nicht normal?

Naturbelassen schlängelt sich der Elbstrom durch die Altmark.

ELBE 185

Ein treuer Begleiter der Elbe: Gernot Quaschny, einer der letzten altmärkischen Berufselbfischer. Denn Fische, Krebse und anderes Getier bietet das Gewässer zu Hauf!

Tipps für Fans von schönen Aussichten

Egal wo, in der Nähe des Flusses ist es überall schön – hier die schönsten Blicke elbaufwärts:

Wanzer/Aulosen/Stresow (westelbisch):

Ganz im Norden inmitten der Elbe-Aland-Niederung (2 Kilometer nördlich von Aulosen) liegt ein Hochsitz mit Weitblick über den sogenannten Wrechow, ein Hochwassersammelbecken und zugleich ein Rastplatz für unzählige nordosteuropäische Zugvögel. Von Oktober bis April sind Ornithologen hier bestens aufgehoben, Frostbeulen kommen lieber im Sommer. Gut mit dem Auto und übern Elberadweg zu erreichen. Weitere Beobachtungstürme an der Elbe findet man unter www.mittelelbe.com

Gnevsdorf bei Havelberg (ostelbisch):

Wer ins brandenburgische Gnevsdorf kommt – per Auto oder übern Elberadweg – befindet sich unmittelbar am Mündungsraum der Havel in die Elbe. Sachsen-Anhalt und in die Östliche Altmark sind nur einen Katzensprung entfernt – direkt gegenüber. Etwa 20 Kilometer elbaufwärts liegt Havelberg. Vom Dom aus gibt's zwar nicht die Elbe, dafür aber die Altstadt, die Spülinsel und die unendliche Weite der Havelniederung zu bestaunen.

Arneburg (westelbisch):

Das ruhige Örtchen hat sich einen Namen als Balkon zur Elbe gemacht. Spätestens seit der Bundesgartenschau 2015 darf man den 30 Meter hohen Ausguck vor der Burggaststätte nicht versäumen. Vorsicht, nur was für Schwindelfreie! Anschließend empfiehlt sich eine Arneburgtour, weil man überall – ob von der Kirche, der Burgstraße und dem Burgberg – auf den mächtigen Fluss herabschauen kann.

Tangermünde (westelbisch):

Wer kennt ihn nicht, den Tangermünder Burgberg, der einst Herrschaftsmittelpunkt mehrerer Markgrafen und Kurfürsten von Brandenburg war. Der Ausblick auf den Zusammenfluss von

Elbe und Tanger bezaubert immer wieder von Neuem und ist zugegebenermaßen längst kein Geheimtipp mehr! Nicht nur vom Berg aus kann man den Hafen, das Dorf Fischbeck und weit hinten klein und zart die zwei Türme von Jerichow sehen. Einfach die Marktstraße, die Lange Fischerstraße und Am Bleichenberg entlang flanieren …

Jerichow/Klietznick (ostelbsich):

Südlich der Ortschaft Jerichow gibts im kleinen Örtchen Klietznick einen Weinberg. Darüber befindet sich der Beobachtungsturm mit grenzenlosem Weitblick übers Naturschutzgebiet „Bucher Brack". In luftiger Höhe hat man Ruhe pur, denn hier oben trifft man selten eine Menschenseele.

Polte/Ringfutrh/Sandfurth (westelbisch):

Ob auf der Straße oder den Elberadweg entlang – egal! Die Bittkauer Platte oder Hochfläche in der südlichen Altmark erhebt sich unmerklich und sanft aus der flachen Landschaft. Zwischen Polte, Ringfurth sowie Sandfurth fällt der Hang zum Elbtal steil um 20 Meter ab. Und genau deshalb hat man hier – in einer versteckt gelegenen Parkanlage bei Polte oder am Schifferdenkmal in Sandfurth – auch den schönsten Ausblick auf den größten Elbknick. Wer sich die Zeit nimmt und auf ein Schiff wartet, entschleunigt von Kopf bis Fuß!

Motorboote, Freizeitkapitäne oder Lastkähne sind ein seltener Anblick auf der Elbe. Auf und im Wasser ist meist nüscht los!

188 ELBE

IHREN GRÖSSTEN „KNICKS" MACHT DIE ELBE BEI SANDFURTH.

Die Elbe kulinarisch:

Gernot Quaschny ist der einzige Berufs-Elbfischer der östlichen Altmark. Er wohnt an Land auf einem 120 Quadratmeter Kahn in Hohengöhren, ist aber Sommer wie Winter zum Fischen auf dem Wasser. Was er aus Elbe, Nebengewässern sowie Naturseen holt, verkauft er freitags auf seinem Hof. Sicher gibt's nicht alle der 47 Elbefischarten, dafür aber Bleie, Brassen, Hechte, Zander und noch viel mehr. Quaschnys Fisch gibt's auch in Hohengöhrener Restaurants, im Schloss Storkau, in Havelberg und auf dem Klietzer Wochenmarkt (siehe Liste Havelberg).

Die Elbe für Faulenzer:

Wer alles über den Fluss und seine Bewohner wissen möchte, kaufe sich folgende Fachliteratur: Wolfgang Lippert und Peter Ibe: „Die wilde Elbe – Lebensader und Naturlandschaft", 2015 Berlin, Verlag Bild und Heimat. Wolfgang Lippert ist Biologe und Altmarkfan.

Die Elbe von der Fähre aus:

Bei der Überfahrt haben Autos und Insassen, Radler und Fußgänger Pause. Nur das Wasser gurgelt, ab und an zwitschert ein Vogel. Das Übersetzen im Bereich der Östlichen Altmark ist nur zwischen Havelberg-Räbel, Büttnershof/Sandauerholz-Sandau, Arneburg-Neuermark/Lübars sowie Ferchland-Grieben möglich.

Den Strom auf dem Elberadweg entdecken:

Eine klassische Variante, die östliche Altmark zu durchqueren, ist der Drahtesel. Auf 110 Kilometern schlängelt sich nämlich der beliebteste Fernradweg Deutschlands zu beiden Seiten des Stroms durch die östliche Altmark. Unbedingt Tempo rausnehmen und rasten! Links und rechts der Elbe warten viele Schätze, die entdeckt werden möchten. Demnächst einen längeren Aufenthalt in der Altmark einplanen. Vielleicht auch mit dem Pferdewohnwagen!

ARNEBURG
DICKE MAUERN OFFENE TÜREN

Die reiche Kirchenlandschaft der Altmark ist deutschlandweit rekordverdächtig. Damit die Dorfkirchen mehr sind als nur ein Denkmal, engagieren sich viele ehrenamtlich.

Pastorin Janette Obara in ihrer Arneburger Kirche.

Die Kirche muss dorthin, wo die Menschen sind, sagt Janette Obara. „Das heißt, ich gehe auch zum Karneval in Ronnys Bierstube und führe meine Seelsorgegespräche an der Bar." Pragmatisch geht sie ihre Aufgabe an, die junge Pastorin. Sie ist an der Elbe aufgewachsen, später ging es zum Studium in die Ferne, nach Halle und Münster, und dort ist auch ihr sehnlicher Wunsch gewachsen: in der Heimat zu arbeiten. 2015 ist er in Erfüllung gegangen, die junge Pastorin lebt im barocken Pfarrhaus am Arneburger Kirchplatz und betreut elf Orte sowie deren Kirchen. Sie spricht schnell und bringt mit ihrer burschikosen Art so manchen Kirchgänger durcheinander, denn sie will aus dem Standardprogramm ausbrechen. „Wenn wir die Kirchen nur für traditionelle Gottesdienste nutzen, dann verlieren sie bald ihren Sinn. Sie sind dann nicht mehr als nur ein seelenloses Denkmal."

Ihr Arbeitsort ist die Stadtkirche Sankt Georg am Arneburger Kirchplatz. 1120 ist sie aus Feldsteinen errichtet worden, ihr Grundriss kreuzförmig und sie birgt ein Rätsel: Kirchenbauhistoriker fragen sich, warum der Chorraum im Vergleich zum Kirchenschiff so stark nach rechts abgewinkelt ist? Soll der Kirchengrundriss Christus' geneigtes Haupt darstel-

len? Oder liegt die Form der Kirche in der mittelalterlichen Tradition begründet, die Ost-West-Achse einer Kirche nach dem Ort auszurichten, an dem die Sonne am Todestag des Schutzpatrons aufging? Sankt Georg ist bei weitem nicht die einzige der altmärkischen Kirchen, die ihre Geheimnisse nicht auf den ersten Blick preisgeben mag. In Giesenslage hat der pensionierte Seehäuser Physik- und Mathematik-Lehrer Hans-Peter Bodenstein das Kreuzbogenfries analysiert und eine Art vergessene Sprache in den unterschiedlichen Formen, die die Konsolen der Bögen zeigen, gefunden. Noch geben die Steine nicht preis, was die mittelalterlichen Baumeister damit haben sagen wollen. Die große Geschichte der Altmarkkirchen ist für die Arbeit von Janette Obara eine wertvolle Basis. Die Pastorin möchte Gotteshäuser wieder zu einem Ort des Miteinanders machen – etwas, das es sonst in den Dörfern und im Städtchen Arneburg kaum mehr gibt. Auf die Klage „Früher war hier mehr los!" reagiert sie auch schon mal mit „Wer hindert Sie denn, Ihre Bank rauszustellen und dort mit anderen ins Gespräch zu kommen?" Sie findet, dass die Gemeinde zuallererst Gemeinschaft sein sollte – und die Kirche der Ort, wo man sich trifft.

HINTER VIELEN BAUWERKEN STEHT DER UNERMÜDLICHE EINSATZ EINZELNER ODER EIN FÖRDERVEREIN

Die kleine Frau agiert auf einem Posten, der nach wirtschaftlichen Gesichtspunkten wohl als verloren gelten dürfte. Gerade einmal 22 Prozent der Menschen in der Östlichen Altmark sind Mitglied in einer evangelischen Kirche. Dem gegenüber stehen 248 Kirchen und zählt man die der Westlichen Altmark hinzu, sind es stattliche 521. Dass in fast jedem altmärkischen Ort heute eine Kirche steht, hat mit der Christianisierung im 11. und 12. Jahrhundert zu tun. Jede neue Siedlung hatte damals eine Kirche bekommen, einerseits als Schutz- und Lebensraum, andererseits wollten die eng mit der Kirche verbundenen Landesherren in den neu eroberten Gebieten zeigen, dass sie überall präsent sind. Weil diese Landschaft weltweit nahezu einzigartig ist, gibt es seit einiger Zeit die Idee, die Altmarkkirchen als UNESCO-Weltkulturerbe eintragen zu lassen. Doch der Weg zum begehrten Status ist kein Katzensprung – hinter vielen Bauwerken steht der unermüdliche Einsatz Einzelner oder ein Förderverein, wie der

ARNEBURG 195

An ihnen führt kein Weg vorbei! Von den 521 altmärkischen Kirchen stehen 248 in der östlichen Altmark.

in Beuster. Wieviel Ausdauer und Engagement dazu gehört, stets für offene Türen zu sorgen, weiß Vera Peters. Sie ist eine der über 50 Mitglieder des Fördervereins der Stiftskirche Sankt Nikolaus. Wenn sie von der ältesten Backsteinkirche (von 1148) nördlich der Alpen spricht, sagt sie immer wieder „ihre" Kirche. Sie hängt an dem mächtigen Bauwerk, als sei es ihr Kind, ja, sie kennt seine Geschichte, jeden Winkel und fast jeden Stein. In den vergangenen Jahren hat sie die einzelnen Sanierungsschritte miterleben dürfen und deshalb plaudert sie auf Führungen auch aus dem Nähkästchen. Wenn Vera Peters erzählt, beginnt das Gemäuer plötzlich zu leben, man sieht die Restaurierung des Gewölbes im Jahr 2011 und die Erneuerung des Sternenhimmels vor sich. „Der Sternenhimmel ist etwa Anfang des 19. Jahrhunderts nach Karl Friedrich Schinkels Vorlagen gemalt worden. Darunter war eine ältere Bemalung, auch wunderschön, aber der Denkmalschutz hat die Bemalung Schinkels befürwortet." Für jeden goldenen Stern, der in der restaurierten Apsis seither leuchtet, sucht der Förderverein nun Paten. Die Spende der Paten kommt der Stiftskirche zugute – für Vera Peters jedesmal zugleich Freude und Erlebnis, wenn es dank solcher Spenden, der Fördergelder der Europäischen Union und des Landwirtschaftsfonds wieder ein Stück vorangeht. Auch wenn es nicht viele sind, die zur Kirche gehen, die Alten wegsterben und die Jungen

DIE ALTMÄRKISCHEN KIRCHEN ZEIGEN SICH OHNE PRUNK UND GLANZ BESCHEIDEN UND SCHLICHT. UND SIND GERADE WEGEN DIESER EINFACHHEIT UNGLAUBLICH SCHÖN!

Vera Peters vom Förderverein der Stiftskirche Sankt Nikolaus in Beuster engagiert sich wie viele andere für „ihre Kirche". Die Menschen sind mit ihren Projekten tief verwachsen.

mangels Interesse fernbleiben, schaut die Gästeführerin optimistisch nach vorn. Ausstellungen sowie Konzerte beleben die Radfahrerkirche und für vorangemeldete Gruppen wird auch gern mal eine Kaffeetafel gedeckt – und zwar im Garten des Pfarrhauses!

Mit ähnlichen Ideen möchte auch Janette Obara die Menschen in ihre Kirche locken: Gottesdienste zu wenig traditionellen Zeiten, unter der Woche abends oder am Samstag anbieten, weil der Sonntagmorgen für Familien eher mit einem gemütlichen Frühstück als mit einen Hetzen hin zur Kirche verbunden wird. Oder mit Konfirmanden in der Kirche übernachten. Und wenn der Regen das Gemeindefest zu vermiesen droht, die lange Kaffeetafel und die historische Modenschau einfach vom Kirchplatz nach drinnen verlegen. „Und dann lob ich sie mir, meine große Arneburger Kirche."

von Barbara Hallmann und Sibylle Sperling

KURZ & BÜNDIG:
DIE KLEINSTADT ARNEBURG

... gilt als eine der ältesten Städte der Altmark.

... liegt malerisch am Steilufer der Elbe auf einer Hochfläche.

... hatte einst eine Burg, die 925 unter Heinrich 1. als Grenzfeste gegen die Slawen errichtet worden ist. Heute sind auf dem Burgberg einige mittelalterliche Mauerreste & frühmittelalterliche Wallanlagen.

... wurde 1338 erstmals als Stadt genannt.

... ist 1767 durch einen Stadtbrand zerstört und mit Material der zur Ruine gewordenen Burg wieder aufgebaut worden.

... hat Fachwerkhäuschen, ein Rathaus mit historischen Jugendstilmotiven & die romanische Stadtkirche Sankt Georg (um 1200) mit barockem Altar. Sie ist das älteste Gebäude des Städtchens.

... hat einen Fischerbrunnen, der an die einst bedeutsame Elbfischerei erinnert, und den grandiosen Balkon zur Elbe.

Entschleunigen in Arneburg

Stadtkirche Sankt Georg in Arneburg:
Sie gilt als eine der ältesten Kirchen der Altmark. Normalerweise täglich geöffnet.

Alle Altmarkkirchen in der Literatur:
Einen kompletten Überblick über alle 521 Kirchen der Altmark bietet der reich bebilderte 600-Seiten-Band „Alle Altmarkkirchen von A bis Z" von Thomas Hartwig, Elbe-Havel-Verlag, 2012 sowie unter altmarkkirchen.de
Nur noch antiquarisch verfügbar sind die Büchlein „Zwischen Ohre und Elbe: Wanderungen zu Dorfkirchen in der Altmark" von Hanns H. F. Schmidt sowie „Stille Schönheit. Romanische Feldsteinkirchen in der Altmark" von Horst Scholke.

Arneburger Stadpfad inklusive Stadtkirche:
Der zwei Kilometer lange Weg beginnt am Burgberg, die Burg ist spätestens seit dem Dreißigjährigen Krieg eine Ruine. Weiter gehts übers Eselsloch (Ausguck) an der Kirche vorbei durch die beschauliche Stadt. Am Rathausplatz gibt es für Radfahrer eine E-Bike-Ladestation. Die Tour ist vor Ort auf Schautafeln ausgeschildert. Mehr Infos im Anhang.

Arneburger Auenpfad:
Wer Arneburgs grüne Seite noch nicht kennt, dem sei der Auenpfad (2,6 km) ans Herz gelegt. Der Rundwanderweg führt am Landschaftsschutzgebiet über den Hafen zu nördlich gelegenen den Flutrinnen, Altarmen und über den Hangwald zurück. Naturbelassene, gepflasterte Wege. Nach dem Elbebiber Ausschau halten!

Burggaststätte Arneburg:
Von Arneburgern 1964 liebevoll wieder aufgebaut, nachdem das alte Burgrestaurant 1961 komplett abgebrannt war. Zu DDR-Zeiten eine Konsumgaststätte. Der Platz von der Terrasse bietet einen spektakulären Ausblick bis hin zum Havelberger Dom und über die weiten

Nur was für Schwindelfreie: Arneburgs luftiger Balkon zur Elbe. Übrigens: Hier oben kann – wer mag – auch heiraten!

Elbwiesen. Für Schwindelfreie empfiehlt sich eine Ruhepause im Pavillon – der Blick vom 30 Meter hohen Balkon über der Elbe ist einfach spektakulär! Im Pavillon kann man heiraten, aber vorsichtig, bei Wind kann's wacklig werden!

Herres Backhaus:

Und wieder eine Familienbäckerei! Selbstverständlich wird der Sauerteig selbst angesetzt, also sind Brot & Brötchen frisch und handgemacht. Für Naschkatzen sind Bienenstich, Zucker- und Streusselkuchen ein Muss, sagt Herr Herre!

Gierfähre Arneburg:

Es gibt keine ökologischere und romantischere Art, die Elbe zu queren: Die Fähre pendelt im Sommer von morgens bis abends zwischen den Ufern und funktioniert nur mit Wasserkraft. Montag bis Freitag von 7 bis 18 sowie Sonnabend, Sonn- und Feiertage 9 bis 19 Uhr. P.S. für Picknicker: In den Elbwiesen an der Fähre gibts einen schönen Rastplatz – oder aber genügend Platz für eine Picknickdecke im Gras. Vor allem an lauschigen Sommerabenden schön – vorausgesetzt, man hat Mückenspray dabei!

Straße der Romanik:

Wer mit dem Auto unterwegs ist, kann die altmärkische Kirchenlandschaft entlang der Nordroute erkunden. Sie führt über 15 Stationen zu romanischen Klöstern, Domen sowie Stadt- und Dorfkirchen.

Stendal lädt zum Stadtbummel ein. Aber bitte zum Historischen! Wo der Begründer von Archäologie und Kunstgeschichte seine Kindheit verbracht hat.

Auch wenn er hier nur Kinder- und Jugendjahre verbracht hat – Stendal ist wie Frankfurt am Main mit Goethe untrennbar mit seinem großen Sohn Johann Joachim Winckelmann verbunden. In den Jubiläumsjahren 2017 und 2018, in denen des 300. Geburtstages bzw. des 250. Todestages des Begründers der klassischen Archäologie und der modernen Kunstwissenschaft gedacht wurde, ist das Memorialmuseum am Ort seines Geburtshauses umgebaut und um einen neuen Anbau erweitert worden. Nach der Wiedereröffnung 2019 soll es einen sehr sehenswerten Einblick in die überaus bescheidenen Lebensverhältnisse gewähren, in die der später so weltläufige und weithin berühmte Schuhmachersohn hineingeboren wurde. Darüber hinaus erwarten die Besucher ein neu konzipiertes Familienmuseum, in dem sich der Alltag in einer antiken Stadt erleben lässt, und viel Raum für wechselnde, mit Winckelmanns Lebenswerk korrespondierende Ausstellungen. Im Hof steht ein begehbares Trojanisches Pferd, das mit einer Höhe von 15,60 Metern das größte seiner Art in der Welt ist. Empfehlenswert ist auch ein Spaziergang durch das alte Viertel rund um Winckelmannhaus und Petrikirche. Obwohl sich seit Winckelmanns Kindertagen vieles verändert hat, spiegelt kein anderes Quartier innerhalb des Altstadt-Ovals die Lebenswelt der einfachen Leute des 18. Jahrhunderts in Stendal besser wider als eben dieses.

Von Winckelmanns Geburtshaus, einem einfachen strohgedeckten Fachwerkhäuschen in der damaligen Lehmstraße Nummer 263 mögen noch ein paar Grundmauerreste im heutigen Museumsgebäude in der Winckelmannstraße 36 stecken. Anna Maria Winckelmann, geborene Meyer, hatte es mit in die Ehe mit dem Schuhmacher Martin Winckelmann gebracht, bevor ihr einziges Kind Johann Joachim am 9. Dezember 1717 geboren wurde. 1738, als ihr Sohn dem

DER GROSSE SOHN STENDALS: JOHANN JOACHIM WINCKELMANN.

In der Winckelmannstraße befindet sich auch das Winckelmann-Museum.

heimischen Nest bereits entflogen war, verkauften die Eltern das Haus. Spätere Besitzer vereinigten es mit dem Nachbarhaus – was noch heute an der Fachwerkfassade ablesbar ist – und versahen beide mit einem Obergeschoss.

Nur einen Steinwurf von seinem Elternhaus entfernt steht die St. Petrikirche, eine der vier großen gotischen Backsteinkirchen der Hansestadt, deren zusammengerechnet sechs spitze Turmhelme die Skyline Stendals unverwechselbar machen. Drei Tage nach seiner Geburt, am 12. Dezember 1717, ist der kleine Schuhmacherspross hier getauft worden. Ein Besuch lohnt nicht nur deshalb, sondern auch wegen der schlichten Schönheit der dreischiffigen Hallenkirche und der hübschen Geschichten, die der Bau aus Feld- und Backsteinen bis heute birgt. So fällt in der Südseite des aus Feldsteinen aufgeführten gotischen Chors, der 1306 als erster Teil des Gotteshauses fertiggestellt wurde, eine romanische Rundbogenpforte aus Granitquadern auf. Laut Überlieferung ein Relikt der einstigen Kirche des vor den Toren Stendals gelegenen Dorfes

Wusterbusch. Dessen Bewohner sollen ihr Dorf Ende des 13. Jahrhunderts aufgegeben haben, um in den Schutz der Stadtmauern Stendals zu ziehen. Ihre Dorfkirche, vermutlich ein romanischer Feldsteinbau, wie noch heute in fast allen Dörfern der Altmark zu bewundern, haben sie der Legende nach abgetragen und das Material zum Bau der Petrikirche zur Verfügung gestellt.

Die Petrikirche war Ort der Friedensgebete und Ausgangspunkt der Stendaler Demonstrationen gegen das DDR-Regime

Auch in jüngerer Vergangenheit schrieb sich das Gotteshaus in die Annalen Stendals ein. 1937 predigte hier Pastor Martin Niemöller als führender Vertreter der Bekennenden Kirche. Die Nazis warfen den evangelischen Theologen und späteren Widerstandskämpfer ins KZ Sachsenhausen. Und im Wendejahr 1989 war die Petrikirche Ort der Friedensgebete und Ausgangspunkt der Stendaler Demonstrationen gegen das DDR-Regime, bevor aus Platzmangel in den größeren Dom umgezogen wurde. Am schattigen Petrikirchhof an der Nordseite der Kirche bilden zwei hübsche Fachwerkhäuser mit Fensterläden zusammen mit der Nachbarbebauung ein malerisches Alt-Stendal-Ensemble. Balkeninschriften weisen sie als Predigerhaus und als Schulhaus zu St. Petri aus, beide im Jahr 1741 erbaut. Auch wenn Winckelmann da seine Stendaler Kindheits- und Jugendjahre bereits hinter sich gelassen hatte, könnte sich hier in einem Vorgängerbau die Grundschule befunden haben, die der kleine Johann Joachim mit fünf Jahren besuchte. Wahrscheinlich schon mit neun Jahren nahm ihn die städtische Lateinschule am Mönchskirchhof auf – für einen armen Handwerkersohn nicht gerade selbstverständlich. Diese Schule, bereits 1338 von

Fenster der Petrikirche. Am 12. Dezember 1717 wurde Johann Joachim Winckelmann hier getauft.

den stolzen und weltgewandten Stendalern gegründet, führt bis heute als Winckelmann-Gymnasium ein überaus vitales Dasein, wenn auch in anderen Gebäuden an anderer Stelle.

Die von Winckelmann besuchten Klassenräume befanden sich in den Resten der einstigen Klosterkirche der Franziskaner an der Ecke Mönchskirchhof/Brüderstraße – an der Stelle, die heute das Stadtarchiv einnimmt. Vom Kloster des Bettelordens ist bis heute ein einziges, aber wunderschönes Relikt am schattigen grünen Mönchskirchhof erhalten: das einstige Refektorium, ein zierliches gotisches Kleinod in Backstein, dessen Gewölbe, erweitert durch einen gelungenen Neubau aus jüngster Zeit, die Stadtbibliothek beherbergt. Ein kurzer Abstecher dorthin ist lohnenswert, auch wegen der hübschen kleinen Annenkirche an der Südseite des Platzes, die im 15. Jahrhundert für die Nonnen des Franziskanerordens gebaut wurde. Mit seinen historischen Nebengebäuden trägt das von der katholischen Kirche genutzte Ensemble noch heute den Namen Altes Kloster.

Denkmalgerecht saniert: Der Stendaler Marktplatz, Rathaus und Sankt Marien.

Doch zurück ins Petriviertel. Wer durch die Winckelmannstraße am Petrikirchhof vorbei in südlicher Richtung zur Petrikirchstraße bummelt und durch diese dann nordwärts in Richtung Uenglinger Tor, vorbei an der kleinen Knochenstraße, der bekommt eine ungefähre Vorstellung von dem Milieu, in dem der kleine Winckelmann spielte, lernte und herumtollte. Die ehemals reiche Hansestadt war seit dem Dreißigjährigen Krieg hoffnungslos verarmt und heruntergekommen, was in dem traditionell von kleinen Leuten geprägten Viertel um die Petrikirche besonders spürbar gewesen sein muss. Liebevoll herausgeputzt, bilden die vielen kleinen Fachwerkhäuschen heute malerische Straßenbilder. Die meisten von ihnen sind, soweit man es an Inschriften ablesen kann, nach 1730/40 erbaut worden – offenbar eine Zeit, in der es langsam, sehr langsam wieder aufwärts ging. Obwohl fast durchweg ohne Schmuck wie etwa Schnitzereien im Gebälk, erfreuen die vielen aneinander gereihten Fachwerkfassaden das Auge.

Der kleine Spaziergang endet mit einem Höhepunkt im Wortsinne: dem prächtigen, 28 Meter hohen Torturm des einstigen Uenglinger Tores. Der reich verzierte Backsteinbau auf Feldsteinsockel, zwischen 1300 und 1450/60 erbaut, zählt zu den schönsten mittelalterlichen Stadttoren in Deutschland und steht für das steinreiche Stendal der Kaufmanns- und Hansezeit. Der Turm kann über malerisch enge, aber durchaus überwindbare Wendeltreppen bestiegen werden und bietet eine grandiose Aussicht – auf die einst glanzvolle Stadt mit ihren sechs hoch aufragenden Türmen und, gleich unter ihm, auf das pittoreske Winckelmann-Viertel der kleinen Leute.

VON REINHARD OPITZ

Geruhsamer Stadtrundgang I in Stendal

Auf Winckelmanns Spuren:

Die Petrikirch- & Winckelmannstraße mit der Sankt Petri-Kirche präsentieren das Viertel und das Gotteshaus der kleinen Leute. Sankt Petri besticht durch ihre Schlichtheit und Geschichte. 1937 predigte in der kleinsten und ältesten Stendaler Kirche Pastor Martin Niemöller, 1989 war sie Ort der Friedensgebete und Ausgangspunkt der Demonstrationen gegen das DDR-Regime.

Der Roland ist mit seinen 5,41 m ein wahrer Riese. ▶

Winckelmannausstellung:

Am Ort des Geburtshauses des Schuhmachersohnes steht heute ein Fachwerkhaus, in dem 1955 das Museum eröffnet hat. Wer alles über Winckelmanns Leben und sein späteres Wirken in Rom erfahren möchte, wird hier fündig. Tipp: Das dazugehörige Familienmuseum mit Archäologencamp sowie dem größten, trojanischen Pferd der Welt ist einmalig in Sachsen-Anhalt.

Winckelmannplatz:

Unter mächtigen Bäumen steht ein Denkmal – darauf thront kein Geringerer als der berühmte Sohn Stendals und der hat einen fantastischen Rundumblick. Vor ihm liegen die Kirche Sankt Marien und das belebte Kreuz aus Kornmarkt sowie der Breiten -, Bruch- sowie Marienkirchstraße.

Geführte Stadtrundgänge:

Für alle die, die größte Stadt der Altmark lieber geführt erkunden möchten, bietet die Touristeninformation drei unterschiedliche Spaziergänge. Fans historischer Gebäude werden in jedem Fall auf ihre Kosten kommen, denn die gibts in Stendal reichlich. Los geht's einen Katzensprung vom Winckelmannplatz entfernt am Rathaus, mit etwas Glück führt ein echter Husar.

Schnitzwand im Rathaus:

Eine Kostbarkeit versteckt sich in der alten Ratsstube – die mit reichem Schmuck versehene Schnitzwand ist von 1462 und damit die älteste unter den profanen Schnitzwänden Deutschlands.

Turm der Ratskirche Sankt Marien:

Die, die das erste Mal in Stendal sind, meinen, Sankt Marien wäre der Dom. Vielleicht, weil ihre Türme mit 82 Metern ja auch wirklich höher (einen Meter) sind als der Dom. Hinaufkraxeln lohnt sich – man sieht die kostbaren Turmglocken, die Hansestadt von oben und manchmal gibts in der Turmstube auch Kultur.

Der Brunnen aus Sandstein, im Volksmund als „Sperlingsida" bekannt, erinnert an Sanitätsrat Dr. med. Haacke (1824–1899).

STENDAL
DAS
AROMA
DER
ROSE

Birgit Dähnrich lässt in Stendal die Uckermärker Küchenrose kulinarisch aufleben. Wer die purpurfarbenen Blüten noch nicht probiert hat, sollte Stendals Rosentorte kosten ...

Birgit Dähnrich liebt Rosen. „Vielleicht ein Mädchentraum", sagt sie und zuckt lachend ihre Schultern. Die Blume macht sie glücklich und sie ist sich sicher, dass diese Leidenschaft sie gesund gemacht hat. Sie denkt an ihr Herz, ihr Gelee und ihre Torten. „Klar kann man Rosen essen", sagt sie, als sei das die selbstverständlichste Sache der Welt. „Sie geben Wärme und Nähe und sind gut fürs Herz." Schon lange verkauft ihr Ehemann Ulf ihre handgemachten Spezialitäten im eigenen Naturkostladen. Gelee, Rohrohrzucker, Salz, Tee oder Likör mit Rosenblüten aus Stendal.

Es gab mehrere Gründe, eines Tages mit der kulinarischen Verarbeitung anzufangen, erinnert sich Birgit Dähnrich, ihre Gesundheit, die biologische Rosenschule, und es gab eine Familientradition. „Ich bin auf dem Schönhauser Damm im ehemaligen Forsthaus von Otto von Bismarck aufgewachsen. In unserem Garten standen Rosen." Sie hat ihren Vater vor Augen. „Er hat meiner Mutti immer eine Rose gepflückt. Es war seine Art zu sagen: Ich liebe dich." Vielleicht durfte die Königin der Blumen in ihren Gärten deshalb nie fehlen. Als sie den schattigen Hof des Gerberhofs in ein rosafarbenes Meer verwandeln wollte, ging die Rechnung nicht auf. „Wo kein Lüftchen

ROSEN, KÜCHEN UND GESUNDE ERNÄHRUNG – BIRGIT DÄHNRICH VEREINT MIT IHREM CAFÉ MEHRERE LEIDENSCHAFTEN.

weht, bekommen Rosen Schädlinge", weiß sie heute und deutet zum Hinterhaus. „Dafür wachsen sie jetzt im Garten hinterm Haus. Meterhoch! Im Café kann ich das üppige Grün sehen und sogar riechen", schwärmt sie. Eine Rose ist ihr in den vergangenen Jahren besonders ans Herz gewachsen. Die ‚Rosaerai de l'Hay', die sich als Uckermärker Küchenrose einen Namen gemacht hat. Auf den ersten Blick erinnert sie an eine Heckenrose, doch ihr Blütenblatt ist prall gefüllt und kann kulinarisch verarbeitet werden. „Andere werden beim Kochen seifig, die Küchenrose nicht. Ihre Blütenblätter haben einen würzigen Geschmack. Das ist ihr Geheimnis", verrät die Stendalerin. Erste Kochversuche gab es vor fünf Jahren – zusammen mit ihrem Mann, der Ernährungsexperte und Leiter ihrer gemeinsamen Kochschule

ist. Auf einem Markt in Berlin hatten die beiden Andrea Genschorek, die Besitzerin der biologischen Rosenschule, kennengelernt und sie wenig später auf ihrem uckermärkischen Hof besucht. Birgit Dähnrich hatte sofort eine Anziehung zu ihr, ihrem Konzept und zur Uckermark. Das weite Land hatte sie an ihre Sommerferien bei Großmutter und an die Altmark erinnert.

Schon ein Jahr später kam das Paar wieder. Die beiden hatten sich eine Ferienwohnung gemietet, gleich neben der Rosenschule. Inspiriert durch die Rosen-

DIE „ROSAERAI DE L'HAY" KANN IM GEGENSATZ ZUR HECKENROSE KULINARISCH VERARBEITET WERDEN.

züchterin waren sie angereist, um Rosenblüten zu pflücken und zu verarbeiten. „Für die Torten haben wir damals jedes Blatt mit Eiweiß und Zucker bestrichen", erinnert sich Birgit Dähnrich. „Zwei Jahre später habe ich die kandierten Blüten hervorgeholt. Da war immer noch dieser intensive Duft!" Längst hat sich die Stendalerin die ‚Rosaerai de l`Hay' in ihren Pachtgarten geholt. Seit Mai radelt die Berufsschullehrerin in die wildromantische Oase, alle drei Tage. Bis Oktober ist Saison. Die Küchenrose steht zwei Meter hoch, zwischen dem Grün der Blätter leuchten die Blüten purpur-violett. Behutsam legt sie die Blüten in einen Korb. Ein weißes Tuch darunter sorgt dafür, dass die Insekten raus krabbeln können. Das ist der Gartenliebhaberin wichtig. „Die Rosenkäfer sollen ja nicht mit konserviert werden. Und töten möchte ich sie auch nicht." Insekten gehören genauso in ihre Oase wie Brennnesseln. Die stehen fast mannshoch hinter den Rosen, zwischen lilafarbenem Salbei und weißen Margeriten fliegen Hummeln, auf der Obstbaumwiese wachsen Rot- und Weißklee. Birgit Dähnrich hat was gegen Chemiekeulen, ihre Rosen bekommen Kaffeesatz, Rasenschnitt, Wasser und Luft. 250 Blüten hatte sie eines Tages geerntet, doch dann kommentiert sie vorsichtig: „Russisch Roulette." Frost hatte den Knospen zu schaffen gemacht. Zumindest standen Anfang Juni in ihrer Küche schon wieder 50 Gläser Rosenblüten-Gelee. „Die meisten bekommt Andrea." Die Rosenzüchterin ist eine gute Freundin geworden und verkauft auf ihrem Hof nun auch Rosen-Spezialitäten aus der Altmark. „Die Idee mit den Torten ist zwar von ihr, aber das Gelee ist meine Kreation." Viel improvisiert hatte Birgit Dähnrich anfangs, bis sie Torte und Blütengelee zusammengebracht hatte. Mittlerweile füllt sie das Gebäck mit Rosengelee auf Basis von Apfelsaft, Wasser, Sekt oder Chardonnaytraubensaft. Beim traditionellen Rosenfest in der Uckermark werden an die 50 Torten verputzt. Mit dieser Zahl weiß die Bäckerin umzugehen. „In Stendal ist das nicht möglich, aber wenn die Gäste unter meinen duftenden Büschen sitzen …"

„Die Rose, der Duft, die Farbe – das macht Freude."

Anfang Mai hat sie ihr Rosencafé eröffnet. Honigfarbene Küchlein liegen im Buffet, in der Vitrine kühlen Torten, auch ihre Rosentorte. Die lilafarbenen Rosenblätter leuchten auf der Schlagsahne,

An lauen Sommerabenden gibt's hier auch Aufführungen des Stendaler Theaters.

darunter befindet sich ein Teig aus selbstgeschrotetem Dinkel. Für milde Süße sorgen Honig und Rosenblütenzucker. „Manche Gäste kommen, weil sie gesunden Kuchen essen wollen. Als neulich ein Gast nach Buchweizen gefragt hat, war ich ganz Ohr. Andere wiederum möchten einfach nur Kuchen essen." Auch wenn die Dähnrichs vollwertig essen und auf Industriezucker verzichten, müssen das ihre Gäste noch lange nicht. Im Gegenteil – Birgit Dähnrich hat Freude daran, ihre Koch- und Backleidenschaft weiterzugeben. „Im Blütenkochkurs haben wir Rosenbowle mit Prosecco gemacht. Es war was übrig und da habe ich einem Gast zu einem Gläschen animiert. Der Nachmittag verlangt geradezu danach, habe ich gesagt." Die Cafébesitzerin wirkt glücklich. In ihrem grauen Haar steckt eine dunkelrote Blüte, auf ihrem Kleid wachsen zarte Rosen. Wie bekommt sie das alles unter einen Hut – ihre Schule, den Garten, das Rosencafé, Kochkurse … ? „Die Schule steht an erster Stelle. Die Rosen und der Garten sind Freizeit. Was man gerne macht, ist keine Arbeit. Ich kann mir Stress machen und ich kann glücklich sein. Die Rose, der Duft, die Farbe – das macht Freude."

VON SIBYLLE SPERLING

KURZ & BÜNDIG:

DIE HANSESTADT STENDAL

… ist die größte Stadt der Altmark und gehört zu den ältesten Städten der alten Mark Brandenburg.

… ist 1022 das erste Mal erwähnt worden.

… hat viele Ehrenbürger. Einer ist der Markgraf von Brandenburg. & Gründer Stendals Albrecht der Bär (1100 bis 1170).

… gehörte von 1358 bis 1518 der Hanse an.

besitzt einen 5,4 Meter hohen Roland, der vorm Rathaus als drittgrößter Deutschlands steht.

… hat den französischen Schriftsteller Marie-Henri Beyle (1783 bis 1842) inspiriert. Sein Pseudonym war Stendhal.

… ist eine hübsche, lebendig-gemütliche, denkmalgerecht sanierte Kleinstadt im Herzen der östlichen Altmark. Alles ist da: historische Bauwerke, Marktplatz mit Roland, Einkaufsstraßen, Restaurants & Cafés, eine engagierte Kulturszene …

Kulinarisch in Stendal entschleunigen

Rosencafé:

Im Hinterhaus des Gerberhofs, der einen Naturkostladen und eine Kochschule beherbergt, werden hochwertige Biokuchen, Rosentorte sowie Snacks & Eis angeboten. Im Sommer kann man im schattigen Innenhof, in der Rosenstube oder im Rosengarten entspannen. Familie Dähnrich bietet außerdem Kochkurse, kulinarische Seminare & im Hof Theateraufführungen an.

Der Gerberhof versteckt sich in der ruhigen Straße „Am Hoock".

Bauernmarkt Stendal:

Jeden Samstag gehts hier heiß her – Kleinsterzeuger und Bauernhöfe verkaufen frische, regionale Produkte. Neben Obst & Gemüse, Wurst sowie Fleisch und Milchprodukten gibts auch Spezialitäten wie Honig, Pilze oder Wein aus der Altmark. Achtung: Ab 10 Uhr ist es ruhiger, dafür sind die Stände aber auch recht ausgesucht ... Wer Frühstück in Form von Kaffee und Kuchen mag, geht am besten gleich nach hinten zum Stand der Landfrauen – die haben herrliche Blechkuchen.

Stendaler Scheunenladen:

Im Hofladen am Stadtrand gibts saisonales Obst & Gemüse, in der Erntezeit kann man auf den dazugehörigen Obstplantagen Kirschen pflücken gehen. Die Kirschen werden vor Ort entsteint und der Spargel geschält. Hauseigene Fruchtsäfte, Käse & Joghurt aus der Altmark, eine Milchtankstelle und sogar Stellplätze für Wohnmobile ...

Kaffeekult:

Im Rathauskeller und umringt von dicken Mauern befindet sich das urig-moderne Kaffeehaus mit eigener Kaffeerösterei. Neben Torten, Kuchen sowie feinen Tee's gibts auch Schokolade und Pralinen aus eigener Herstellung. Draußen sitzt man an der Seite des Stendaler Rolands. Marktplatzblick!

Le Petit:
Sehr gemütlich eingerichtet. Das französische Ambiente passt zu den mediterran anmutenden Gerichten. Die Kombinationen sind erfrischend anders. Am Sonnabend gibt es auch ab 9 Uhr Frühstück.

Atrium:
Spargel im Frühling, Pilze im Spätsommer, Kürbisgerichte im Herbst, Spezialitäten mit Kohl im Winter – gekocht wird saisonal, Traditionelles wird auch neuinterpretiert (so steht es auf der Homepage). Das Restaurant ist von Gault&Millau ausgezeichnet. Drinnen sowie draußen sehr gemütlich und ruhig – im Apfelgarten kann man sich zurückziehen. Übernachtungen sind im Gästehaus möglich.

Terrasse vom Schwarzer Adler:
Das Hotel Schwarzer Adler ist ein Ort für Festlichkeiten und liegt äußerst prominent am Marktlatz. Die Terrasse hält sich jedoch versteckt im Hinterhof. Lohnt sich abends – mit 'nem Glas Wein oder 'nem Cocktail. Falls es das Wetter erlaubt, leuchtet die mächtige Sankt Marien-Kirche im Abendrot.

Konditorei & Café Müller:
1904 vom Konditor Wilhelm Müller und seiner Frau Wilhelmine, einer Kaltmamsell, als Café „Germania" eröffnet, befindet sich die „trubelige" Traditionsbäckerei in der Breiten Straße – im Herzen Stendals. Gebacken wird noch immer nach Rezepten des Großvaters, Müllers stellen mittlerweile auch Eis her, sehr zu empfehlen! P.S.: Nicht der einzige Laden für Brot, Brötchen & Co – schräg gegenüber ist die „Bäckerei Lohse". Verhungern kann man in Stendal also nicht!

Milchtankstelle in Gohre:
Ein typisch altmärkisches Dörfchen vor den Toren Stendals mit einer 24-Stunden-Milchtankstelle. Die Gohrer Kühe werden hier geboren, aufgezogen und mehrere Jahre gemolken, auf den Weiden grasen also die jungen Kühe neben ihren Müttern und Großmüttern. Mindestens sieben Monate stehen sie draußen, die Weidemilch wird nicht homogenisiert.

STENDAL

DER GRÖSSTE SCHATZ DER STADT

Vom Stendaler Dom aus wurde die Reformation in die Mark Brandenburg getragen.

Wer Mystik sucht, kann sich hier im Geheimnisvollen verlieren. Wer nach tiefer Religiosität strebt, trifft hier auf den würdigen Rahmen und den optischen Wegweiser. Wer Schönes sucht, findet hier die Schönheit an sich. Es gibt weit und breit keinen Ort, der dem Hohen Chor des Doms St. Nikolaus zu Stendal gleichkommt. Die zwölf die Wände auflösenden hohen gotischen Fenster mit ihren farbigen Glasmalereien versprühen ein faszinierendes, ein gedämpftes und zugleich glühend leuchtendes Licht, dem sich kaum ein Besucher, ob gläubig oder nicht, entziehen kann.

Die prächtige Glasmalerei-Galerie setzt sich im gesamten Querhaus der Kathedrale und an der Südseite des Langhauses mit zehn weiteren farbigen Fenstern fort – 22 sind es also insgesamt. Ein Schatz, der noch immer weithin unbekannt ist und als Geheimtipp taugt. Mittelalterliche Gesamtkunstwerke in vergleichbarer Qualität, Fülle und Geschlossenheit finden sich in Deutschland allenfalls noch im Erfurter Dom oder im Freiburger Münster. Ansonsten müsste man bis zu den großen französischen Kathedralen pilgern, um ähnliches bestaunen zu können.

Der Stendaler Glasgemäldezyklus wurde in dem relativ kurzen Zeitraum zwi-

EIN GEHEIMTIPP SIND DIE 22 MITTELALTERLICHEN GLASMALEREIEN-FENSTER! MEHR VERGLEICHBARE GLASMALEREIEN HABEN NUR NOCH DER ERFURTER DOM ODER DIE FRANZÖSISCHEN KATHEDRALEN.

Der Dom Sankt Nikolaus ist eine spätgotische Backsteinkirche am Rand der Altstadt. Vom Domplatz, einem der schönsten Plätze der Stadt, hat man einen herrlichen Blick auf das Bauwerk

schen etwa 1425 und 1470 geschaffen und ist, von einigen Ergänzungen aus dem 19. Jahrhundert abgesehen, weitgehend original erhalten. Den Zweiten Weltkrieg, der dem Stendaler Domensemble ein paar Bombentreffer brachte, überlebten die Fenster, weil sie vorsorglich ausgebaut und auf dem Gut Wittenmoor unweit von Stendal sicher gelagert waren. In den 1950er und -60er Jahren wieder eingebaut, erhielten sie nach außen hin eine Schutzverglasung. Von 1994 bis 2002 reinigten und sanierten Mitarbeiter einschlägiger Glaswerkstätten, darunter aus der Region um Stendal, die mehr als 1000 farbigen Felder der Domfenster.

Mittelalterliche Kirchenfenster dieser Art sind nichts anderes als Bildergeschichten, Comics unserer Altvorderen, die, von unten nach oben „gelesen", den leseunkundigen Kirchgängern aus der Bibel erzählten. Heute, da sich kaum noch jemand die Zeit nimmt, die Geschichten in den farbenprächtigen und figurenreichen Gemäldezyklen zu erkennen, sprechen sie in erster Linie unser ästhetisch-künstlerisches Empfinden an. Doch es lohnt sich allemal, etwas länger und etwas genauer hinzusehen. So erkennen wir im mittleren Chorfenster unschwer die Szenen aus dem Leben Christi samt Kreuzigung und Auferstehung, rechts und links daneben Fenster, die Heiligen wie Stephanus, Barbara oder Nikolaus, dem Patron des Doms, der Maria oder dem Apostel Petrus gewidmet sind.

Welche Künstler hier in spätgotischer Zeit am Werk waren – wir wissen es nicht. An der Nordseite des Langhauses, in der sogenannten Andachtskapelle, lässt sich das 23. farbige Fenster des Doms jedoch eindeutig einem Schöpfer zuordnen. Zum Thema „Jesus Christus – Licht und Heil der Welt" wurde es im Jahr 2003 von dem Architekten und Mitglied der damaligen Domgemeinde Dietrich Fuchs (1924 – 2010) entworfen und von der Glasereiwerkstatt Wilde im nahen Bellingen gebaut und gespendet. Glasmalereien aus alter und neuer Zeit – das Zusammenspiel auf engstem Raum ist überaus reizvoll.

Von Stendal aus wurde die Reformation in die Mark Brandenburg getragen

Stendals Dom war nie eine Bischofskirche, aber stets höherrangig als die Stadt- und Pfarrkirchen im altmärkischen Land. Bald nach der Stadtgründung um 1160 durch den Askanierfürsten Albrecht den Bären stifteten sein Enkel, der brandenburgische Markgraf Otto II., und dessen Bruder Graf Heinrich von Gardelegen im Jahr 1188 ein Augustiner-Chorherrenstift. Es wurde am südlichen Rand des damaligen Stadtgebiets angesiedelt, dort, wo einst die Burg der Askanier stand. Von Beginn an war das anfangs aus einem Propst, einem Dechanten und zehn Domherren bestehende Kollegiatstift unabhängig vom Bischof in Halberstadt und stattdessen unmittelbar dem Papst unterstellt und verpflichtet. Der Dompropst war der höchste Geistliche der Altmark, und die Domherren hatten die Patronate über alle Stendaler Pfarrkirchen und viele andere in den Dörfern der Umgebung. Die Bezeichnung Dom bürgerte sich in Stendal also nicht völlig zu Unrecht ein. Daran änderte sich auch mit der Reformation nichts. Luther entsandte 1539 seinen Freund und Mitstreiter Konrad Cordatus als ersten Superintendenten der Altmark und der Prignitz an den Stendaler Dom; von hier aus wurde die Reformation in die Mark Brandenburg getragen. Zwar wurde das Domstift 1551 endgültig aufgelöst, doch bis heute ist Stendal Sitz des Superintendenten der Altmark.

Von der ersten, 1258 dem heiligen Nikolaus von Myra geweihten Kirche des Stifts sind noch bedeutende Teile des

Westbaus mit den Untergeschossen der beiden schlanken Türme erhalten. Wer heute durch die ab 1423 erbaute spätgotische Hallenkirche spaziert, entdeckt auch im Inneren noch hier und da einen romanischen Bogen. Doch insgesamt

Die Orgel befindet sich auf einer Empore im Westen. Hinter einem Prospekt (von 1912) befindet sich das Werk (von 1953 und 1970) mit 56 Registern, drei Manualen und Pedal von Alexander Schuke

feiert die Gotik in dieser filigranen Schöpfung einen ihrer Höhepunkte im vom Backstein geprägten norddeutschen Kulturkreis. Schon Mitte des 15. Jahrhunderts war die dreischiffige Halle fertiggestellt.

Ein massiver Backsteinlettner trennt den feierlichen Chor vom Kirchenschiff. Die steinernen Reliefs mit Darstellungen aus der Christusgeschichte an seiner Chorseite sind älter, entstanden um 1250 und stammen aus der romanischen Vorgängerkirche. Nach so viel Ernstem und Erbaulichem sei ein Blick auf das hölzerne Chorgestühl aus der Zeit um 1430 empfohlen. Die Miserikordien, also die kleinen Stützbretter unter den hochgeklappten Sitzen, die das lange Stehen während der Gottesdienste erleichterten, werden von heiter stimmenden und zuweilen frivolen Schnitzfiguren getragen.

Stendals Dom hat in den letzten Kriegstagen Bombentreffer erlitten, die unter anderem den Westflügel des Kreuzgangs zerstörten. Nachdem jahrzehntelang lediglich eine Feldsteinmauer die Lücke zur Straße hin schloss, wurde der Flügel in jüngster Zeit modern wieder aufgebaut und im Jahr 2013 fertiggestellt. Er bietet Räume für die evangelische Stadtgemeinde und beherbergt das Büro des Propstes für den Sprengel Stendal-Magdeburg. Damit sind auch die im Süden an den Dom anschließenden Stiftsgebäude des einstigen Domstifts wieder komplett. Im Zuge des Neubaus wurde der Altbestand renoviert. Sein Prunkstück ist der laut Inschrift 1463 vollendete Kapitelsaal im Untergeschoss, dessen Kreuzrippengewölbe von drei mächtigen Rundpfeilern getragen wird.

Der Dom St. Nikolaus bildet die eindrucksvolle Südfront eines der schönsten Plätze in Stendal, der folgerichtig den Namen Am Dom trägt. Das von alten Bäumen bestandene grüne Karree wird ansonsten von mehreren für Stendal typischen Freihäusern aus dem 18. Jahrhundert gesäumt, einst Häuser von Bürgern, die wegen ihrer Stellung oder Verdienste von den städtischen Steuern befreit waren. An der Ostseite steht der Backstein-Prachtbau des Landgerichts, doch gleich daneben, sich nah an den Dom heran schiebend, ist es vorbei mit der Vornehmheit. Hier erhebt sich seit Anfang des 20. Jahrhunderts das Gefängnis. Vor einigen Jahren leergezogen, wird das neugotische Klinkerensemble derzeit zu Wohnungen und einem Domcafé umgebaut.

VON REINHARD OPITZ

GERUHSAMER STADTRUNDGANG II IN STENDAL

Dom Sankt Nikolaus:
Was gibts noch zu sagen? Dass der Domplatz einer der Schönsten in der Altstadt ist, dass man vom Platz aus den schönsten Blick auf's Bauwerk hat, dass Martin Luther 1539 seinen Freund Konrad Cordatus als ersten Superintendenten der Altmark und Prignitz an den Dom geschickt hat, um die Reformation in der Mark Brandenburg voranzutreiben.

Westwall:
Der Wall ist eine grüne Oase und umgibt mit altehrwürdigen Bäumen die Altstadt. Früher bestand die Stadtbefestigung aus zwei Wällen, zwei Gräben, einer Stadtmauer und vier Haupttoren. Vor etwa 200 Jahren ist die Mauer auf königlichen Befehl mit Türmen und zwei Stadttoren abgetragen worden. Das Material haben Kolonisten zum Bau ihrer Häuser benutzt. Auf einer Bank verschnaufen und die Stadt-Geräusche auf sich wirken lassen.

Turm des Uenglinger Tors:
Wer dem Wall in Richtung Norden folgt, kommt zum Uenglinger Tor (von 1450). Es gilt als bedeutendstes Stadttor der Backsteingotik – von der Toranlage ist heute nur noch der 27,5 Meter hohe Torturm übrig. Raufgehen & runtergucken!

▶ Das Uenglinger Tor gehört zu den schönsten Backsteintoren in Norddeutschland.

Altmärkisches Museum mit Klostergarten:

Das Regionalmuseum, das sich seit 1963 im ehemaligen Kloster Sankt Katharinen befindet, erzählt vieles zur Stendaler Geschichte und zur Altmark. Wem die Puste ausgehen sollte, dem könnte frische Luft und die Ruhe des Klostergartens helfen.

Stendaler Kulturnacht im Mai:

Für einen lauschigen Abend öffnen sich in der Altstadt vielerorts die Türen für Kultur, sogar Orte, die sonst nur von außen zu bewundern sind. Klassische Musik & nette Konzerte, Lesungen, Tanz-, Kino- oder Theateraufführungen sowie kulturelle Einblicke und Führungen gibts vor oder inmitten der historischen Backstein-Kulisse von Dom, Kloster & Sankt Marienkirche.

Folk! in die Nacht im August:

Ihren Hang zur Folk-Polka lebt die altmärkische Band Nobody Knows alljährlich im Klostergarten des Altmärkischen Museums aus. Bands, Künstler & Feuerspucker werden zum Kult- & Folklore-Festival zusammengetrommelt, für zünftige Speisen & belebende Getränke wird gesorgt.

Stendaler Lichttage im Oktober:

Künstler, historische Bauwerke, Licht & das nächtliche Stendal? All das inszeniert die H. und H. Kaschade-Stiftung zusammen mit der Stadt jährlich zu den Stendaler Lichttagen. Relikte aus alten Zeiten werden von verschiedenen Künstlern lichtvoll und teils mit Musik in Szene gesetzt, die Hauptstadt der östlichen Altmark beginnt zu leuchten.

Lichttage, Oktober, Tangermünder Tor

An den Lichttagen funkelt der Kreuzgang (13. Jahrhundert) im Dom Sankt Nikolaus. Der durch Bomben zerstörte Kreuzgang-Westflügel wurde 2013 neu herausgeputzt.

Zum Sightseeing gehört eine Pause auf dem Land. Mit dem Auto über Nebenstraßen durch Staffelde nach Storkau zuckeln. Hier wartet das Schloss Storkau, das 1912 von Rittmeister Freiherr von Guaita nach barockem Vorbild gebaut worden ist. Dem Schloss mit hofeigener Landwirtschaft liegt die Elbe zu Füßen! Ein Spaziergang durch den Park, ein Besuch im Mini-Bioladen mit Fleisch oder einen Schlenker zu den Kuhställen … wilde Schlossromantik & Bauernhoffeeling! Es gibt Gästezimmer & ein Gourmetrestaurant.

Spaziergänge bei Storkau:

Zu empfehlen ist der sechs Kilometer lange Fuchsweg. Er führt durch Feld- & Wiesenlandschaft inmitten der Elbauen (1 Stunde 30 Minuten). Sehr erholsame Tour ohne große Besonderheiten. Wer auf dem Elbdeich entlang flanieren mag, sollte nach Hämerten, ein Dorf weiter in Richtung Tangermünde, fahren.

Ausflug nach Wischer:

Eine schnelle Abkühlung bekommt man im gleichnamigen fünf Hektar großen Baggersee mit Campingplatz. An gewissen Stellen, zu gewissen Wochen sowie Uhrzeiten etwas überlaufen, lässt sich abseits des Campingplatzes ein stilles Plätzchen finden. Vor allem Einheimische kommen mit dem Auto oder der Simson (etwa sieben Minuten). Per Rad gehts gemächlich über Wiesen, Felder sowie durch den Stendaler Stadtforst.

Ein Bad in der Elbe, im Schlosspark wandeln und im Bioladen einkaufen – das bietet Storkau. Selten schippert dazu der „Große Kurfürst" vorbei.

TANGERMÜNDE

EINE STADT, EIN BRAND UND GRETE MINDE

Wer war die Frau, der Fontane eine Novelle gewidmet hat? Eine Wahrsagerin, Kräuterfrau, Brandstifterin? Von einem Verbrechen, das bis heute nicht aufgeklärt ist.

TANGERMÜNDE

In der Stadt führt kein Weg an Margarete Minde vorbei - sie landete 1619 auf dem Scheiterhaufen, weil sie für den Brand, der Tangermünde im Jahre 1617 in Schutt und Asche legte, verantwortlich gemacht wurde.

Ihr Fall hat sich nicht nur in das Bewusstsein der Stadt eingegraben – er beschäftigte die Justiz, die Kunst und die Kultur: Theodor Fontane schrieb 1880 eine Grete-Minde-Novelle; auch Filme, Hörspiele und Theaterstücke haben sich ihrem Schicksal gewidmet. Trotz des großen Umfangs an Prozessakten und der erhaltenen Chronik des damaligen Bürgermeisters Kaspar Helmreichs, die im Tangermünder Stadtarchiv verwahrt werden, konnte bis zum heutigen Tag nicht geklärt werden, ob sie wirklich die Brandstifterin war oder der Justiz zum Opfer gefallen ist.

Familie von Minden war eine angesehene Patrizierfamilie mit großem Reichtum. Eines Tages musste Peter von Minden, Sohn von Heinrich von Minden, wegen Totschlag die Stadt verlassen. Er wurde vermutlich Landknecht. Um 1593 suchte eine unbekannte Frau Familie von Minden auf. Sie hatte ihr Kind Margarethe dabei und erklärte, dass sie die Witwe von Peter von Minden sei und Grete ihr gemeinsames Kind. Anschließend forderte sie Gretes Erbteil. Die Familie hinterlegte beim Rat für sie eine Geldsumme, aber ihr Onkel Heinrich von Minden zahlte nur einen Teil des hinterlegten Erbes aus. Weitere Forderungen wies er ab, weil es keine Heiratsurkunde gab, die ihre Zugehörigkeit zur Familie bestätigen konnte. Grete Minde heiratete 1616 Tonnies Meilahn, einen herrenlosen Landknecht. Er verdiente sein Geld durch Räuberei, Grete hingegen verkaufte Kräuter. Ihr wurde auch Wahrsagerei nachgesagt, weswegen sie Tangermünde verlassen musste. Um ihr Erbe einzufordern, kehrte sie immer wieder in die Stadt zurück. 1619 bewarb sich Tonnies Meilahn um die Stelle des Stadtknechtes. Dabei wurde er als Räuber erkannt und verhaftet. Unter Folter gab er an, dass seine Frau den großen Stadtbrand von 1617 zu verantworten habe, weil sie ihren Erbteil nie erhalten habe. Daraufhin wurde Grete Minde verhaftet und zum Tode verurteilt. Große Bekanntheit erlangte sie durch die von Theodor Fontane 1880 entstandene Novelle „Grete Minde. Nach einer altmärkischen Chronik". Fontane ist dafür bekannt, wahre Ereignisse literarisch zu verarbeiten. Er trennt die historische Figur von der literarischen und gibt dem Leser das Bild einer trotzigen

Patriziertochter, die ihre Heimatstadt anzündete und sich dann anschließend selbst das Leben nahm.

Unter Folter gestand Grete Minden, die Stadt angezündet zu haben.

Was sich wirklich abspielte, kann man der Gerichtsakte von 1619, der „Acta inquisitional contra Margarethen Münthen und Consorten" entnehmen. Anders als im Roman wurde ihr aufgrund des Tangermünder Stadtbrandes der Prozess gemacht, weil sie als Anstifterin des Brandes galt. Am 22. März 1619 wurde sie auf einem Wagen durch die Stadt zur Richtstatt gebracht. Unter Folter hatte sie zuvor gestanden, die Stadt angezündet zu haben. Das Urteil fiel besonders hart aus: „ihre fünff finger an der rechten Hand, einer nach dem anderen [wurden] mit glüenden Zangen abgezwacket". Anschließend wurde: „ihr leib mit vier glühenden Zangen abgezwackent, nemlich in der brust und arm gegriffen, Folglich mit eisernen Ketten uff einem erhabenen Pfahll angeschmiedet, lebendig geschmochtet"(Hinrichtung durch Ersticken auf einem Scheiterhaufen).

Grete Minde ist fortan im Bewusstsein der Tangermünder Bevölkerung. Viele Hinweise erinnern heute an das Geschehen vor 400 Jahren in der Stadt. Am 22. März 2009, genau 390 Jahre nach der Hinrichtung wurde vor dem historischen Rathaus der Stadt, in dem der Prozess stattfand, ein Denkmal errichtet. Die lebensgroße Bronze des Bildhauers Lutz Gaede zeigt Grete Minde in Ketten in gebeugter Haltung.

Von Elisa Jubert

Ob allein oder geführt: Ein Stadtrundgang ist für Altmark-Entdecker ein Muss! Am Rathaus wartet Grete Minde als bronzene Figur.

TANGERMÜNDE 239

Prächtig herausgeputzte, kleine Fachwerkhäuser sind typisch für die Hansestadt und machen sie einzigartig.

Tipps für Grete-Entdecker & mehr

Grete Mindes Vermächtnis:
… heißt das Essen, das in der Alten Schule serviert wird. Was auf den Teller kommt, wird nicht verraten. Ausprobieren! In den Exempel Schlafstuben kann man äußerst authentisch im Grete-Minde-Zimmer im Doppelbett schlafen.

Grete Minde in der Literatur:
Roman „Die Schuld der Grete Minde" von Barbara Bartos-Höppner, 1993 im Bertelsmann-Verlag, mit vielen Details der historischen Handlung sowie Novelle „Grete Minde. Nach einer altmärkischen Chronik." von Theodor Fontane, 2012 bei dtv Verlagsgesellschaft, sowie gebundene Ausgabe mit farbigen Illustrationen von Ursula Kirchberg, 1991 bei Gerstenberg.

Grete Minde in weiteren Medien:
MP3 CD – Audiobook: Theodor Fontane „Grete Minde", Lesung mit Kurt Böwe, 2015 im Audio Verlag & Hörspiel. Peter Huchel „Grete Minde. Eine Dichtung für den Rundfunk", wurde kurz vor dem Ausbruch des Zweiten Weltkrieges ausgestrahlt & Film „Grete Minde – Der Wald ist voller Wölfe", BR Deutschland/Österreich 1976/1977, produziert von Bernd Eichinger.

Stadtgeschichtliches Museum:
Nicht nur von außen ein Hingucker! Das Museum befindet sich im Erdgeschoss & Keller des Rathauses. Wer einen Stadtrundgang bucht, kann in den Rathaussaal gucken. Sonst gibts einiges zur Stadtgeschichte und zu Grete Minde.

Nachtwächterrundgang:
Ein Nachtwächter führt mit Laterne, Hellebarde und Horn durch die dunklen Gassen der Kaiserstadt und plaudert nebenbei aus seinem Leben. Wer auf Geschichten, Legenden und Schwänke steht! Natürlich sind die Stadtführer auch am Tage unterwegs. Tangermünde hat so reichlich schnuckelige Bauwerke, die man nicht an fünf Fingern aufzählen kann! Vorbeischauen und sich auf Entdeckertour begeben.

TANGERMÜNDE 243

Nicht nur Grete Minde steht hier! Hinter der 24 Meter hohen aus Backstein gemauerten, spätgotischen Schauwand (von 1430) des Rathauses versteckt sich der prächtige Festsaal.

Die Pforte zur Altstadt: Das Neustädter Tor. Fünf Wappen (von 1897) schmücken die Tordurchfahrt.

Historisches Vintage-Radrennen:

Immer am 2. Maiwochenende gibts in der Altstadt ein Radcorso, bei dem jeder, der sich zeitgemäß & stilecht zum Baujahr seines Drahtesels kleidet, mitmachen kann. Dass das Vehikel mindestens 30 Jahre auf dem Buckel haben muss, ist die zweite Bedingung! Zuschauen macht natürlich auch Spaß.

Salzkirche:

Die Kapelle des Elisabeth Krankenhauses, die unter Markgraf John dem I. im 13. Jahrhundert gebaut wurde, hat sich später einen Namen als königlicher Getreidespeicher & Salzwarenhaus gemacht. Heute ist die kleine Kirche ein romantischer Ort in adretter Lage für Konzertabende sowie Ausstellungen.

Ausflug nach Buch:

Warum nach Buch? Weil das verschlafene Dorf – früher mit Stadtrecht und dem Privileg Markt abzuhalten – am Ende der Welt zu liegen scheint! Das Dorf hat eine Rolandstatue, die 1580 aufgestellt worden ist. Außerdem warten das Elbelandmuseum und die urige Fachwerkscheune des NABU. Naturromantik pur! Ausstellungen, Kanutouren, geführte Wanderungen und im Heu schlafen … für Allergiker gibt es Betten, die Zeltvariante oder den Reiterhof Albrecht mit Ferienwohnungen.

Wanderung nach Buch:

Der Weg führt von der alten Kaiserstadt Tangermünde aus entlang der Elbe nach Buch. Dabei streift der Wanderer das Naturschutzgebiet "Bucher Brack/Bölsdorfer Haken" mit seiner einzigartigen Vogelwelt, die man von einem Aussichtsturm aus beobachten kann. Die Tour dauert etwa drei Stunden (8,6 Kilometer).

Kunsthof Dahrenstedt:

Dahrenstedt ist ein typisch altmärkisches Dorf. Der Kunsthof, ein altmärkischer Vierseitenhof (von 1848), beherbergt neben Stipendiaten und Feriengästen auch Kunst. Besitzer Hejo Heussen ist nämlich Künstler, seine Frau Kunstmanagerin, der ehemalige Kuhstall ist eine HO-Galerie, in der Scheune wechseln munter Konzerte und andere Abendveranstaltungen. Ein paar Häuser weiter wohnt im ehemaligen Schulhaus Künstlerin Rosemarie Grunow, die schreibt, malt und ein Händchen für ihren Garten hat.

Tangermünder Weihnachtsmarkt:

Am 2. Adventswochenende öffnen sich in der Altstadt zahlreiche Höfe mit mehr als 40 regionalen Händlern. Ziemlich voll, aber schöööön.

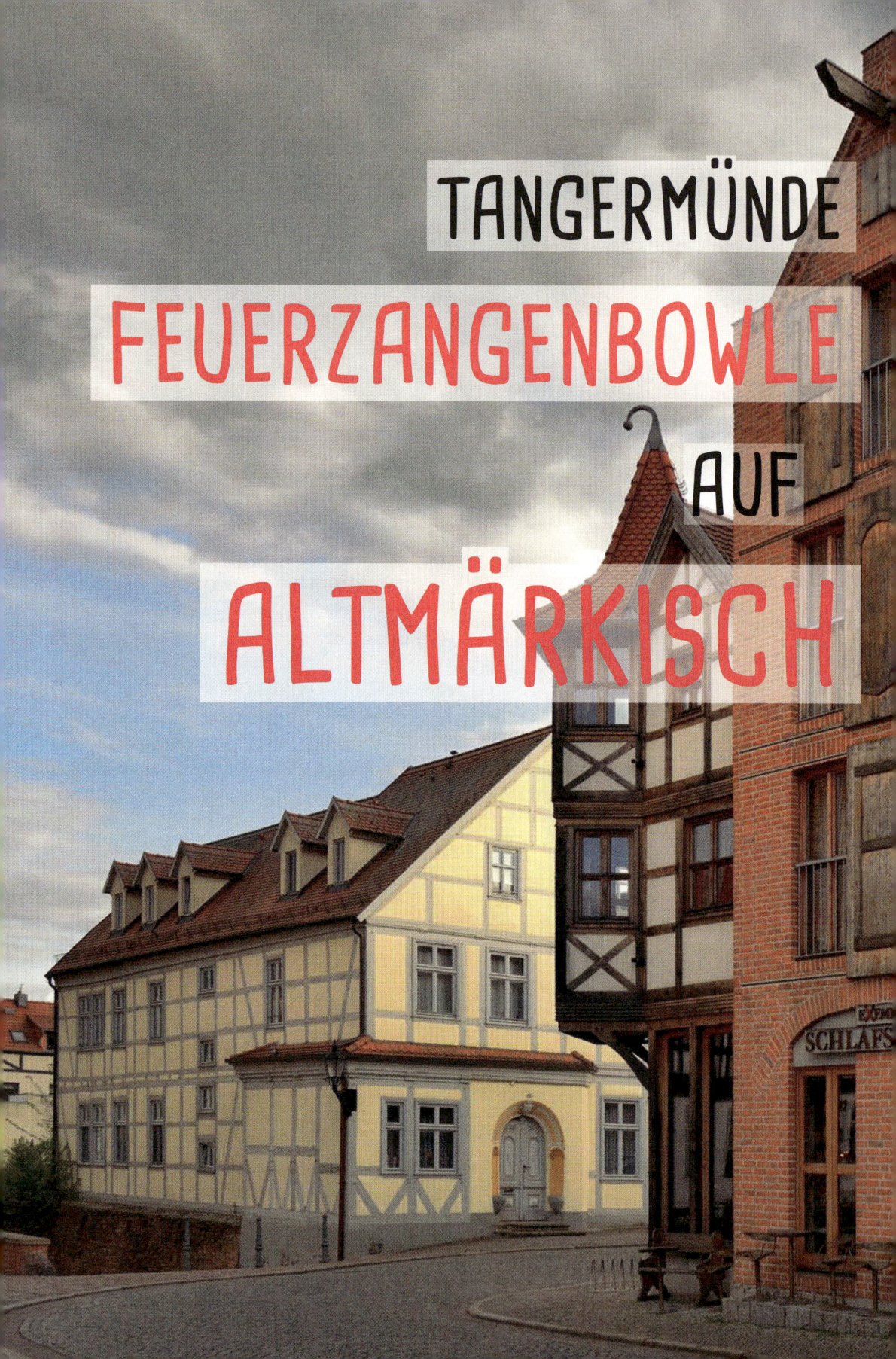

Eine Familie bittet in Kirche und Schulhaus zu Tisch und tafelt und erzählt, wie es zu Braunkohl, Tiegelbraten und Brötel & Klump kam.

Es begann mit einer Katastrophe … Nicht für uns, nein, für die Stadt. Die Spuren waren allgegenwärtig, wenn man sie zu lesen wusste. Es war 1996, als wir vor einem Häufchen Schutt knieten und mit bloßen Fingern Scherben sowie Knochen auseinander klaubten. Im Jahre 1617 waren 486 Häuser und 52 Scheunen abgebrannt. Und in diesen Resten wühlten wir nun. Wir hatten die Dielung aufgenommen, um für den Brandschutz eine Sperre einzubringen und waren mal wieder auf einen Schatz gestoßen. Offensichtlich war das Gebäude auf dem Schutt eines abgebrannten Hauses errichtet worden. Schicht um Schicht gab der Untergrund spannende Geschichten preis. Griffel, Knochen, Scherben waren über Jahrhunderte durch die Ritzen der Dielung gerutscht. Untrügliche Zeichen des Schulbetriebes. Darunter eine dünne Lehmschicht, unter der wiederum Tonscherben, Ziegelbruch und weitere Knochen lagen. Und dann eine Schicht Asche und Holzkohle, darunter einfache Erde und das Gewölbe des Kellers. Die Hohlräume der Etagendecken waren zu unserer Überraschung vollständig mit Tannennadeln aufgefüllt. Vermutlich gegen Mäuse. So knieten wir also in dem Investment meiner Schwester und fanden täglich mehr. Rosa gestrichene Balken (vermutlich Barock), Fundamente von Öfen, Schmiedenägel … Niemand konnte uns zeigen, wie man mit Lehm umgeht, kaum jemand hatte Verständnis für unser Tun. Wir wollten das Haus so wiederherstellen, wie es vor 350 Jahren gebaut worden war, wollten ihm den „Sinn" als Schul- und Kantorhaus wiedergeben!

„Brunch kannte und wollte auch niemand"

Also raus mit all den Spanplatten und Styroporverkleidungen! Wir lernten, wie man Ziegelbögen mauert und Lehm an Wände putzt. Schon bald standen wir vor dem nächsten Problem: Wie verdient man damit Geld? Da uns nichts Besseres einfiel, beschlossen wir einfach Getränke und Brunch in den musealen Räumen zu verkaufen. Obwohl niemand von uns je gekellnert oder in grö-

Das ehemalige Schulhaus liegt im Herzen der Altstadt an der monumentalen Backsteinkirche Sankt Stephan.

ßeren Mengen gekocht hatte, hat das bis auf den Brunch geklappt. Brunch kannte und wollte auch niemand. So schrieben wir bald eine Speisekarte, die meine Schwester Ute buchbindermäßig heftete und deren Inhalt meine Mutter Erika kochte. Mittlerweile ist auch aus der Speisekarte etwas Besonderes geworden. Sie verknüpft die Geschichte der Stadt und des Hauses mit den Speisen darin. Auch die Speisen selbst sind nicht (mehr) ganz alltäglich. Tiegelbraten, Bötel und Klump waren nahezu ausgestorbene Gerichte der Altmark. Braunkohl, die „altmärkische Palme" nirgendwo mehr zu bekommen. Da hieß es viel probieren! Heute kann man bei uns regionale Produkte aus kleinen Betrieben genießen. Wir wollten unseren Gästen immer das Beste und Typisches aus der Altmark bieten, um damit auch die Region zu stärken.

Wir wollen unseren Gast aus dem Hier und Jetzt entführen, frühere Zeiten erleben und den Alltag vergessen, wie in einem spannenden Kinofilm. Fühlen, hören, sehen, riechen und schmecken - alle Sinne sollen angesprochen werden. Dafür darf man im Bett des Kantors Kuchen essen, biertrinkend die Schulbank drücken, die Tafel voll schreiben und in der Guten Stube aus der Speisenkarte rezitieren. In jeder Schublade und hinter beinahe jeder Tür versteckt sich etwas zum Entdecken. In welcher

SCHULSTUNDE MIT FEUERZANGENBOWLE IN DEN EXEMPEL GASTSTUBEN.

Schule sonst bekommt man über dreißig Gerichte zur Auswahl? Wo darf man während der Schulstunde die Feuerzangenbowle zündeln und dem Lehrkörper widersprechen? Und in welcher Lehranstalt darf man ohne schlechtes Gewissen im Kabinett, im Salon oder in der Wäschekammer die Seele baumeln lassen? Mit diesem Ziel haben wir 2004 auch die Zecherei Sankt Nikolai eröffnet – vom Konzept eigentlich ähnlich. Nur ein paar hundert Jahre früher. Dolch in die Hand, Tuch um den Hals und Knochen unter den Tisch – so darf man bei deftigen Speisen und Sprüchen dem Mittelalter frönen. Tafelgelage wie diese, sollen unsere Gäste an die glanzvollen Zeiten erinnern, in denen Tangermünde höchste Geltung und Ansehen genoss. Die Gelage mit Lifemusik, Speisen in üppigen Gängen und Gesöff so viel man will sind unser Markenzeichen. Die Braten werden auf Brettern aufgetafelt, damit „ein Jeder sich nach Gutdünken mit dem Dolche ein geziemliches Stück abschneide". Dafür ist das ehemalige Gotteshaus wahrlich ein Geschenk des Himmels! Die Nikolaikirche hat sogar einen Glockenturm und eignet sich mit Kreuzgewölben und meterdicken Wänden hervorragend für unsere profanen Zwecke. Lediglich Beichtstuhl, Bleiglasfenster und Kanzel mussten ergänzt werden.

Vieles dessen, was wir heute anbieten, basiert auf Wünschen, die unsere Gäste geäußert haben. So auch das Kuhschwanzbier. Seit dem es Stadtführungen gibt, wird vom Tangermünder Kuhschwanzbier erzählt und natürlich haben Gäste danach gefragt. So begannen wir eines Tages, uns mit dem Bierbrauen zu beschäftigen. Es war rasch zu spüren, dass es den kleinen Brauereien damals (im Gegensatz zu heute) nicht allzu gut ging. Wir entschlossen uns daher, das Bier in Kooperation herzustellen. Die Neuendorfer Brauerei Demmert wurde uns hier ein verlässlicher Partner. Seit nunmehr fast 20 Jahren gibt es wieder Kuhschwanzbier.

Die Zecherei Sankt Nikolai war mal fromm. Heute gibts hier deftige Speisen und heftige Gelage.

Auch die Familiengeschichte wurde zwischenzeitlich weiter geschrieben. Ich habe meine Frau Ramona mit „reingezogen". Sie hat versucht, uns das Rechnen beizubringen. „Gib nicht mehr aus, als du hast!" oder „Wie soll das Geld damit wieder reinkommen?" Sind so Fragen, denen man sich stellen muss, wenn man nicht mehr nur für sich, sondern für 60 Mitarbeiter verantwortlich ist. Sie macht das toll, auch wenn wir nicht immer auf sie hören wollen. Außerdem ist der Punschel Eierpunsch auf ihrem „Mist" gewachsen. Das Rezept hütet sie wie ihre Augäpfel. Utes Tochter Stine ist die Erste in der Familie, die Gastronomie gelernt und die Zweite die betriebswirtschaftlich studiert hat. Als sie die Geschäftsführung übernommen hatte, wagten wir uns an unser Hotelprojekt. Unsere Idee: die Exempel-Schlafstuben bieten eine zeit- und regionalgeschichtliche Zeitreise. Man kann im Kaiser Karl IV Gemach übernachten, oder im Königin Luise Salon. Auch in Fontanes Bibliothek, der Suite der Industriellenfamilie Zuckermeier oder im Heerlager Wallensteins kann man nächtigen. Wir haben versucht unseren Ursprüngen treu zu bleiben. Wir haben lustige, ergreifende, traurige, schwierige, immer aber wertvolle Momente erleben dürfen, sowohl als Firma, als auch als Familie. Aber wir haben uns immer den Aufgaben gestellt und ich denke das wird noch lange Zeit so bleiben!

VON TIEMO SCHÖNWALD

KREATIV UND UNGEWÖHNLICH: FAMILIE SCHÖNWALD VERWIRKLICHT IHRE IDEEN IM GASTGEWERBE UND HÖRT NICHT AUF. DAS KOMMT ALTMARKTENTDECKERN ZU GUTE.

KURZ & BÜNDIG:

DIE HANSESTADT TANGERMÜNDE

... liegt auf einer Hochfläche über dem Fluss Tanger, der in die Elbe mündet. Daher der Name.

- ... wurde 1009, und zwar mit der Burg, das erste Mal erwähnt. Die Schweden zerstörten sie im Dreißigjährigen Krieg, zum ursprünglichen Bestand gehören aber noch Bauten aus dem 14. Jahrhundert: der Kapitel- & der Gefängnisturm sowie das „alte Kanzley" genannte Tanzhaus.
- ... ist zum Erhebungsplatz der Elbzölle und zur markgräflichen Residenz geworden.
- ... erlebte im 15. Jahrhundert eine Blütezeit, in der die Stadtmauer, Stadttore im Stil der norddeutschen Backsteingotik & das gotische Rathaus entstanden sind. Die Sankt Stephan-Kirche wurde zur gotischen Hallenkirche umgebaut, ihre Scherer-Orgel gehört zu den zehn wertvollsten historischen Orgeln Europas.
- ... hat prächtige Fachwerkhäuser (aus dem 17. Jahrhundert), die nach dem verheerenden Stadt-Brand von 1617 entstanden sind. Das älteste Wohnhaus liegt auf der Schlossfreiheit und beherbergt das Schlossmuseum.
- ... hat die Bedeutung als Handelszentrum verloren.
- ... kann viele Geschichten erzählen: Zur Zeit Kaiser Karls IV. will man hier das Schweinsohr als kulinarischen Leckerbissen entdeckt haben.

Kulinarisch in Tangermünde entschleunigen

Die Exempel Gaststuben sowie Zecherei Sankt Nikolai:

Im Gasthaus, ein ehemaliges Schulhaus, gibt es nahezu ausgestorbene, altmärkische Gerichte, die da heißen: Tafellappen voll Kreidestaub, Schulspeisung oder Botensülze im Weckglas. Wer wissen möchte, was sich dahinter verbirgt, sucht sich eine urige Nische wie Großmutters Wohnstube oder die Wäschekammer. Sehr zu empfehlen: Eine Feier im Klassenzimmer, das heißt eine Schulstunde mit Feuerzangenbowle! Die „Zecherei Sankt Nikolai" ist ein ehemaliges Gotteshaus, die Sankt Nicolai-Kirche (aus dem 12. Jahrhundert). Im mittelalterlichen Ambiente gibt es urdeutsche Kost. Familie Schönwald, die Inhaber beider Gasthäuser, ist übrigens sehr erfinderisch – mal sehen, was sie für Tangermünde noch so aussheckt!

Engel-Das Café:

Eingerichtet im Gründerzeitstil erinnert das Café in der Altstadt an Großmutters Stube. Die Torten und Kuchen sind hausgebacken, der Kaffee stammt aus der Stendaler Kaffeerösterei – manche sagen, das Engel'sche Café sei das Beste im Ort.

Kaffeerösterei:

Die Kaffee-Leidenschaft eines gewissen Herrn Döbbelin ist in einer Rösterei gemündet. Geröstet werden die Bohnen natürlich selbst, neben den modernen Kaffeevarianten ist aber auch der gute, altbekannte Filterkaffee zu finden. Und der soll nach schwarzer Johannisbeere, gebrannten Nüssen, nach Orange oder Schokolade schmecken …. hmmmm!

Die Küche der Östlichen Altmark in der Literatur:

Das erste Koch- und Backbuch der Region, das typisch-altmärkische Rezepte,

Im Wohnzimmer der Exempel Gaststuben sitzt und isst man wie bei Omi!

aber auch neue Kreationen der Landfrauen vereint. Landschaftliche Bilder und Heimat-Geschichten schmücken die Rezepte. Für Frauen und diejenigen, die die Heimat lieben. KreisLandFrauenverein Stendal e.V.: Das Kochbuch Östliche Altmark – Von Kühen, Kirchen und Klapperstörchen, 2016 Edition Limosa GmbH.

SCHLOSSHOTEL TANGERMÜNDE:
Gäste, die es edel und gehoben lieben, thronen hoch oben auf dem Burgberg – im Restaurant oder auf der weitläufigen Terrasse. Die Sicht über die Elblandschaft bis hin nach Jerichow verschlägt fast den Atem … zu Füßen liegt der Hafen, im Rücken die mittelalterliche Stadt.

TANGERMÜNDER NÄHRSTANGE:
Als Land- und Feinbäckerei Stehwien im altmärkischen Jävenitz 1899 gegründet, stellt der Familienbetrieb nach traditionellen Rezepturen Backwaren für die Region her. Seit 1985 gibts die Tangermünder Nährstange – der Riegel ist unverwechselbar. In Tankstellen, Shops und vielen Supermärkten der Region zu bekommen.

WTB:
Im prächtigen, gelben Fachwerkhaus von 1711 verkauft Frau Wagener Genuss- und Lebensmittel, kurz und gut „WtB" (Waren des täglichen Bedarfs)! Herr Siptroth, ein West-Altmärker und zufällig ihr Partner, gehört die Galerie nebenan. Er organisiert regelmäßig Ausstellungen.

SCHULZENS HOTEL & HOFBRÄU (ALTE BRAUEREI):
Im Ackerbürger- und Brauereihof befinden sich Hotel & Restaurant mit Gewölbekeller. Auf den Tisch kommen heimische Produkte, zu empfehlen ist der Entenschmaus zur Weihnachtszeit. Zum Tangermünder Weihnachtsmarkt werden für 40 Händler, Kultur und Kulinarik der große Innenhof & der Elbgarten (2. Adventswochenende) geöffnet. Unheimlich romantisch. Vom Elbgarten aus kann man auf den mächtigen Fluss schauen. P.S.: In der Hofscheune ist mittlerweile eine Brauerei, „Schulzens Hofbräu", eingezogen. Brauer & Mälzer Christian Königs stellt auf dem Neumannschen Hof, wo 1917 der letzte Tropfen Bier geflossen ist, wieder drei naturtrübe Biersorten her. Ausgeschenkt wird in Hotel mit Restaurant, Kellerbar und Biergarten. Brauereiführungen, Verkostungen und Braukurse werden angeboten.

JERICHOW

SOMMERFERIEN

UNTER

KIRCHTURMSPITZEN

Warum Pastoren im Ruhestand den zehnten Teil des Jahres immer wieder gern in Sachsen-Anhalt verbringen. Über die Stille einer Region.

Wenn sich nach sieben Autostunden in der flachen Landschaft endlich die zwei Kirchturmspitzen zeigen, ist Gunhild Stempel begeistert! Und zwar jedes Mal von Neuem. Seit vielen Jahren verbringt die Pastorin im Ruhestand ihre Augusttage im Kloster Jerichow, unterstützt Pfarrer vor Ort und wartet in der Klosterkirche auf Gäste. Dort beantwortet sie Fragen – die 79-Jährige möchte mit den Besuchern ins Gespräch kommen, sei es übers Kloster oder über die Geschichte, manchmal ergeben sich andere Gespräche, sagt sie, zur Kunstgeschichte oder über das Leben an sich. Die offene Berlinerin, die seit vielen Jahren in Bayern lebt, mag diesen Austausch, er bereichere sie und auch wenn vielleicht ein paar ihrer Landsleute denken, hier, in Sachsen-Anhalt sei die Welt noch mit Brettern zugenagelt, ist sie vom Gegenteil überzeugt „Es sieht zwar oft so aus, als wären die Dörfer leer, aber wenn man klingelt, helfen die Menschen, sind offen und sehr freundlich. Und außerdem gibts hier Kultur pur. Berlin ist ja nicht weit."

Seit 2005 unterstützt die ehemalige Pastorin und Religionslehrerin die Evangelische Zehntgemeinschaft (EZG), indem sie den zehnten Teil des Jahres den Menschen der Region schenkt. Neben

ihr gibt es noch andere Pfarrer im Ruhestand, die in Jerichow helfen, zum Beispiel die in Hannover lebende Dr. Rosemarie Woelfert. Die ehemalige Gemeindepfarrerin unterstützt das Kloster seit Jahren, sie ist gebürtige Altmärkerin und einst in Stendal zur Schule gegangen. Mit der Region fühlt sie sich nach wie vor eng verbunden. „Das Land ist mir sehr nah." Wenn über der Landschaft die Sonne untergeht, fällt ihr jedes Mal Joseph Freiherr von Eichedorffs Gedicht ein. Kennen Sie das, fragt sie. „Es war, als hätt der Himmel die Erde still geküsst." Ihre Augen blitzen. Weil der Landstrich – abgesehen von den Kamernschen Bergen – durch und durch flach sei, bedeutet es immer wie-

Alle Sommer wieder: Pfarrer/innen im Ruhestand wie Gunhild Stempel und Dr. Rosemarie Woelfert lieben ihre Aufgabe und führen Gäste durchs Kloster – „ihr Geschenk für die Region".

der ein Erlebnis für sie, wie der Himmel hier die Erde berühre. Gunhild Stempel war im kalten, nicht gerade einladenden Monat November 2004 das erste Mal im Kloster und nicht auf Anhieb vom Land ihrer Väter begeistert. Doch als sie in die hohe Klosterkirche kam, war da sofort was Anziehendes und Faszinierendes. „Die Ausmaße sind anders, das wuchtige Fundament, wenn man vom Parkplatz aus zum Kloster geht, wie sich die mächtige Kirche aus der flachen Landschaft erhebt, die vielen Bögen im Inneren der Kirche … und dieser warme Ton innen, der einen sofort einfängt, man kommt sofort zur Ruhe."

Die Kirchen im Jerichower Land sind innerhalb weniger Jahrzehnte entstanden. Einst – im 12. Jahrhundert – kamen die Magdeburger Prämonstratenser ins Fischerdorf mit Burgwall, wollten die Slawen östlich des Elbestroms bekehren. Mit dem Namen des Ortes ist das aber so: Jerichow stammt nicht etwa vom biblischen Jericho, sondern vom slawischen jeri (keck, forsch) und chow (Versteck, Burg) ab. Für den Bau der romanischen Klosteranlage mit Basilika, Klausur, Wirtschaftsgebäuden und Umfassungsmauer wurden damals extra Spezialisten aus der Lombardei geholt und weil es im Umkreis an Baumaterial fehlte, wurden die reichen Lehmvorkommen der Elbniederung genutzt. Wie die Backsteine früher geformt, getrocknet und in Feldöfen gebrannt und Sonderformate per Hand behauen und geschliffen wurden, zeigt das Backsteinmuseum, denn der Backsteinbau hatte sich innerhalb des 12. bis 15. Jahrhunderts den gesamten Raum östlich der Elbe erobert. So sind neben dem Kloster zeitgleich etwa 30 Backstein-Dorfkirchen entstanden.

In der Altmark stehen acht verkehrte Kirchen

Manchmal hat Gunhild Stempel auch in einer Dorfkirche zu tun, sie vertritt die örtlichen Pfarrer oder macht Geburtstagsbesuche. Meist ist sie jedoch in der Klosterkirche, bereitet Gottesdienste und Andachten vor. Ihr Lieblingsplatz ist dort, wo sich früher die Mönche eingesungen haben, in der Sakristei. Gunhild Stempel singt gern, auch mit Besuchern. „Ich mag zwar Taizélieder, aber je nachdem, wer gerade kommt, singe ich auch was anderes. Wenn ich von der Sakristei singend runter gehe, ist die Akustik fantastisch. Die Besucher sind immer wieder angetan." Dr. Rose-

DAS KLOSTER IM INNEREN: DER WARME TON DER BACKSTEINE, DIE SCHLICHTHEIT UND DIE STILLE BERUHIGEN KÖRPER, GEIST UND SEELE. UNTERIRDISCH FINDET MAN KRYPTEN, DIE ALS GRABLEGE GENUTZT WURDEN.

marie Woelfert mag den hohen Chor, vor allem morgens. Und dann kommt sie in Fahrt, erzählt von den verkehrten Kirchen der Altmark. „Kirchen sind immer nach Osten ausgerichtet. Dort geht die Sonne auf. Aber in der Altmark stehen acht verkehrte Kirchen, das heißt, es gibt acht Dörfer, wo der Kirchturm, der eigentlich in Richtung Westen zeigen müsste, nach Osten gedreht ist." So ist es in Staffelde und Hämerten – zwei westelbisch gelegene Dörfer nahe Tangermünde. Dass der Kirchturm dieser Orte als höchste Höhe im Dorf gen Osten zeigt und den Blick auf die Elbe richtet, begründet sie so: Man habe sich so gegen Feinde verteidigen können.

Aufgrund von Machtkämpfen zwischen den Erzbischöfen von Magdeburg und dem Markgrafen von Brandenburg – beide wollten das Jerichower Land – verlor das Stift an Bedeutung, bis es im Zuge der Lutherischen Reformation schließlich aufgelöst wurde. Das Stiftsinventar mit Bibliothek, sakraler Ausstattung und Kleinodien ist, seitdem schwedische und kaiserliche Truppen Stadt und Kloster verwüstet haben, spurlos verschwunden. 1680 ist aus dem Klosteramt mit 800 Hektar Grundbesitz schließlich eine Domäne geworden – erst die Kurfürstlich-Brandenburgische und ab 1701 die Königlich-Preußische. Zum Staatsgut wurde sie nach dem Ersten Weltkrieg und ab 1949 zum Volkseigenen Gut. In den Händen der Stiftung Kloster Jerichow befindet sich das Bauwerk seit 2004. Seither ist viel passiert – Konzerte und Mittelalterfeste werden veranstaltet, es gibt die Schnapsbrennerei oder den Klostergarten. Wer im kleinen Garten-Café Platz nimmt, sieht, wie sich das mächtige Kloster aus den grünen Wiesen erhebt…

Obwohl das Umfeld täglich zum Entschleunigen einlädt, kommen die beiden Frauen nicht oft dazu. Gunhild Stempel ist abends oft richtig kaputt, sagt sie, so viele Gespräche führe sie tagsüber. Dennoch lässt sich Dr. Rosemarie Woelfert einen Spaziergang nach Feierabend am Deich, zur alten Elbe hin, nicht entgehen. Und Gunhild Stempel? Die schwingt sich auf ihr Rad, genießt die Ruhe, die Weite der Landschaft und die Silhouette von Tangermünde. Übrigens: Vom westelbisch gelegenem Tangermünde aus sind die Jerichower Turmspitzen zu sehen. Und manchmal hat man das Gefühl, der Wind würde ihr Flüstern – Kommt doch mal vorbei und bestaunt uns! – in die Kaiserstadt tragen.

VON SIBYLLE SPERLING

KURZ & BÜNDIG:
DAS STÄDTCHEN JERICHOW

... war ursprünglich slawisch, daher auch der Name, der nichts mit dem biblischen Jericho zu tun hat.

... ist erstmals 1144 urkundlich erwähnt worden. Anlass war die Gründung des Klosters durch Prämonstratenser-Chorherren. Sie errichteten die Stiftskirche (von 1149 bis 1172) sowie den Ostflügel der Klausur. 1552 erfolgte die Säkularisation des Klosters durch Hans von Krusemark, ein Teil der Stiftsgebäude wurde fortan als kurfürstliche Domäne genutzt. Auf Wunsch König Friedrich Wilhelms IV. ist die Klosterkirche von 1853 bis 1856 restauriert worden. Ab 1870 zogen in die Stiftsgebäude eine Brauerei & eine Sprit- sowie Branntweinbrennerei ein.

... erhielt 1336 Stadtrecht, ist aber durch ein Elbhochwasser fast vollständig vernichtet worden.

... hat sich im Schatten des Klosters als Stadt nicht entwickeln können.

... war über Jahrhunderte hinweg von Landwirtschaft, Handwerk und Brau- sowie Schankgewerbe geprägt.

... hatte um 1850 etwa 14 Schuhmacher, elf Tischler, 17 Zimmerer, acht Bäcker, sieben Weber sowie sieben Windmühlen.

... liegt in Sachsen-Anhalt an der Grenze zur Altmark im Landkreis Jerichower Land.

Entschleunigen in & um Jerichow

Romanische Klosterkirche:

Von Weitem grüßen die Türme der Jerichower Klosterkirche, einer dreischiffigen Säulenbasilika. Kenner zählen das Kloster, dessen Gebäude in ihrer ursprünglichen Form 1965 wiederhergestellt worden sind, zu den bedeutendsten romanischen Bauten Norddeutschlands sowie zu den besterhaltenen romanischen Klosteranlagen in ganz Deutschland. Man kann wunderbar durch die Klausurräume, den Kreuzgang und über den Klausurhof wandeln, außerdem warten das liebevoll eingerichtete Kloster- und Backsteinmuseum & die Geistbrennerei. Draußen schlendert man gemütlich über Wiesen zum Klostergarten mit dazugehörigem kleinen Café. Zur Saison finden regelmäßig Konzerte, die Jerichower Sommermusiken und weitere Veranstaltungen statt. Wer morgens gleich um 10 Uhr am Drehkreuz des Klosters steht, genießt die heiligen Hallen allein. Entschleunigung pur! Bei einem Besuch lohnt sich auch ein Schlenker zur Stadtkirche (von 1230) und zum Marktplatz (Topfmarkt) mit dem ältesten erhaltenen Fachwerkhaus von Jerichow.

Bäckerei-Konditorei Rode in Jerichow:

Wenn man die Hauptstraße in Jerichow entlang fährt, sticht das gelbe Schild des kleinen Ladens sofort ins Auge. Der Familienbetrieb bäckt seit 1913 – hinter der Theke liegen frische Brote, Brötchen und Kuchen. Wie zu alten Zeiten!

(Rad) Wanderungen:

Der Naturlehrpfad „Bucher Brack" (7 Kilometer) führt durch das Naturschutzgebiet an der alten Elbe. Fischadler, Kraniche, Weiß- und Schwarzstörche sollen hier munter rumfliegen oder staksen. Jerichower Pilgertour: Wer schon immer mal zum Jacobus Pilgerweg wollte … Diese Tour kreuzt ihn. Jerichow liegt am Elberadweg Hamburg-Dresden und am Altmark-Rundkurs, außerdem liegt die Stadt an der Kirchen- und Mühlentour des Landkreises Jerichower Land. Infos zu den Routen sowie weiteren Touren in der Klosterinformation.

Gasthaus Heinemann in Jerichow:

Im kultigen Gasthaus hängen Gemälde und Geweihe an der Wand. Die Bedienung ist urig, quatscht mit einem und setzt sich mit an den Tisch, um die Bestellung aufzunehmen. Die Speisen sind hausgemacht, die Kartoffelsuppe preisgekrönt.

Besuch von Klietznick:

Ein Abstecher in den 150-Seelenort lohnt sich, weil das Dorf zu den schönsten der Region zählt und mit Auszeichnungen in landes-, bundes- & europaweiten Wettbewerben belohnt worden ist. Neben Dorfkirche und Dorfgemeinschaftshaus "Heydebleck" mit Naturspielpark & Naturbühne ist der Mini-Weinberg ein Geheimtipp. Am Südhang des 40 Meter hohen Hügels am Rande von Klietznick wächst Wein, und auf der Hügelspitze steht ein Aussichtsturm. Die Sicht ist genauso befreiend und meditativ wie ein Spaziergang entlang der Allee „Baum des Jahres".

Übrigens gibt es am Ortseingang (von Jerichow aus kommend) eine Milchtankstelle vom Agrarhof der Familie Heringa.

Park des Fachkrankenhauses Jerichow:

Die Häuser der im 19. Jahrhundert gegründeten Heilanstalt liegen in einem weitläufig angelegten Park, der zum Spazieren und Entspannen einlädt. Die Klinik mit ihren 22 Häusern wurde einst im Pavillonstil erbaut und in den 90ern modernisiert.

Verkehrte Kirchen der Altmark:

Dass es statt der sieben insgesamt acht Kirchen gibt, deren Turm gen Osten zeigt, erfährt man im reich bebilderten 600-Seiten-Band „Alle Altmarkkirchen von A bis Z" von Thomas Hartwig, Elbe-Havel-Verlag, 2012. Thomas Hartwig hat als passionierter Radfahrer nicht nur die verkehrten, sondern alle Altmark-Kirchen vor Ort recherchiert.

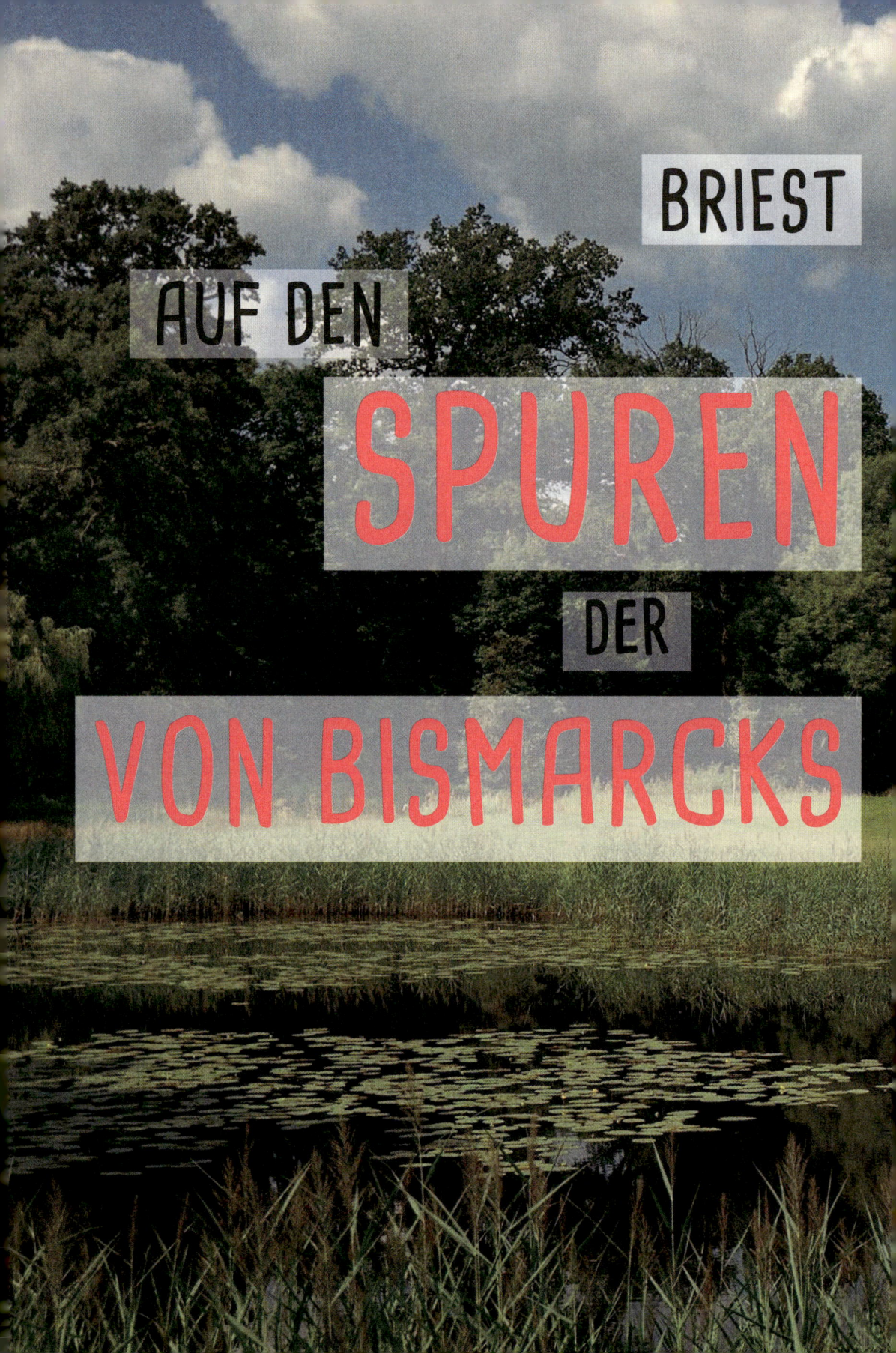

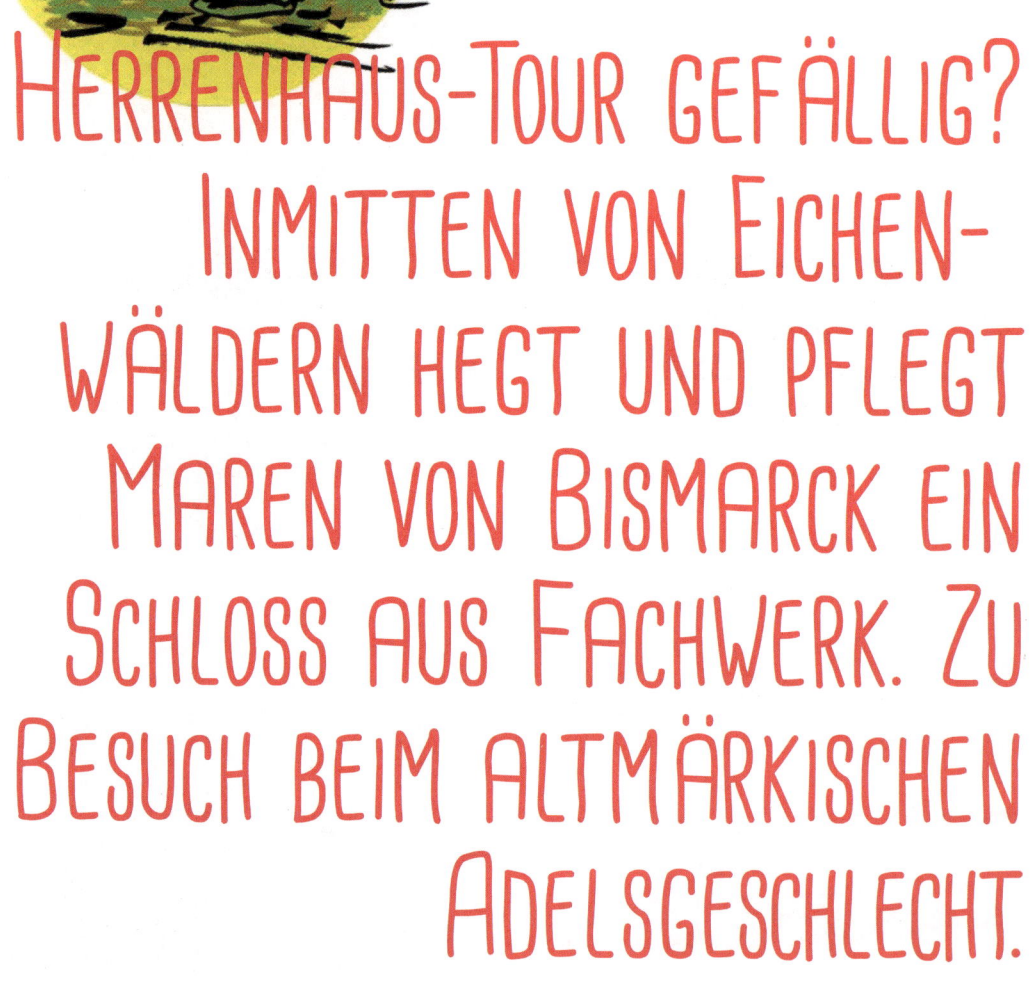

Herrenhaus-Tour gefällig? Inmitten von Eichenwäldern hegt und pflegt Maren von Bismarck ein Schloss aus Fachwerk. Zu Besuch beim altmärkischen Adelsgeschlecht.

Eine kleine Abfahrt auf der Landstraße von Tangerhütte nach Tangermünde weist ins Grüne. Wer dem Abzweig folgt, gelangt nach Briest. „Wer die Stille liebt und Romantik im Herzen kennt, der hat den kleinen Ort auf Anhieb lieb", schwärmt Maren von Bismarck. Ihr dunkles Haar wellt sich schwungvoll über den Ohren, am Hals leuchtet eine Kette in kräftigem Rot, das gemusterte Kleid in weiß-rot ist ebenso frisch – der Münchenerin ist ihr Alter nicht anzusehen. Vielleicht lässt all das sowie ihr Name darauf schließen, dass sie einmal Kunstlehrerin war und dass sie vor mehr als 40 Jahren in ein weit verzweigtes Adelsgeschlecht eingeheiratet hat. So ist sie auch in die Altmark gekommen, denn hier, in Briest, hat ihr Ehemann Friedrich 1938 das Licht der Welt erblickt, 28 Kilometer entfernt vom ostelbischen Schönhausen, wo einst ein berühmter Verwandter, Reichskanzler Otto von Bismarck, 1815 zur Welt gekommen ist.

Briest ist vielleicht nicht ganz so berühmt wie Schönhausen, glänzt aber dagegen auf romantische Art: Der Stammsitz der Briester von Bismarcks ist in die grüne Niederung des Tangers eingebettet und zählt zu den schönsten Herrenhäusern der Altmark. Wenn sich

MAREN VON BISMARCK IN IHREM BRIESTER HERRENHAUS, DAS SIE FÜR DIE ÖFFENTLICHKEIT ZUGÄNGLICH MACHT.

an Sonnentagen das eindrucksvolle Gebäude mit Giebeln aus Eichenfachwerk im See spiegelt, mag man nicht glauben, dass es mehrmals vor dem Abriss gestanden hat. Christoph von Bismarck und seine Frau Dorothea von der Schulenburg haben das Haus 1624 – mitten im Dreißigjährigen Krieg – errichten lassen. Erst 1760 kam der massive „Gewitterturm" hinzu, der früher alle Sammlungen und Urkunden der Familie, die bis in das 14. Jahrhundert zurückreichen, beherbergte. Briest ist 1345, damals war es noch ein Bauerndorf, in den Besitz der Familie gekommen. Nikolaus von Bismarck wurde mit einem Lehen beauftragt – für die Stendaler Patrizierfamilie aus der Gilde der Tuchmacher war es das erste Mal. Sie erhielt das Schloss Burgstall zusammen mit Briest und stieg dadurch zu den acht

Nach und nach saniert die Hausherrin das Gut – für ihr Engagement hat sie den Denkmalpreis des Landes Sachsen-Anhalt bekommen.

"schlossgesessenen" Adelsgeschlechtern der Altmark auf. 600 Jahre ist das Fachwerkensemble mit Park über viele Generationen hinweg verändert, ausgebaut und weitervererbt worden – bis die Enteignung 1945 die Familie vertrieb.

Als Friedrich von Bismarck 1993 an seinen Geburtsort zurückkehrt, findet er den historischen Gutshof völlig verändert vor. Wirtschaftsgebäude sind abgerissen, ebenso das kleine Tanten- und Inspektorenhaus. Verwohnt und beschädigt ist das Gutshaus, im anstoßenden Wirtschaftsflügel befindet sich der Dorfkonsum, dessen Schild noch heute dort prangt. Maren von Bismarck erinnert sich: "Alles war verändert. Ohne Seele und ohne Charme. Doch die Liebe zur Heimat war für meinen Mann Grund genug, in seinen Geburtsort zurückzukehren." Die früher geliebte und erlebte Lebensweise neu zu erwecken, einen Sommersitz, einen Ort für Zusammenkünfte der Familie und eine kulturelle Stätte für die Öffentlichkeit zu schaffen, ist sein Traum. Sie beginnen mit der fachgerechten Sanierung des Hofes und setzen sich für ökologische sowie nachhaltige Land- und Forstwirtschaft ein.

„Otto von Bismarck's Liebe zur deutschen Eiche könnte hier entstanden sein"

Seit dem Tod ihres Mannes im Jahr 2001 managt Maren von Bismarck das Anwesen, denkt und agiert in seinem Sinne. Das Fachwerkschloss, der Park und die Gutshofanlage sind inzwischen teilrestauriert und zu einem kulturellen Anziehungspunkt geworden. An bestimmten Tagen empfängt die Besitzerin Gäste und führt durch die Erdgeschossräume. Gerettete Möbel verbreiten das Flair einer vergangenen Epoche, im Speisesaal lebt das Adelsgeschlecht durch zahlreiche Portraits wieder auf. Von hier aus hat man einen herrlichen Blick in den Park, Maren von Bismarck verrät ihren Lieblingsblick. „Er geht im Frühjahr zu den Fliederbüschen vor dem Eingangsturm mit dem Sandsteinportal." Noch immer ist Briest für seine Alteichen- und Kiefernbestände berühmt – Otto von Bismarcks Liebe zur deutschen Eiche könnte hier entstanden sein, erzählt Maren von Bismarck und auch, dass es Christian Schaumburg war, der inmitten dieser Eichen, Hainbuchen und Kiefernwälder 1849 diesen Garten geschaffen hatte, der auch heute wieder zum Verweilen einlädt. Der Hofgarteninspektor der Könige von Hannover war damals einer der gefragtesten Landschaftsgärtner und hatte zahlreiche Parks in Norddeutschland und Dänemark angelegt.

Wenn die Hausherrin erzählt, ist es leicht, in die bald 700-jährige Familiengeschichte einzutauchen: Vor dem Brauhaus spielen plötzlich Kinder, im Park vergnügen sich die Eltern – gut vorstellbar, wie einst, in den Jahrzehnten um 1900, Ludolf von Bismarck, der langjährige Landrat des Kreises Stendal, seine vielen Kinder und Enkel hier willkommen hieß. Mehrere Generationen kamen allsommerlich in Briest zusammen, 36 Stuben standen dafür zur Verfügung. „Es war ganz und gar nicht mondän, eher bescheiden. Man war vergnügt. Viele kommen noch heute und schwärmen von der schönen Zeit", erzählt sie. Den Jüngsten wurden Hausarbeiten beigebracht genauso wie das Jagen oder wie man eine Kutsche fährt. Pünktlichkeit und Ordnung bestimmten ihren Tagesablauf, nicht umsonst hat die große Hofuhr den Nordgiebel des Hauses geschmückt.

Der Park war schon damals ein beliebtes Sonntagsausflugsziel – auch heute kann man zu gegebenen Anlässen im Garten bei hausgebackenem Kuchen und Kaffee sitzen. Der Blick geht in die Mitte des Parks zum See und zu einem barocken Gebäude, in dem früher Bier gebraut, Wild gesotten und gebraten sowie für das leibliche Wohl großer Geselligkeiten gesorgt worden ist. Während das Schloss als Zeuge altniedersächsischer Fachwerkbauweise von außen wieder glänzt, ist die Restaurierung und Wiederbelebung des barocken Brauhauses noch im Gange.

Maren von Bismarck ist stolz darauf, was die Familie gemeinsam mit dem Förderverein Briest/Tangerhütte e.V. und anderen Helfern in den vergangenen Jahren geschaffen hat. 2008 ist ihr Engagement mit dem Denkmalpreis des Landes Sachsen-Anhalt belohnt worden. Zusammen mit der Stadt, dem Tourismusverband, dem Verein Gartenträume und anderen Veranstaltern werden vielfältige Programme geplant und bekannt gegeben.

VON SIBYLLE SPERLING

Nach dem Brand 1839 ist der Renaissancecharakter des Schlosses wiederhergestellt worden, der Eingang, das Sitznischenportal, hat den Brand überstanden.

Familie von Bismarck, das weit verzweigte Uradelsgeschlecht der Altmark, ist früher mit Gütern im Umland belehnt worden

274 BRIEST

ZU ANLÄSSEN ÖFFNET MAREN VON BISMARCK IHR HAUS FÜR DIE ÖFFENTLICHKEIT. DIE RÄUME WURDEN NACH DEM 2. WELTKRIEG VON FLÜCHTLINGEN UND SOZIALSCHWACHEN FAMILIEN BEWOHNT UND UMGEBAUT.

KURZ & BÜNDIG:
DAS ÖRTCHEN BRIEST

… liegt drei Kilometer östlich von Tangerhütte an der Niederung des Flüsschens Tanger sehr versteckt im Wald.

… war 1375 ein reines Bauerndorf.

… ist als Vorwerk von Familie von Bismarck bewirtschaftet worden.

… zählte um 1804 neun Grundbesitzer, eine Windmühle, einen Förster & sechs Einlieger. 1820 hatte Briest 13 Wohnhäuser & 116 Einwohner, 1843 eine Windmühle, eine Försterei & 136 Einwohner. Die Einwohner besaßen kein Grundeigentum und waren Bündner, die zum Gut der Familie von Bismarck gehörten.

… hat keinen Laden.

Für alle, die Herrenhäuser & Parks lieben

Herrenhaus Briest:

Die von Bismarcks sind ein weit verzweigtes Adelsgeschlecht. Das Herrenhaus ist der Stammsitz der Briester Linie. Neben dem imposanten Eichenfachwerkhaus gibt es auf dem Gelände das Brauhaus sowie die Gutskapelle (von 1599). Sie hat den Ruf, die erste reformatorische Kapelle der Altmark zu sein. Der englische Landschaftsgarten ist öffentlich zugänglich, durchs Erdgeschoss des Hauses führt die Eigentümerin Maren von Bismarck auf Anfrage und zu gewissen Anlässen.

Von Hypolita von Bismarck und Christoph von Alvensleben gestiftet und 1599 errichtet, entstand die erste evangelische Gutskapelle in der Altmark.

Rittergut Welle:

Das Gut unweit von Briest ist 1780 in den Besitz der von Bismarcks gekommen. Der gleichnamige Ort liegt romantisch zwischen Wiesen und Feldern. Am dritten Septembersonntag öffnet der Hof zum Altmärker Birnentag, außerdem gibts kunsthistorische Sommer-Seminare, Exkursionen, Ferienwohnungen und Hochzeiten.

Gutshaus in Döbbelin:

Während einer jährlich stattfindenden Gartenmesse führt der Hausherr Alexander von Bismarck durch sein Anwesen mit Taubenhaus, Schlosspark und Patronatskirche. Ansonsten sind Schloss- und Parkführungen mit Besichtigungen der Gräber derer von Bismarck auf Anfrage ab zehn Personen möglich. Stärken kann man sich jederzeit im Café, überregional bekannt ist die Bismarck'sche Weihnachtswelt.

Etwas weiter weg ...

Das ostelbisch gelegene Schönhausen:

Auf der Straße der Romanik liegt der Geburtsort des Reichskanzlers Fürst Otto von Bismarck. Wer mehr über den großen Staatsmann erfahren möchte, kann das Museum, die Taufkirche und das Grab seiner Eltern aufsuchen. Um Schönhausens Lage zu genießen, ist ein Spaziergang durch die öffentliche Parkanlage sowie zum Elbdeich empfehlenswert.

Radfahren in Schönhausen:

Der 16 Kilometer lange Bismarck-Rundkurs (Dauer etwa 2 Stunden) führt auf den Spuren des ehemaligen Reichskanzlers Otto von Bismarck über die Dörfer Kabelitz & Fischbeck. Die Tour beginnt in Schönhausen, wo Otto von Bismarck am 1. April 1815 geboren wurde. In der romanischen Backsteinkirche befindet sich sein Taufbecken, außerdem gibt es im Ort Teile der Gutsanlagen, die Bismarck-Ausstellung sowie einen barocken Garten. Die erste Strecke führt durchs Hinterland nach Kabelitz, danach gehts mit dem Rad in Richtung Fischbeck, wo in der Mitte des Ortes der Bismarck-Stein entdeckt werden soll. Von Fischbeck aus zum Deich an die Stelle fahren, wo es 2013 zum

Auch Welle war Sitz der Familie von Bismarck-Briest.

verheerenden Deichbruch gekommen ist und zurück gemütlich nach Schönhausen radeln.

HERRENHAUS IN KREVESE:

1562 ist die Familie von Bimarck in den Besitz des Klosters Sankt Marien im Holze zu Krevese gekommen. Später ist daraus ein feudales Rittergut geworden, dass sich heute in Privatbesitz befindet. An gewissen Tagen oder auf Anfrage zeigen die Eigentümer Ralf Engelkamp & Rainer Kranz das barocke Treppenhaus & historische Zimmer, den mediterranen Kübelpflanzengarten, den Landschaftspark sowie die Klosterkirche. Absoluter Geheimtipp, die Hausherren sind Designer & Fans kunsthistorischer Geschichte und haben so in Krevese eine unkonventionell hippe Atmosphäre geschaffen.

REGIONALER KÜNSTLER IN BRIEST:

Der überregional bekannte Bildhauer und Maler Peter Adler wohnt im romantischen Briest. Unterm Dach ist sein Atelier, im großen Garten bearbeitet er seine Skulpturen, das Holz kommt natürlich aus dem heimischen Wald. Inspirationen holt er sich auf Expeditionen mit der Künstlergruppe Mangan 25.

SEIT 2003 IN PRIVATBESITZ: DAS HISTORISCHE ENSEMBLE IN KREVESE AUS SCHLOSS, KLOSTERKIRCHE UND PARK.

Kurz & bündig:
Die Familie von Bismarck

... zählte zu den ansehnlichsten Patriziergeschlechtern Stendals, ihre Heimat ist Stendal. Man nimmt an, dass die Familie ihren Namen von der Stadt Bismark hat.

... wurde 1345 mit dem Schloss Burgstall als Lehen beauftragt. Dazu gehörten auch die Einkünfte aus Briest. Durch diesen frühen Lehensakt gehörte die Familie zu den „Schlossgesessenen" Adelsfamilien (Uradel) und zu den führenden Geschlechtern der Altmark. Die Familie hat einen weit verzweigten Stammbaum, ihr bedeutendster Vertreter war der erste, deutsche Reichskanzler Otto Fürst von Bismarck. Er stammt aus der Linie Schönhausen. Neben dieser Linie mit dem Zweig Bismarck-Bohlen gibt es die Stendal-Burgstaller Stammlinie sowie die Linie Krevese mit den Zweigen Briest & Döbbelin.

... errichtete auf dem Gut Briest 1599 eine Kapelle aus Fachwerk, 1624 das Renaissanceschloss als Fachwerk-Ziegelbau und 1849 den Park nach Plänen des Gartenbaudirektors Schaumburg.

... wurde 1945 im Zuge der „demokratischen Bodenreform" enteignet. 1997 ist es der Briester Linie gelungen, große Teile des Gutshofes mit Herrenhaus sowie land- & forstwirtschaftlichen Flächen zurück zu erwerben.

Im Reich einer Kräuterfee, die gar keine sein will.

Nicole Nikolaus, und so heißt sie wirklich, verkauft Waren mit magischen Namen wie „Drachenkopf", „Blauer Mond" und „Rosenzauber". Wenn sich ihre Kundinnen unterhalten, sagen sie etwa: „Ich schwöre auf das ‚Altmärkische Drachenblut'" oder „den ‚Weibertee' brauche ich jeden Monat, aber unbedingt aus meiner Lieblingstasse – dann geht es mir wieder gut".

Nicole Nikolaus ist keine Zauberin oder Hexe. Manch einer wäre versucht, sie als „Kräuterfee" zu bezeichnen, doch für solche Attitüden kann man sie nicht zur Verantwortung ziehen. Sie selbst legt nicht viel Wert auf solche Titel, auf das ganze Drumherum, Getue und Verzieren. Ihre Liebe scheint allein der Natur zu gelten, den einfachen Dingen. Die Produkte der Kräuterfee, die gar keine sein will, findet man im Grunde in jedem Bioladen und auch auf vielen Märkten in der Region. „Hollerbuschhof" steht auf den braunen Papiertüten mit Kräutertees, Gewürzen und essbaren Blüten.

Eine kleine Gruppe interessierter Kunden macht sich auf den Weg zu dem Ort, an dem sie gesät und geerntet werden: Es ist Groß Schwarzlosen, ein Dorf in der Altmark, an den Ausläufern der Colbitz-Letzlinger Heide. An einem

KAM VOR 20 JAHREN HIERHER: NICOLE NIKOLAUS (RECHTS) WENN DAS WETTER SCHÖN IST, IST SIE DEN GANZEN TAG IM FREIEN ZUGANGE, IM WINTER IST LAGERARBEIT ANGESAGT.

IN SCHONENDER HAND- UND BIOARBEIT WERDEN DIE KRÄUTER ANGEBAUT UND GEERNTET.

der Backsteingebäude hängt ein Schild über der Holztür. „Hofladen" heißt es da in farbigen Buchstaben. Und daneben „Verbund Ökohöfe, Hollerbuschhof". Hier lebt und arbeitet Nicole Nikolaus mit ihrer Familie.
Im grünen, dicht bewachsenen Hinterhof ruhen sich ein paar Ziegen aus. Die Familie hält sie, um sich selbst mit Milchprodukten zu versorgen. Das war damals die Idee, als die Biologin mit Freunden den Hof kaufte und von Berlin in die Altmark zog: Sie träumten davon, sich selbst zu versorgen. Doch das hört sich romantischer an, als es ist. Und es ist etwa 20 Jahre her.
Im Hof sind die Tische mit Blumen geschmückt und die Familie hat einen Pavillon aufgestellt. Ein bisschen vom Ideal der Selbstversorgung hat sie sich bis heute erhalten. Die Hausherrin serviert selbst gemachten Ziegenfrischkäse und einen großen Topf mit Pellkartoffeln. Im Samowar brodelt das Wasser für den Tee. „Weiße Melisse" wird zuerst ausgeschenkt.
Die 46-Jährige berichtet von den Anfängen in Groß Schwarzlosen. Damals hatte

Bunte Kräuter sprießen und duften auf den altmärkischen Feldern, die beliebteste Teesorte aus Zitronenbohnenkraut, Lavendel, Veilchen und Rosmarin heißt „Romanze".

Manchmal zeigt Nicole Nikolaus ihr Reich. Nach Pellkartoffeln, Ziegenfrischkäse & Tee geht's aufs Feld und durchs Lager.

sie gerade ihr Biologiestudium abgeschlossen und war eine frisch gebackene Mama. Mit dem kleinen Sohn Jakob und ein paar Freunden zog sie in ihr neues Zuhause. Die Kommune war anfangs vor allem damit befasst, Stück für Stück den Hof zu restaurieren und sich auszuprobieren mit dieser neuen Art zu leben. Irgendwann war es dann auch keine Kommune mehr. Die Ansichten gingen doch zu weit auseinander. Geblieben sind Nicole Nikolaus und ihr Mann. Ihre beiden Söhne Jakob und Hans sind hier in der Altmark groß geworden.

Die Bäuerin schaut in den Himmel. Es ist trüb, es könnten noch Regenfälle kommen. Das wäre eigentlich gar nicht so schlimm, denn so ginge wenigstens kein ganzer Arbeitstag für sie verloren: Wenn das Wetter schön ist, ist die Kräuterfrau normalerweise den ganzen Tag im Freien zugange. Besuch empfängt sie nur selten.

Bis heute arbeiten auf dem Hof hauptsächlich sie selbst und ihr Mann. Er arbeitet hauptberuflich als Maschinenbauingenieur. Der ältere Sohn lebt mittlerweile in Magdeburg. Auch der jüngere ist schon ausgeflogen. Hilfe kommt jetzt aber jedes Jahr von einem Jugendlichen, der hier sein Freiwilliges Ökologisches Jahr absolviert.

Biokräuter – aus schonender Hand- und Pferdearbeit

Ein kleiner Kater streift über den Hof und die Kinder der Besucher stürzen sich auf ihn, wollen ihn streicheln. Außerdem gibt es Hühner, Laufenten und die beiden Arbeitspferde Eros und Pegasus. Einer der Besucher nennt sie „Gäule" und man spürt, wie die Hausherrin innerlich zusammenzuckt.
„In schonender Hand- und Pferdearbeit" werden die Biokräuter angebaut, heißt es auf der Internetseite des Hollerbuschhofs. Eros und Pegasus helfen vor allen Dingen beim Hacken, Eggen, Transportieren. Solange die Deichsel nicht für den Pferdewagen gebraucht wird, hängt sie auf dem Hof zwischen zwei Bäumen und dient als Stange, um die Teppiche auszuklopfen.
Die Gäste haben aufgegessen und Nicole Nikolaus zeigt ihren Kunden ihr Reich. Sie gehen nacheinander in die Räume, in denen die Kräuter zerkleinert werden – nicht zu stark, wie die Bäuerin betont, um das Aroma zu erhalten – und wo sie trocknen. In mehreren Kisten stehen die Pflanzen über einem großen Ventilator, der für eine gute Belüftung sorgt. Die Allergiker müssen sogleich wieder ins Freie.
Es folgt das kleine Lager, wo die Kräuter in Säcken darauf warten, in Papiertüten abgefüllt zu werden. „Bitte die Tür geschlossen halten", wiederholt Nicole Nikolaus immer wieder, während die Kinder rein und raus rennen. Das Klima im Raum ist empfindlich und könnte für Kuren dienen. In der Luft hängt ein schweres Duftgemisch, als sei alles extra zum Inhalieren vorbereitet. „Ich rieche das gar nicht mehr", sagt die Gastgeberin.
„Lagerarbeit", wie sie es nennt, sei vor allem im Winter angesagt. Also sortieren, verpacken, etikettieren, versenden. Das sei ganz praktisch, weil sich im Sommer, wenn sie so viel anderes zu tun hat, ihr Tee eher schlecht verkaufe. Dabei schmecken Sorten wie „Eisblume", „Apfelminze" oder der Kindertee "Kleiner Drache" auch kalt sehr gut und erfrischen bei Hitze ganz hervorragend. Doch Tee ist und bleibt eben ein typisches Heißgetränk für den Winter. Insgesamt lasse sich über den Verkauf von Tee und Gewürzen kein fettes Leben finanzieren. Die wenigsten sind bereit, drei Euro und mehr für eine

Packung zu zahlen. „Für ein Stück Käse geben das die Leute eher aus. Doch der ist viel schneller aufgebraucht." Sie hingegen müsse lange warten, bis derselbe Kunde eine weitere Packung nachkauft, erklärt Nicole Nikolaus.

In den Regalen stehen die verschiedenen Sorten und die Gäste schauen sich an, was es alles gibt. Einer der beliebtesten Tees sei „Romanze", verrät die Kräuterfrau. Das ist eine Mischung aus Zitronenbohnenkraut, Rosmarin, Lavendel, Veilchen und anderem. Wie sich der Tee auswirke, will einer wissen. „Na wie wohl?", antwortet Nicole Nikolaus und lächelt.

Sie kennt sich bestens aus mit der Wirkung und den Inhaltsstoffen von Pflanzen. Doch das deutsche Arzneimittelgesetz macht es gar nicht so einfach, mit Heilwirkung zu werben. Sie weiß sich zu helfen und etikettiert ihre Mischungen mit Namen wie „Ruhezeit", „Schnief" oder „Milchfluss". So weiß eigentlich jeder, was gemeint ist.

Die kleine Gruppe spaziert zum 2,5 Hektar großen Acker. Der befindet sich etwa zehn Gehminuten vom Hof entfernt. In voller Blüte stehen Salbei, Lavendel und Thymian. Nicole Nikolaus erklärt die einzelnen Pflanzen und wofür sie gut sind. Die Besucher zupfen sich Blättchen ab und zerreiben sie unter der Nase. Wie riecht Orangenminze und wie Orangenthymian? Ratschläge für den eigenen Anbau werden ausgetauscht. Derweil verschwindet die Bäuerin mit einem siebenjährigen Mädchen in einem Meer aus gelben Johanniskrautblüten, der Mittsommerpflanze schlechthin. Es heißt, das Kraut nimmt im Sommer die ganze Kraft der Sonne auf, um sie den Menschen an dunklen Tagen zu schenken. „Schau nur", sagt die Fee dem Mädchen. „Ist das nicht schön?"

Auf dem Rückweg scherzen die Gäste, ob sie nicht eine der Ziegen mit in die Stadt nehmen und ihre eigene Milch für den Morgenkaffee produzieren sollten. „Eine Ziege allein wäre unglücklich", antwortet Nicole Nikolaus sogleich besorgt.

„Ist das Schafgarbe?", fragt derweil das siebenjährige Mädchen und zeigt auf weiß blühende Gräser am Wegesrand. Es ist aber eine „Wilde Möhre". Inmitten der weißen Doldenblüte steht die kleine, dunkelpurpurne „Möhrenblüte". „Das ist bestimmt der Thron der Blütenfee, die hier in dieser Pflanze lebt", sagt das Mädchen und lächelt versonnen.

VON BIANCA KAHL

Kurz & bündig:
Die Stadt Tangerhütte

... kam erst 1935 zum Stadtrecht und ist bis heute die jüngste Stadt der Altmark.

... entstand ursprünglich aus dem kleinen Ort Vaethen

... gäbe es ohne das Raseneisenerz und Eisenwerk nicht. 1842 fing man nämlich an, dieses Erz am Fluss Tanger abzubauen. Zwei Jahre später floss aus dem Hochofen das erste Eisen, die Eisenhütte war geboren. Ein paar Jahre später wurde das „Eisenhütten- und Emaillierwerk Tangerhütte" eine Handels- und Kundengießerei mit 14 Inlands- & elf Auslandsvertretungen, darunter in Ägypten und Australien. Hergestellt wurden Öfen, schwerer Bau- sowie Maschinenguss, Kunstguss-Kandelaber, Pferdestallausrüstung & emailliertes Kochgeschirr.

... kam auf der Pariser Weltausstellung 1889 mit dem Kunstgusspavillon aus 441 Einzelteilen zu Weltruhm.

Groß Schwarzlosen ...

... ist ein Ortsteil von Tangerhütte.

... ist ein ehemaliges Rittergut und kam im 18. Jahrhundert in den Besitz der Familie von Borstell.

... erfuhr seine urkundliche Ersterwähnung im Jahr 1050.

... Die Feldsteinkirche hat die wahrscheinlich älteste Glocke der Altmarkregion.

Entschleunigen in & um Groß Schwarzlosen

Hollerbuschhof in Groß Schwarzlosen:
Auf dem familiengeführten Hof werden seit 1998 verschiedenste Kräuter für Tee und Gewürze ökologisch und in schonender Hand- und Pferdearbeit angebaut. Über den ZÖNU bietet Familie Nikolaus auch Spinn-, Filz- sowie Sensenkurse und Kräuterabende an.

Eiscafé Ravello in Hüselitz:
Nougat, Stracciatella, Vanille und Schoko – klassische Sorten sind Ravellos Renner. Die Kahrstedts stellen ihr Eis nach alt bewährter Tradition her, locken aber auch mit neuen Sorten. Ihr Eiswagen tuckert fast durch die gesamte Ost-Altmark.

Zwei Rad- und Wandertouren in der Umgebung:
Die Landsberg-Tangerquellen-Tour führt am Fluss Tanger entlang. Seine Quelle liegt versteckt im romantischen Zauberwald und ist nicht so leicht zu finden. Los gehts in Lüderitz über Brunkau, Schernebeck und Stegelitz bis nach Groß Schwarzlosen. Zum Verweilen schön sind der Lüderitzer Park mit seinem 100-jährigem Baumbestand sowie der Schleußer Teich. Nix für Raser – auf den 25 Kilometern kann es holprig werden! Die Elbuferroute (22 Kilometer) führt durch die Gemeinden Ringfurth, Sandfurth und Kehnert mit Top-Aussichten auf den Fluss. Der größte „Elbknick" ist ganz wunderbar in Polte – vom versteckt liegenden Park aus – zu bestaunen! Infos im Rathaus Tangerhütte.

Industriedenkmal in Tangerhütte:
Viele Gebäude des Eisenwerks wie die Gießerei (von 1896) sind zwar verfallen, versprühen aber trotzdem ihren Charme. Wohnhäuser, Modelltischlereien und Bürogebäude sind erhalten und liegen unweit vom Stadtpark. Der Förderverein ist fleißig dabei, das Industriedenkmal zu erhalten und zu revitalisieren. P.S.: In einem Teil des Industriekomplexes lebt das Eisenwerk weiter – die TechnoGuss GmbH liefert Produkte wie die Seiltrommel für den größten Teleskopkran oder das Arma-

turengussstück im Wolkenkratzer Burj Khalifa.

worden ist. Manche sagen, der Park sei eine der schönsten Anlagen in der Altmark. Kulturell sehenswert in Tangerhütte ist außerdem das Buddelschiffmuseum.

INDUSTRIEKULTUR IN TANGERHÜTTE ▲

DER GUSSEISERNE PAVILLON.

Gusseiserner Pavillion & Neues Schloss in Tangerhütte:

Der berühmte Kunstgusspavillon des Eisenwerks, der 1889 auf der Weltausstellung in Paris mit einer Goldmedaille zu Ehren kam, besteht aus 441 Einzelteilen. Zu bestaunen ist er samt Neuem Schloss, Mausoleum und Schwanenteich im Tangerhütter Stadtpark, der 1872 von Franz Wagenführ im Stil der Lenné-Meyerschen Schule angelegt

Mosaikwandbild in Tangerhütte:

Wie ein Wahrzeichen symbolisiert das 10 mal 7 Meter große Kunstwerk am „DDR-Neubaublock" den Landkreis Tangerhütte. Der in Berlin lebende Bildhauer Erhard Schreier hat es von 1976 bis 1980 angefertigt.

292 GROß SCHWARZLOSEN

Seit 2014 steht das Mosaikwandbild unter Denkmalschutz. Tausendmal tausend kleine Glasmosaike erzählen von den Menschen und Tangerhütte in den 70er Jahren.

Flaschenpoststation in Bittkau:

Farbenfrohes Künstlerdomizil an der Elbstraße. Der gebürtige Bittkauer Benno Zöllner fertigt Zeichnungen, Radierungen, Plakate sowie Porträts und lädt einmal im Jahr, meist im Frühjahr, zu einer Sause. Am Weltflaschenpoststationstag kann man mit ihm bei Kunst und Wein mit Blick auf die Elbwiesen die Seele baumeln lassen. Bittkau ist einer ruhiger Ort (12 Kilometer von Tangerhütte) am Elbdeich. Einfach nett!

Kathrins Eiscafé in Bittkau:

Das Café am Elberadweg belohnt mit italienischem Eis & Softeis aus eigener Herstellung. Äußerst beliebt: Das schwarze Eis mit Vanillegeschmack. Die gelernte Bäckerin zaubert außerdem leckeren Torten.

Biohof Sieben in Schernebeck:

Natur pur! Das Dörfchen Schernebeck liegt etwa 7 Kilometer vor Tangerhütte. 2018 hat Familie Herms hier auf ihrem Vierseitenhof eine Fleischmanufaktur samt Hofladen eröffnet. Ihr ganzheitlicher Ansatz bedeutet, dass ihre Rinder auf den Schernebecker Weiden geboren werden und aufwachsen. Ein hofeigenes Schlachthaus gehört zum Konzept des Biohofs. Kochkurse, Fleischseminare, Weinabende & Kinderbauernhofpädgagogik – vieles ist in Planung. Schernebeck hat sonst keinen Laden, aber eine Kirche.

Biohof Sieben in Schernebeck.

Adressliste

Die folgende Liste enthält Kontakte, Hinweise und ein paar mehr Adressen zu den Entschleunigungstipps. Sie sind in der Reihenfolge des Buches nach Kapiteln & Orten sortiert. Die Öffnungszeiten habe ich von Februar bis Mai 2018 erfragt, allerdings variieren sie von Saison zu Saison. Sie dienen nur als Anhaltspunkt. Vor einem Besuch empfiehlt sich ein Anruf, denn auch das Googeln muss nicht zwingend zum Erfolg führen. Die Homepages sind nicht immer aktuell. Viele der aufgeführten Tipps - ausgenommen sind die Übernachtungen - habe ich ausprobiert, manche sind Empfehlungen von anderen Einheimischen, Freunden oder Interviewpartnern vor Ort. Aufgrund der zahlreichen Angebote habe ich mich auf eine Auswahl beschränkt. Viel Spaß!

P.S.: Wer in die nächste Auflage möchte, Anregungen oder sonstige Fragen hat, darf gern an sibylles@gmx.net schreiben.

Aland & Wahrenberg

Stadtinformation Seehausen:

Im Holzhaus gibt's Rad- sowie Wanderkarten und Auskünfte zur Region.
Adresse: Touristinfo, Frau Ingrid Jabke, Arendseer Straße 6, 39615 Hansestadt Seehausen, phone: 039386/54783, Montag bis Mittwoch von 9 bis 16 Uhr, Donnerstag von 9 bis 17 Uhr sowie Freitag von 9 bis 12 Uhr, www.stadt-seehausen.de, info@stadt-seehausen.de, www.seehausen-altmark.de/header-stadt-info/tourist-information

Kulinarisch

Flusscafé Anne~Elbe in Wahrenberg:

In und vorm klitzekleinen Fährschuppen von Anne Zinke gibts selbst gebackenen Kuchen und vegetarische Gerichte. Auf den Teller kommt nur, was die Inhaberin selber gern essen würde. Ihre saisonalen Zutaten kommen direkt aus dem Garten. Im Sommer grüne Elbdeich- und im Winter gemütliche Kaminromantik.
Adresse: Am Elbdeich 68, 39615 Aland/ Ortsteil Wahrenberg, phone: Anne Zinke 039397/41559, Von Mai bis August täglich von 11 bis 18 Uhr, von September bis April am Wochenende von 11 bis 18 Uhr geöffnet, www.elbehof.de, www.flusscafe.de

Das Kranhaus in Wittenberge:

Im ehemaligen Lager- und Speichergebäude am Hafen kreiert und serviert Chefkoch Mika Drouin, ein gebürtiger Franzose, interessante kulinarische Kombinationen. Auszeichnung von Guide Michelin (BIB Gourmand 2018). Auf zum Trip durch die Weltküche am mächtigsten Fluss der Altmark!
Adresse: Das Kranhaus, Restaurant by Mika, Elbstraße 4a, 19322 Wittenberge, phone: 03877/402050, Mittwoch bis Sonntag 12 bis 14.30 Uhr sowie 18 bis 22 Uhr geöffnet, www.kranhaus.de

Gaststätte Schulz in Groß Garz:

Wer von Wahrenberg mit dem Rad nach Arendsee fährt, sollte Schulzes, die bei Einheimischen beliebteste Gaststätte der Gegend, einplanen. Seit Generationen betreibt die Familie das Restaurant neben einem Landwirtschaftsbetrieb. Das meiste, was frisch auf den Tisch kommt, stammt also direkt aus dem Betrieb. Schnitzel, lose Wurst, Hochzeitssuppe

oder Eintöpfe ... hier wird typisch altmärkische Hausmannskost serviert!
Adresse: Gaststätte Schulz, Hauptstraße 43, 39615 Groß Garz, phone: 039398/228 oder 0175/6288724. Montag und Freitag von 11.30 bis 13.15 sowie ab 17 Uhr, Mittwoch und Donnerstag von 11.30 bis 13.15 Uhr und samstags sowie sonntags ab 17 Uhr geöffnet.

Eichenkrug in Nienwalde:
Adresse: Restaurant Eichenkrug, Dorfstraße 19, 29471 Nienwalde, phone: 05846/980002, Dienstag bis Samstag ab 18 Uhr, Sonn- & Feiertag von 12 bis 14 sowie ab 18 Uhr geöffnet. www.eichenkrug-nienwalde.de

Schloss & Gut Gartow:
Im Wildladen gibt es neben Wildspezialitäten auch Hausgemachtes aus der Schlossküche mit Zutaten aus dem verwunschenen Kirchgarten. Im Sommergarten läßt es sich im historischen Ambiente der Familie Graf von Bernstorff herrlich verweilen. Tipp: Die saisonalen Grillabende zum Wochenende! Anmeldungen bei Köchin Christina Scheele.
Adresse: Gräflich Bernstorff'sche Betriebe, Hauptstraße 6, 29471 Gartow, forstamt-gartow@bernstorff.de, www.bernstorff.de, phone: 0170/1288963, schlosskueche@bernstorff.de

Übernachten

Der Elbehof in Wahrenberg:
Elbehof, Am Elbdeich 68, 39615 Aland/Ortsteil Wahrenberg, phone: Norbert Krebber 039397/41552, Anne Zinke 039397/41559 sowie 039397/41551, www.elbehof.de

Stellplatz für Wohnwagen und Reisemobile in Wahrenberg:
auf dem Elbehof, www.Landvergnügen.com

Wohnung in Wahrenberg:
In einem alten Fachwerkhaus ist Platz für vier Personen, Ruhe pur mitten im Naturschutzgebiet, vom Fenster aus sieht man die Störche.
www.airbnb.de/rooms/8316722

Zimmer in Wanzer:
Direkt am Elberadweg mit Blick auf den Aland können Radfahrer, Wanderer und Naturfreunde im denkmalgeschützten Fachwerkhaus Rast machen. Es gibt vier Zimmer mit je zwei Betten und ein Gemeinschaftsbad. Das Frühstück wird individuell & frisch zubereitet.

Adresse: Damian Teloy, Dorfstraße 43, 39615 Aland/Ortsteil Wanzer, phone: 39395/81486 sowie 0162/6580008, http://alandblick.de

Wohnung in Zehrenthal:

Kleine Wohnung in einem 200 Jahre alten Fachwerkhaus mit verwunschenem Garten etwa 10 Kilometer von der Elbe entfernt.
Adresse: Andrea Wilke, Deutscher Dorfstraße 20, 39615 Deutsch/Ortsteil Zehrental, phone: 039395/912925 sowie 039395/81554, www.baumundblume.de

Bahnhof in Harpe:

Die Bahnstrecke von Wittenberge nach Salzwedel ist seit 2005 ohne Zugverkehr – der denkmalgeschützte Landbahnhof mit zwei Wohnungen liegt inmitten von Feldern und Wiesen. Die Natur hat die Bahnsteige, die Ladestraße und -rampen fast vollständig zurückerobert. Etwa 10 Kilometer von der Elbe entfernt am Altmarkrundkurs gelegen.
Adresse: Bahnhof Harpe, Dr. Enno Poppinga, Harper Dorfstraße 1, 39619 Arendsee, phone: 0178/5589198, www.bahnhof-harpe.de

Schloss & Gut Gartow:

Kleine & große Ferienwohnungen, sehr geschmackvoll eingerichtet. Sie heißen Brauhaus Schloss Gartow, Brauhaus am Gartower See, Haus im Wald Rucksmoor, Landarbeiterhaus am Gartower See…
Adresse: Gräflich Bernstorff'sche Betriebe, Hauptstraße 6, 29471 Gartow, www.bernstorff.de/themen/ferienwohnungen

Entschleunigende Erlebnisse

Storchenführungen in Wahrenberg:

Ansprechpartner ist Werner Mohr.
Adresse: Ewald-Fredrich-Ring 85, 39615 Wahrenberg, phone: 039397/225, we-mohr@t-online.de

Störche in Werben:

siehe Adressenliste unter Werben unter Elbtor

Storchenkamera in Buch:

Adresse: Elbe-Besucherzentrum, Bucher Querstraße 22, 39590 Hansestadt Tangermünde/Ortsteil Buch, www.elbetourist.de, www.wildnis.info

Der Elbehof in Wahrenberg:

Trommeln, Naturerlebnisse und Kulturveranstaltungen.
Adresse: Kultur- und Umweltbildungsverein Vitos e.V., phone: 039397/41552, www.elbehof.de

Bockwindmühle in Wanzer & Klein Wanzer:

Die Bockwindmühle hat an Sonntagen von 13 bis 17 Uhr geöffnet (außerhalb der Zeiten nach Vereinbarung mit dem Gemeindekirchenrat oder über Jonny Buck)
phone: 039395/81280, www.wanzer.de/muehlenverein/index.html sowie www.seehausen-altmark.de/content-pages/tourismus-freizeit/landlebenundtradition/dorfleben-wanzer/

Offener Garten in Wanzer:

Adresse: Christina Kloss, Dorfstaße 25, 39615 Aland/Ortsteil Wanzer, phone: 039395/91888.

Von Mai bis September öffnen sich altmarkweit jeden 3. Sonntag im Monat viele Gärten. Mehr unter
www.altmarktourismus.de/pauschalen/kultur/park-und-gartenlandschaft/offene-gaerten-der-altmark.html

Regionale Künstlerin in Wanzer:

Adresse: Anne Rose Bekker, Kunstscheune Wanzer, Dorfstraße 34, 39615 Aland/Ortsteil Wanzer, phone: 0175/3884358, arbart@web.de

Grenzort Stresow:

Touren und mehr zur Erlebnisregion „Grünes Band" gibt es unter
www.erlebnisgruenesband.de/schrift-normal/regionen/elbe-altmark-wendland/unterwegs-auf-dem-vier-laender-grenzradweg/grenzlandmuseum-schnackenburg-und-gedenkort-stresow.html

Vier-Länder-Grenzradweg:

Radtouren mit Thomas Hartwig
phone: 0173/3081791, thomas.hartwig@altmarkkirchen.de. Mehr Infos beim BUND Besucherzentrum Burg Lenzen, phone: 038792/1221, www.burg-lenzen.de. Kartenmaterial unter www.vierlaendergrenzradweg.de.

Radtouren im Grünen Band:

Touren und Räder im Haselnusshof
Adresse: Traudi & Jürgen Starck, Binde Nr. 14, 39619 Arendsee, phone: 039036/96432, www.radkultur-starck.de

Weitere Gästeführer und Touren beim Grünen Band unter www.erlebnisgruenesband.de

Kletterturm in Wittenberge:

In der Ölmühle kann man zwischen denkmalgeschützten Industriegemäuern hochseilklettern. In 6 oder 11 Metern Höhe kann man als Team je zehn Stationen auf einer Länge von 50 Metern überwinden. In den Wintermonaten ist der Turm beheizt.
Adresse: Indoorkletterturm, Bad Wilsnacker Straße 52, 19322 Wittenberge, phone: 03877/567994600, www.kletterturm-wittenberge.de

Tipiromantik, Kanufahren & mehr:

Susanne & Eduardo Figueiredo bieten im Norden der östlichen Altmark geführte Flusswander- & Radtouren sowie traditionelles Langbogenschießen an. Ihr Naturerlebnishof ist auch ein Ort für Seminare, Workshops & Feiern.
Adresse: Elements Naturerlebnisse, geführte Kanu- und Radtouren, Naturerlebnisdorf & Tipicamp, Kirchweg 14, 39615 Aland/Ortsteil Vielbaum, phone: 039386/993277, www.elements-nature.com, Partner des Biosphärenreservats Flusslandschaft Elbe: www.flusslandschaft-elbe.de

Tipi-Dorf in Bertingen:

Hinter dem südlichsten Zipfel der Altmark liegt Bertingen, wo es neben konventionellem Camping auch Holz- sowie traditionelle Tipis, Ferienhäuser & Angebote für Klassen- sowie Gruppenfahrten gibt. Die Küche vom Restaurant „Zum Indianer" ist in der Saison täglich von 7.30 bis 21 Uhr geöffnet und soll sehr gut & speziell sein.
Adresse: Campingplatz Bertingen und Indianer-Tipidorf, Sebastian und Jonathan Müller GbR, Zu den kurzen Enden 1, 39517 Bertingen, phone: 039366/51037 www.tipi-dorf.de

Auen-App:

Die Auen App kann man unter www.bund.net/auentour runter laden. Im Android und IOS Store erhält man sie kostenfrei. Einfach „Auentour" in die Suchfunktion eingeben. Weitere Infos und Tourenvorschläge zur Region in Lenzen.
Kontakt: Sonja Biwer, Trägerverbund Burg Lenzen (Elbe) e. V., Burgstraße 3, 19309 Lenzen, phone: 038792/5078105, www.burg-lenzen.de, Mail: sonja.biwer@burg-lenzen.de

Grenzlandmuseum, Hafencafé und Aussichtsturm in Schnackenburg:

Bereits 1310 wurde das Wenden-Dorf „stredso" urkundlich erwähnt. Kriege, Brände, Deichbrüche und Überflutungen hat Stresow überstanden, nicht aber die DDR. Das Dorf wurde dem Erdboden gleichgemacht, das Museum erinnert daran. Hinkommen: Von Aulosen aus in Richtung Bömenzien am Hinweisschild „Gedenkstätte Stresow" rechts abbiegen und der Straße 2 Kilometer folgen. Die Anlage ist jederzeit frei zugänglich. *Adresse: Gedenk- und Begegnungsstätte Stresow, Betreuung: Grenzlandmuseum Schnackenburg, Ansprechpartner Ulrich Bethge, Am Markt 4, 29493 Schnackenburg, phone: April bis Oktober 05840/210 und November bis März 05840/294, www.grenzland-museumschnackenburg.de, Mail: hans.windeck@t-online.de, Führungen zu den Grenzanlagen/Grünes Band: Jürgen Starck, phone: 039036/96432, Mail: haselnusshof@radkultur-starck.de. Das Hafencafé Felicitas hat keine Internetseite und ist nur in der Saison von April bis Oktober geöffnet. phone: 05840/1259.*

Führungen am Wrechow

Hinkommen: Von Aulosen aus Richtung Bömenzien am Hinweisschild „Gedenkstätte Stresow" rechts abbiegen und der Straße etwa 2 Kilometer folgen. Großer Parkplatz am See, auch für Wohnmobile. Von dort zu Fuß oder mit dem Rad an der Grenzerlebnisstätte vorbei und danach rechts ab zum großen Beobachtungsturm. Der Turm, ein Ausgangspunkt für weitere Touren, und die Wege rund um den Wrechow sind jederzeit frei zugänglich. *Adresse: Beobachtungsturm Wrechow, Verbandsgemeinde Seehausen, Große Brüderstraße 1, 39615 Hansestadt Seehausen, Ansprechpartnerin ist Brigitte Packebusch, phone: 039386/98232, Mail: b.packebusch@vgemseehausen.de, www.seehausen-altmark.de, Führungen per Rad oder zu Fuß: Peter Müller, Biosphärenreservat Mittelelbe, Haus der Flüsse, phone: 039387/609976, Mail: Peter.Mueller@bioresme.mlu.sachsenanhalt.de*

Regionale Künstlerin in Losenrade:

Im versteckt gelegenen Künstlerhaus Raspeliere fertigt Kerstin Schneggenburger Lichtobjekte aus Papier und Flusstreibholz, Ehemann Josef Waldow, Maler und Fotograf, zeigt Bilder und Radierungen.

Adresse: Atelier für künstlerische Buntpapiere, Losenrade/Elbe 30, 39615 Hansestadt Seehausen, phone: 039397/41188, www.k-schneggenburger.de, schneggenburger@t-online.de

Künstler in Wittenberge:

Der aus dem Rheinland stammende Rainer Trunk schreibt seit mehr als 30 Jahren deutschsprachige Lieder und ist in Sachsen-Anhalt als Kunstpädagoge und Lehrer unterwegs. Arno Stern und sein Malort haben Trunk inspiriert - in Wittenberge gibt es neben der Galerie auch einen Malort. Adresse: Galerie & Malort, Inhaber Rainer Trunk, Im Horning 58, 19322 Wittenberge, www.rainertrunk.de, www.kunstrtunk.de

Die Hansestadt Seehausen & Schönberg

Stadtinformation Seehausen:

Im Holzhaus gibts Rad- sowie Wanderkarten und Auskünfte zur Region.
Adresse: Touristinfo, Frau Ingrid Jabke, Arendseer Straße 6, 39615 Hansestadt Seehausen, phone: 039386/54783, Montag bis Mittwoch von 9 bis 16 Uhr, Donnerstag von 9 bis 17 Uhr sowie Freitag von 9 bis 12 Uhr geöffnet, info@stadt-seehausen.de, www.stadt-seehausen.de, www.seehausen-altmark.de/header-stadt-info/tourist-information

Kulinarisch

Schäferei Schuster in Beuster:

Adresse: Schäferei Schuster, Hofladen, Café & Pension, Inhaber Axel & Kerstin Schuster, Ostdorfer Straße 2, 39615 Hansestadt Seehausen/Ortsteil Beuster, phone: 039397/365 und 0170/3137266, Donnerstag bis Sonntag von 14 bis 18 Uhr geöffnet, www.schaeferei-schuster.de

Deichbäckerei Buchholz in Seehausen:

Adresse: Hauptgeschäft & Backstube, Breite Straße 1, 39615 Hansestadt Seehausen, phone: 039397/311, Dienstag bis Samstag von 6 bis 11 Uhr geöffnet, www.deichbaeckerei.de

Eis & Kuchen in Seehausen:

Adresse: Pension und Restaurant Henkel, Große Brüderstraße 12, 39615 Hansestadt Seehausen, phone: 039386/52279, www.henkel-seehausen.de

Fleischerei Wohlfahrt:
Adresse: Beusterstraße 41, 39615 Hansestadt Seehausen, phone: 039386/52121, kontak@fleischer-wohlfahrt.de, www.fleischer-wohlfahrt.de,

Entschleunigende Erlebnisse

Malkurse und Wanderungen in Schönberg:
Adresse: Eugen und Tatjana Kisselmann, Kleinholzhausener Straße 3, 39165 Hansestadt Seehausen/Ortsteil Schönberg, phone: 0152/29248685, www.eugenkisselmann.de

Stiftskirche Sankt Nikolaus in Beuster:
Adresse: Förderverein St. Nikolaus, Kirche Beuster e.V., Schulhof 5, 39615 Hansestadt Seehausen/Ortsteil Beuster, phone: 039397/97458, von Mai bis Oktober täglich von 10 bis 16 Uhr geöffnet, Anmeldung im Pfarrhaus, www.foerderverein-beuster.de

Blaulichtmuseum in Beuster:
Adresse: Blaulichtmuseum Beuster e.V., Ralf von Hagen, Am Burggraben 1, 39615 Hansestadt Seehausen/Ortsteil Beuster, phone: 039397/97444, Mai bis Oktober täglich von 10 bis 16 Uhr geöffnet, www.blaulichtmuseum-beuster.de

Deichimkerei Beuster:
Adresse: Hans-Werner Spillner, Deichstraße 1, 39615 Hansestadt Seehausen/ Ortsteil Beuster, phone: 039397/21, mehr Infos unter www.ah-land.de

Ausflug nach Seehausen:
Sehr übersichtliche Internetpräsenz mit vielseitigen, schönen Ausflugszielen sowie Infos zum Beustertor & Turmuhrenmuseum unter

www.seehausen-altmark.de/content-pages/tourismus-freizeit/bauwerkeundgeschichte/, www.turmuhrenmuseum.de

Käserei Kintra in Drüsedau:
Rohmilch, Joghurt, Quark, Käse, hausgeschlachtete Wurst & Marmeladen werden im Hofladen oder auf regionalen Wochenmärkten verkauft, Hofbesichtigung mit Verkostung für vorangemeldete Gruppen, ansonsten montags, mittwochs und samstags von 15.30 bis 17 Uhr, freitags von 14 bis 18 Uhr geöffnet.
Adresse: Kintra Käse vom Bauernhof, Inhaberin Heidrun Kintra, Drüsedau Nr. 26, 39606 Bretsch, phone: 039386/52234, kintra-kaese@gmx.de

Wanderung ab Seehausen:
Informationen zur Route unter www.naturfreude-erleben.de/de/tour/wanderung/seehaeuser-foersterweg/2809183

Der Luftkurort Arendsee

Touristinformation Arendsee:
Töbelmannstraße 1, 39619 Arendsee, phone: 039384/27164, ab März bis Ende Oktober von Montag bis Freitag 9 bis 16 Uhr, in der Ferienzeit auch samstags von 10 bis 14 Uhr, im Winter Dienstag bis Donnerstag von 13 bis 15 Uhr geöffnet, www.arendsee.de sowie www.luftkurort-arendsee.de.

Kulinarisch

Fisch essen in Zießau:
Fischerei Wilfried Kagel, Zießau Nr. 33, 39619 Arendsee/Ortsteil Zießau, phone: 039384/2550, Mittwoch bis Sonntag 9 bis 18 Uhr geöffnet.

Restaurant in Zießau:
Restaurant, Café & Pension „Wildgans", Zießau Nr. 8, 39619 Arendsee/Ortsteil Zießau, phone: 039384/973895, www.zur-wildgans.de

Café in Arendsee:

2018 zieht ins ehemalige Brauhauscafé wieder Leben ein: Eisbecher, Snacks und selbst gebackener Kuchen, abends ein Gläschen Wein, dazu Sonnenuntergangsstimmung. Bald gibt es hier auch eine E-Bikeladestation.
Adresse: Wanderrast, Am Waldheim 5, 39619 Arendsee, von April bis September 10 bis 20 Uhr (bei schönem Wetter auch länger) geöffnet.

Flairhotel Deutsches Haus:

Inhaber Burghard Bannier & Team servieren als Kenner der Gastronomie Sachsen-Anhalts regionale Spezialitäten.
Adresse: Friedensstraße 89 bis 91, 39619 Arendsee, phone: 039384/2500, www.dh-arendsee.de

Solidarische Landwirtschaft in Höwisch:

Der Hof gegenüber der Kirche hat sich der Solidarität verschrieben - 40 verschiedene Gemüsesorten sowie Kräuter und Blumen werden regional in einer Atmosphäre des Vertrauens produziert. Der Direktvermarkter steht auf regionalen Bauernmärkten (samstags in Stendal).
Adresse: Solidarische Landwirtschaft, Inhaber Rainer Rippl, Höwischer Str. 16 (früher Dorfstr. 16), 39619 Arendsee/OT Höwisch, phone: 0176/55 93 19 32, Mail: vernunftslandwirt.arendsee@gmail.com, www.vernunftslandwirt-arendsee.de

Hanfprodukte in Lindenberg:

Familie Wöllner ist seit 1735 in Lindenberg ansässig, nach der Wende hat sie ihre Kraft in den Landwirtschaftsbetrieb gesteckt. Seit 1993 werden nach ökologischen Richtlinien und seit 2016 Hanfprodukte wie Öl, Mehl, Tee und sogar Schokolade, aber auch Papier und Kleidung produziert.
Adresse: Landhof Lindenberg, Inhaber Hartmut & Marius Wöllner, Am Holzweg 4, 39615 Lindenberg, phone: 039398/302.

Übernachten

Pilgerzimmer in Arendsee:

Im Gartenhaus des evangelischen Pfarramts befinden sich zwei Zimmer mit je zwei Betten. Einfach, aber nur 300 Meter zum See. Küchenbenutzung ist möglich.
Adresse: Pfarrer Martin Goebel, Dessauer Worth 23, 39619 Arendsee, phone: 039384/2226

Ferienhaus in Arendsee:

Zu DDR-Zeiten ein Schweinestall, seit 2016 ein Ferienhaus im Vintage-Stil für fünf bis sechs Personen. Die Unterkunft befindet sich in einem kleinen Dorf etwa 3 Kilometer vom Arendsee.

Adresse: Ferienhaus Arendsee, Silvio Bolz, Klädener Dorfstraße 52, 39619 Arendsee, phone: 0162/9705808, buchbar auch über airbnb, booking.com oder www.facebook.com/ferienhaus.arendsee

Camping in Arendsee:

Der Familiencampingplatz liegt zwar nicht unmittelbar am See (10 Minuten), bietet dafür aber Indianer- und Piratenfeste.

Adresse: Campingplatz „Im kleinen Elsebusch", Udo Matuscheck, Lüchower Straße 6a, 39619 Arendsee, phone: 039384/27363, http://campingplatzarendsee.de

Radlerrast in Binde:

Die schwedenrote „Lille Villa" liegt als Ferienhaus in einem naturnahen Bauerngarten. Wärme vom Lagerfeuer, Solar-Duschen unterm Sternenhimmel, Familien-Hängematte, Kompost-Toilette, Bio-Frühstück unterm Weidenbaum…

Adresse: Haselnusshof, Traudi & Jürgen Starck, Binde Nr. 14, 39619 Arendsee/Ortsteil Binde, phone: 039036/96432, www.radkultur-starck.de

Entschleunigende Erlebnisse

Am See:

Gustav-Nagel-Forscherin:

Christine Meyer erreicht man übers Telefon unter 039384/98700. Den Kontakt kann auch die Touristinformation herstellen. Das Buch über den exzentrischen Wanderprediger bestellt man am besten direkt bei Christine Meyer.

Gustav Nagel in der Ausstellung:

Adresse: Heimatmuseum, Am See 3, 39619 Arendsee, phone: 039384/2479, von April bis September dienstags bis freitags 10 bis 17 Uhr, Samstag & Sonntag 11 bis 17 Uhr, von Oktober bis Dezember dienstags bis freitags 10 bis 16 Uhr, Sonntag 13 bis 16 Uhr geöffnet, www.luftkurort-arendsee.de/kloster.html. Außerdem gibt es eine Ausstellung in der Touristinformation.

Kloster in Arendsee:

Adresse: Kloster, Am See 3, 39619 Arendsee, Führungen nach Absprache mit dem Heimatmuseum, dienstags bis sonntags 10 bis 18 Uhr, im Winter samstags und sonntags 11 bis 15 Uhr geöffnet, *www.klosterarendsee.com*

Strandbad Arendsee:
Adresse: Strandbad Arendsee, Lindenstraße 31, 39619 Arendsee, von Mai bis September täglich 10 bis 18 Uhr geöffnet, phone: 039384/2251, www.luftkurort-arendsee.de/strandbad.html

Jugendfilmcamp:
Adresse: Lindenstraße 42 sowie Jugendfilmcamp STARTER im IDA - Integrationsdorf Arendsee, Harper Weg 3, 39619 Arendsee, phone: 0160/8490458, www.jugendfilmcamp.de

(Rad) Wandern:
Route & Infos zum 10 Kilometer langen Seerundwanderweg unter www.naturfreude-erleben.de/de/tour/wanderung/seerundweg-arendsee/1501270/. Räder leihen & geführte Touren bei Radkultur Starck, Binde Nr. 14, 39619 Arendsee/Ortsteil Binde, phone: 039036/96432 sowie 0152/22782751, www.leihfahrrad-starck.de

Aufm See:

Schaufelradampfer:
Den See entspannt mit der „Queen Arendsee" umrunden. Das einzige schwimmende Standesamt des Landes Sachsen-Anhalt sticht täglich bis zu fünf Mal zu einer Rundfahrt in See.
Adresse: Anlegestelle Lindenstraße 25, 39619 Arendsee, phone: 039384/27164, Fährzeiten Mai bis September 11.30, 13 und 15 Uhr sowie nach Absprache (auch Mondscheinfahrten möglich)

Bootsverleih:
Kanus, Tret- und Ruderboote. Wer schwarze Männer aus den Fluten auftauchen sieht: Der See ist auch ein Paradies für Tauchsportler, seitdem 2006 hier eigens ein Schiffswrack in 16 Metern Tiefe versenkt wurde.
Adresse: Monika Schramm, Lindenstraße 27, 39619 Arendsee, phone: 039384/21202, April bis Oktober täglich ab 11 Uhr geöffnet, Verleih außerhalb der Zeiten nach Absprache möglich.
www.luftkurort-arendsee.de/zuwasser.html sowie www.sc-arendsee.de/club/gastronomie/seglerheim

Segeltörn:
Von März bis Oktober können bis zu 5 Personen auf'm Jollenkreuzer Segeln lernen.
Adresse: Heiko Seifert, Treffpunkt Anlegestelle Gustav-Nagel-Areal, 39619 Arendsee,

phone: 0172/9039645 sowie Segelverein: Segler-Club Arendsee von 1953 e.V., Ulrich Seedorff, Lindenstraße 27, 39619 Arendsee, phone: 0160/4570234, www.sc-arendsee.de

Tourist-Information Werben:
Adresse: Marktplatz 1, 39615 Hansestadt Werben, phone: 039393/92755, werktags 10 bis 12 und 14 bis 16 Uhr geöffnet, www.werben-elbe.de

Übernachten

Möglichkeiten gibts reichlich – von der günstigen Radfahrerpension bis zum kleinen Hotel. Hier eine kleine Auswahl:

Kommandeurhaus in Werben:
Im um 1770 für das 7. Kürassier-Regiment auf Befehl Friedrich des II. errichteten Gebäude gibt es eine historische Ferienwohnung, Gästezimmer und Pilgerkojen mit 22 Betten. Nicht nur zu den Biedermeiermärkten öffnet sich das Dach, die Sommerbühne lädt regelmäßig zu Events ein.
Adresse: Kommandeurhaus Werben, Bernd Dombrowski & Holger Schaffranke, Seehäuser Straße 2, 39615 Hansestadt Werben, phone: B. Dombrowski 0172/3827786 sowie H. Schaffranke 0170/8339663, www.kommandeurhaus.de, h.schaffranke@berlin.de

Ferienhaus Sankt Johannis in Werben:
Das restaurierte Fachwerkhaus aus dem 18. Jahrhundert liegt in ruhiger Innenstadtlage vis-à-vis der imposanten Johanniskirche. Hinterm Haus gibts den naturbelassenen Garten mit Rosenbeeten und Obstbäumen.
Adresse: Astrid Lietz, Fabianstraße 11, 39615 Hansestadt Werben, phone: 0179/3233582, www.ferienhaus-elbe.com

Pension Roter Adler:
Das historische und denkmalgeschützte Ackerbürgerhaus liegt direkt am Markt. Bei Zwinzschers wohnt man urgemütlich, der Aufenthalt ist persönlich. Es gibt zwei Doppel- & ein Einzelzimmer sowie eine Ferienwohnung.
Adresse: Margret & Gunter Zwinzscher, Marktplatz 13, 39615 Hansestadt Werben,

phone: 039393/91044, www.roter-adler-werben.de

Campingplatz in Werben:
Der idyllische Zeltplatz liegt etwa 500 Meter vor der Stadt. Gleich nebenan ist das Freibad. Anmeldung zum Campen beim Schwimmmeister.
Adresse: Klaus Gehrke, Am Schwimmbad, 39615 Hansestadt Werben, phone: 0172/3146179 oder 039393/225.

Bioferienhaus und Ferienwohnung in Räbel:
Das moderne Bioferienhaus mit Lehmputz, Holzböden und Pflanzenkläranlage hat einen 1,6 Hektar großen Garten und liegt direkt am Elbdeich. Der ehemalige Vierseitenhof ist von 1875.
Adresse: Susanne Schaffarczyk, Räbelsche Dorfstraße 27, 39615 Hansestadt Werben/Ortsteil Räbel, phone: 030/30307936, www.flusshof.de

Kulinarisch

Bäckerei Obara in Berge:
Anette & Bernd Obara, Lindenstraße 5, 39606 Behrendorf/Ortsteil Berge phone: 039393/5251, mittwochs bis freitags von 7 bis 12 Uhr sowie von 14 bis 17 Uhr, samstags von 6 bis 11 Uhr, zur Saison ist auch Sonntag von 14 bis 17 Uhr geöffnet.

Hotel und Restaurant „Deutsches Haus" in Werben:
Seehäuser Straße 10, 39615 Hansestadt Werben, phone: 039393/92939, aktuelle Öffnungszeiten unter www.deutscheshaus-werben.de

Entschleunigende Erlebnisse

Sankt Johannis-Kirche:
Für Kirchenführungen sorgt Jochen Hutschmidt unter
phone: 0176/55624299, Mai bis September täglich von 10 bis 16 Uhr geöffnet.

Biedermeiermarkt:
mehr unter www.werben-elbe.de

Elbtor:
Adresse: Tourist-Information Werben, Marktplatz 1, 39615 Hansestadt Werben, phone: 039393/92755, werktags 10 bis 12 und 14 bis 16 Uhr geöffnet, www.werben-elbe.de

KultourSpur:

Alle Adressen und Orte beim Verein Wische e.V., Helmut Sasse, Rohrbecker Straße 3a, 39606 Rohrbeck, phone: 039390/82142, https://wische.de

Kanutouren:

Tobias Titz verleiht Kanus (Canadier der bekannten Firma Old Town) und bietet Tages- sowie Mehrtagestouren auf der Elbe an.
Adresse: Tobias Titz, Kirchplatz 6, 39615 Hansestadt Werben, phone: 0179/4587377, www.elbe-kanu.de

Töpfern in Berge:

In der Drachentöpferei kann man zu Kindergeburtstagen, an Wochenenden sowie im Einzelunterricht individuelle Keramiken gestalten. Lehrerin Astrid Reichhardt zeigt verschiedene Töpfertechniken. Ihr Geschirr ist lebensmittelecht, geschirrspül- und mikrowellengeeignet, gearbeitet wird mit giftfreien Rohstoffen.
Adresse: Keramikatelier Drachentöpferei, Lindenstraße 21, 39606 Hansestadt Werben/OT Berge, phone: 039393/929992, mobil: 0172/4227369, www.reichhardts.de, mail: keramikar@gmail.com

Künstler in Räbel:

„Landschaftsmaler Seidel" - dieses Hinweisschild befindet sich am Pfarrwittumhäuschen in der Dorfstraße 11. Seit 1984 wohnt hier der bekannteste Maler Werbens, der außerdem Restaurator ist. Für einen Plausch vor oder in seinem merlotfarbenen Künstlerdomizil sei er immer zu haben, sagt Karina Hoppe.
Adresse: Gerhard Seidel, Räbelsche Dorfstraße 11, 39615 Hansestadt Werben/OT Räbel, phone: 039393/92702

Gierseilfähre:

www.werben-elbe.de/tourismus/fahre-raebel

Die Hansestadt Havelberg & Strodehne

Tourist-Information Havelberg:
Adresse: Uferstraße 1, 39539 Hansestadt Havelberg, phone: 039387/79091, von April bis September montags bis freitags von 9 bis 18 Uhr sowie Samstag, Sonntag & feiertags von 13 bis 17 Uhr geöffnet, von Oktober bis März montags bis freitags 9 bis 17 Uhr geöffnet, www.havelberg.de, touristinformation-havelberg@t-online.de

Verbandsgemeinde Elbe-Havel-Land:
Hier erhält man Flyer, Karten & Informationen für Schönhausen & Umgebung bis hin nach Jerichow. Neue, übersichtliche Internetpräsenz.
Adresse: Koordinierungsstelle & Tourismusmanagement, Bismarckstraße 12, 39524 Schönhausen (Elbe), phone: 039323/8422, tourismus@elbe-havel-land.de, www.elbhavelwinkel.com

Übernachten

ArtHotel Kiebitzberg in Havelberg:
Ruhig am Hang der Havel gelegenes Hotel mit stilvollen Ferienwohnungen, Zimmern & Suiten. Großer Garten, Panoramablick und Kulturbühne.
Adresse: Inhaber Renate & Andreas Lewerken, Schönberger Weg 6, 39539 Hansestadt Havelberg, phone: 039387/595151, www.arthotel-kiebitzberg.de, arthotel@kiebitzberg.de

Sonnenhaus in Havelberg:
Sehr persönlich geführtes Bed & Breakfast mit vier Doppelzimmern im stilvoll sanierten, barocken Pfarrhaus am Kirchplatz auf der Stadtinsel. Eröffnung 2019.
Adresse: Inhaber Florian & Barbara Hallmann, phone: 0176 222 77 307, www.sonnenhaus-havelberg.de

Ferienwohnung des Vereins denkMal und Leben in Havelberg:
Domkurie D8, Domherrnstraße 8, 39539 Hansestadt Havelberg, phone: 039387/79026, info@denkMalundLeben.de, www.domherrn8.de

Campen & Kanuverleih auf der Spülinsel:
Campinginsel Havelberg, Spülinsel 6, 39539 Hansestadt Havelberg, phone: 039387/20655 sowie 0163/3938701, www.campinginsel-havelberg.de.

Übernachtungshaus auf der Stadtinsel:
Das Haus befindet sich auf der Stadtinsel und hat Havelblick, eine ideale Unterkunft für Radfahrer, Gruppen, Familien & Kinderfreizeiten. Kanu sowie Radverleih möglich.
Adresse: ELCH gGmbH, Erlebnispädagogisches Zentrum Havelberg, Schulstraße 1 bis 2, 39539 Hansestadt Havelberg, phone: 039387/79325 sowie 0151/16266720, elch-havelberg@paritaet-lsa.de, www.paritaet-integral.de

Ferienhaus in Hohenkamern:
Das Ferienhaus „Elbhavelwinkel" liegt in Hohenkamern. Als ehemaliger Schweinestall gehörte das Haus früher zum Gut Hohenkamern. Es hat Platz für bis zu vier Personen auf 85 Quadratmetern. Der Frau-Harke-Sagenpfad und weitere Rundwege durch die Wälder der Kamernschen Berge liegen direkt vor der Haustür. Kontakt zu den Besitzern:
Adresse: Familie Jappe-Carnol, Wutiker Straße 18, 16866 Kyritz, phone: 0173/6195277, www.elbhavelwinkel.de

Campen in Schönfeld am See:
Erholungsgebiet Hanauscher Werder Schönfeld, Hanauer Werder 1, 39524 Kamern-OT Schönfeld, phone: 0174/1669104, www.campingplatz-schoenfeld.de

Campen in Kamern am See:
Kleiner, privater Campingplatz unter alten Eichen.
Adresse: Dr. Christoph und Elisabeth von Katte, Am Deich 16, 39524 Kamern, phone: 0172/4407455 oder 0152/59559651 cvkatte@gmail.com, www.camping-kamern.de

Kulinarisch

Das Bilderbuchcafé in Havelberg:
Adresse: Kerstin Maslow, Markt 7, 39539 Hansestadt Havelberg, phone: 039387/592555, mittwochs bis montags von 9 bis 19 Uhr geöffnet. www.dasbilderbuchcafe.de

Verein denkMal und Leben e.V.:
Der Verein hat einen Regionalladen ins Leben gerufen und betreibt ein Café. Im

großen Garten gibt es selbst gebackenen Kuchen, Teespezialitäten sowie frisch gemahlenen Kaffee. Täglich von 13 bis 17 Uhr geöffnet.
Adresse: Domkurie D8, Domherrnstraße 8, 39539 Hansestadt Havelberg, phone: 039387/79233, info@denkMalundLeben.de, https://domherrn8.de/denkmal-und-leben-e-v

ArtHotel Kiebitzberg:

Vom Restaurant Schmokenberg heißt es, die Küche sei fröhlich, frisch & innovativ. Gekocht wird Traditionelles & Modernes, die Zutaten sind aus der Region. Das Fleisch stammt vom Wagyu-Rind aus dem Havelland. Von der Sonnenterrasse hat man Havelblick, im Garten sitzt man unter alten Linden. Reiches Kulturprogramm.
Adresse: Inhaber Renate & Andreas Lewerken, Schönberger Weg 6, 39539 Hansestadt Havelberg, phone: 039387/595151, www.arthotel-kiebitzberg.de, arthotel@kiebitzberg.de

Gasthaus Zur Güldenen Pfanne:

Im urigen Fachwerkhaus mit Gartenplätzen werden saisonale, havelländisch-altmärkische Gerichte aus Fleisch, Wild, Lamm und Fisch serviert. Schweinshaxe & Wildgulasch, Ritteressen & Landknechtstafel, Zander & Froschschenkel ... außerdem hat die Familie einen großen Weinkeller.
Adresse: Zur Güldenen Pfanne, Inhaber Monika & Manfred Hippeli, Lehmkuhle 2, 39539 Hansestadt Havelberg, phone: 039387/79951 & 0171/1704319, info@fischerstube-warnau.de, www.gueldenen-pfanne.de

Fischerstube in Warnau:

Adresse: Inhaberin Sabine Schulz, Havelweg 7, 39539 Hansestadt Havelberg/Ortsteil Warnau, phone: 039382/7377, auch Pensionszimmer, www.fischerstube-warnau.de

Die Elbe kulinarisch:

Adresse: Gernot Quaschny, Fischereibetrieb, Große Straße 4, 39524 Schönhausen (Elbe), phone: 0172/5632605.

Räucherfisch in Wulkau:

Wer durch Wulkau fährt, sollte beim Räucherhaus anhalten. Hier verkauft der gut gelaunte Schwabe Wolfgang Damer geräucherten Fisch. Und der kommt aus dem Gülper See. Hausgemachte Wurst und ein Gratis-Schwätzchen gibts auch.
Adresse: Wulkauer Räucherhaus, Inhaber Wolfgang Damer, Dorfstraße 18, 39524 Wulkau, phone: 0152/0763 58 63, www.wulkauer-raeucherhaus.de

Fischerei Schröder am Gülper See

Hofladen, Fischverkauf und Erlebnisfischerei mit Herrn Schröder. Er sticht nicht nur allein auf dem Gülper See sondern lehrt auch seine Gäste. Für alle, die wissen wollen, wie Zugnetzfischerei funktioniert! Danach wird der Fang nach Brandenburger Art zubereitet und ein 3-Gänge Menü serviert!

Adresse: Wolfgang Schröder, Gahlberg 2, 14715 Havelaue/OT Strodehne, phone: 033875/30737, mobil: 01606818388, Öffnungszeiten: Mittwoch und Donnerstag von 10-16, Freitag von 10-18 sowie Samstag von 10-16 Uhr, Montag und Dienstag geschlossen, www.fischerei-schroeder.de, mail: fischerei.schroeder@yahoo.de

Gasthaus zum Gewissen:

Im Gasthaus zum Gewissen gehts fair und regional zu - die Zutaten kommen aus dem Garten der Freien Schule nebenan. Auf der Speisekarte stehen Würstchen, Tomatensuppe sowie Eisbein und Schnitzel. Das Fleisch stammt von der Landfleicherei Ferchland. Im Konsum gibts Waren des täglichen Bedarfs und frische Havelberger Brötchen. Terrasse mit Seeblick!

Adresse: Seeblick, Gasthaus mit Gewissen sowie Konsum am See, Inhaberin: Daniela Poley, Am Deich 10, 39524 Kamern, Öffnungszeiten: im Sommer täglich, im Winter: Montag bis Freitag 9-18, Samstag 8-12 Uhr, Sonntag 14.30-17 Uhr, phone: 0152/21882502 oder 0162/6885146, Mail: info@gasthaus-mit-gewissen.de, www.gasthaus-mitgewissen.de

Entschleunigende Erlebnisse

Dom & Prignitz-Museum in Havelberg:

Domführungen sind nach Vereinbarung für Gruppen buchbar.

Adresse: Domplatz 3, 39539 Hansestadt Havelberg, phone: 039387/21422, aktuelle Öffnungszeiten siehe Homepage: www.havelberg-dom.de, www.prignitz-museum.de

Stadtführungen durch den Verein DenkMal und Leben in Havelberg:

phone: 039387/729614 sowie unter info@denkMalundLeben.de, www.domherrn8.de

Pferdemarkt in Havelberg:

Nähere Infos bei der Tourist-Information oder unter www.havelberg.de

Haus der Flüsse in Havelberg:

Adresse: Informationszentrum Natura 2000 des Biosphärenreservates Mittelelbe, Elbstraße 2, 39539 Hansestadt Havelberg, phone: 039387/609976, April bis Oktober täglich 10 bis 18 Uhr, November bis März dienstags bis sonntags 10 bis 16 Uhr geöffnet, www.haus-der-fluesse.de, www.mittelelbe.de, www.flusslanschaft-elbe.de

Bootskorso in Havelberg:

Mehr dazu unter www.havelberg.de/de/havelberger-bootskorso.html sowie geführte Bootstouren unter www.arthotel-kiebitzberg.de

Im Elb-Havel-Winkel radeln:

Infos, Routen & Karten unter www.radtouren-sachsen-anhalt.de, www.naturfreude-erleben.de

Der Elberadweg:

Koordinierungsstelle Elberadweg Sachsen-Anhalt, Domplatz 1b, 39104 Magdeburg, phone: 0391/738790, radwege@elbe.boerde.heide.de

Der Havelradweg:

Koordinierungsstelle Havel-Radweg, Landkreis Stendal, Hospitalstraße 1 bis 2, 39576 Hansestadt Stendal, phone: 03931/607949, kreisverwaltung@Landkreis-Stendal.de, www.havelradweg.de

Der Altmarkrundkurs:

Der Kontakt zur Koordinierungstelle ist mit Vorsicht zu genießen, da sich der Tourismusverband Tangermünde seit Mai 2018 auflöst.

Adresse: Koordinierungsstelle Altmarkrundkurs Tourismusverband Tangermünde, Markstraße 13, 39590 Hansestadt Tangermünde, phone: 039322/3460, tv@altmarktourismus.de, www.altmarkrundkurs.de

Oper im Schweinestall in Klein Leppin:

FestLand e.V. – Verein zur Förderung des kulturellen Lebens, Christina Tast, Klein Leppiner Straße 26c, 19339 Plattenburg, www.dorf-macht-oper.de

Sternführer in Strodehne:

Adresse: Marion Werner, Kleindorf 3, 14715 Strodehne/Ortsteil Havelaue, phone: 033875/90192, www.marion-werner.de

Weitere Sternführer in der Umgebung:

Martin Miethke, Natur- und Landschaftsführer, Mittelstraße 2, 14715 Havelaue/Gülpe, phone: 033875/900056, www.untere-havel.info sowie Liane Zemlin,

Dorfstraße 6, 14715 Stechow/Fcrchesar, phone: 033874/60365

OPTIMALE STERNEN-AUSSICHTSPUNKTE:

Pareyer Dorfstraße 5, 14715 Havelaue/Parey, phone: 033872/74310, www.sternenpark-westhavelland.eu, www.stellarium.de, weitere Informationen auch bei der Verbandsgemeinde Elbe-Havel-Land in Schönhausen siehe oben

ZWEIRÄDER IN KAMERN:

Schwalben, Simsons und alte Zweirad-Vehikel! Wer denkt, in Kamern gäbe es nix, liegt falsch. Herrn Busses Leidenschaft sind Zweiräder. Heruntergekommene Simsons und Schwalben sind für ihn kein Problem. Er macht sie alle schick. Die Hübschesten stehen vor'm und im Geschäft. (n)Ostalgie-Feeling!

Adresse: Motorrad Busse, Inhaber Friedrich Busse, Dorfstraße 59, 39524 Kamern, montags bis freitags von 9 bis 18 Uhr geöffnet, samstags von 9 bis 12 Uhr, phone: 039382/215, 0174/4907367, Mail: info@motorrad-busse.com, www.motorrad-busse.com

WANDERN AUF FRAU HARKES SAGENPFAD

Direkt neben dem Gut Hohenkamern entsteht das Mehrgenerationenhaus des Kultourvereins mit Cafeteria. Abends lohnt sich die Turmspitze mit Blick in den Sternenhimmel. Im ehemaligen Kuhstall können Bastler in der Holzbaukunstschule unter Anleitung werkeln. Ferienzimmer sowie Wohnungen sind geplant.
Adresse: Günther Klam, phone: 0173/4725724, Tourismusmanagerin Jenny Freier, ww.elb-havel-winkel.com

Die Hansestadt Osterburg & Umgebung

Stadtinfo in Osterburg:
Kartenmaterial und viele Adressen gibt es im Bibliotheksgebäude, in dem sich die Stadtinfo befindet. Man wird mit offenen Armen empfangen und sehr nett und individuell beraten.
Adresse: Stadtinformation, Großer Markt 10, 39606 Hansestadt Osterburg, phone: 03937/895012, Montag sowie Dienstag von 10 bis 17 Uhr, Donnerstag 10 bis 18 Uhr, Freitag 10 bis 16 Uhr geöffnet, samstags wechselnd, www.osterburg.de/tourismus-kultur/stadtinformation

Kulinarisch

Kuchen & Herzhaftes in Krumke:
Adresse: Kultur Café & Bistro, Inhaberin Annegret Spillner, Parkstraße 4, 39606 Hansestadt Osterburg/Ortsteil Krumke, phone: 03937/2239405, aktuelle Öffnungszeiten auf der Homepage, April bis November Mittwoch bis Sonntag, Dezember bis April Samstag, Sonntag geöffnet, www.kavaliershauskrumke.de

Konditorei & Café Behrends in Osterburg:
Adresse: Inhaber Konrad Behrends, Breite Straße 53, 39606 Hansestadt Osterburg, phone: 03937/22140, das Café hat sonntags von 13 bis 17 Uhr geöffnet, www.facebook.com/KonditoreiUndCafeBehrends

Ausflug nach Berlin zur Schwester:
Adresse: Johanna Behrends, Schreinerstraße 61, 10247 Berlin, phone: 0176/814 198 65, Freitag bis Sonntag 11 bis 18 Uhr geöffnet, hallo@verzuckert-berlin.de, www.verzuckert-berlin.de

Gasthof & Pension Haucke in Osterburg:
Bodenständiges Restaurant am Stadtrand, wo traditionell-altmärkisch geköchelt wird. Von Einheimischen empfohlen, weil es hier die beste altmärkische Hochzeitssuppe geben soll.
Adresse: Am Mühlenberg 90, 39606 Hansestadt Osterburg, phone: 03937/82171, dienstags bis sonntags 11.30 bis 21 Uhr geöffnet, https://gasthofhaucke.de

Dorfgaststätte „De Dörp´sche Krug" in Gladigau:

Adresse: Inhaber Joachim Roloff, Dorfstraße 14, 39606 Hansestadt Osterburg/Ortsteil Gladigau, phone: 039392/81313, Dienstag bis Sonntag von 12 bis 13 Uhr sowie ab 18 Uhr, sonntags von 11 bis 13 Uhr geöffnet, dedoerpschekrug@web.de

Mühlenbäckerei in Gladigau:

Adresse: Inhaber Marco Schulz, Einwinkler Straße 5, Hansestadt Osterburg/Ortsteil Gladigau, phone: 039392/81321, Dienstag bis Freitag von 7.30 bis 13.30 Uhr, samstags von 6.30 bis 10.30 Uhr geöffnet.

Übernachten

Kavaliershaus in Krumke:

2017/2018 sind im Westflügel des Kavaliershauses zwei Doppel- sowie ein Einzelzimmer entstanden. Auf Anfrage können in einem Raum auch Seminare, Workshops und Klausurtagungen durchgeführt werden.
Adresse: siehe oben unter Kultur Café & Bistro, buchbar auch über www.booking.com oder www.kavaliershauskrumke.de/#gast

Gästehaus in Osterburg:

Auf einem alten Ziegeleigelände mit ruinösen Resten eines historischen Rundofens mit Schornstein von 1860 kann man im Ziegeleihaus in einer Wohnung schlafen. Nebenan befinden sich ein kleiner Sägewerksbetrieb, eine Landwirtschaft mit Mutterkühen, Schafen, Geflügel und Streuobstwiesen sowie ein Mehrgenerationenhof,
www.airbnb.de/rooms/20900473

Zimmer in Krumke:

Auf dem ehemaligen Vierseitenhof gibt es ein Zimmer für zwei Personen im ehemaligem Stallgebäude.
Adresse: Ralf Hoppe, Schlossstraße 11, 39606 Hansestadt Osterburg/Ortsteil Krumke, phone: 03937/895706 & 0721/151525432, kontakt@fewo-krumke.de

Ferienwohnung in Klein Rossau:

Im Ferienhaus befinden sich zwei Wohnungen umgeben vom wilden Naturgarten mit Teich & romantischen Sitzecken. Kanuverleih möglich. Liegt äußerst versteckt.
Adresse: Inhaber Arno Heinrich, Alte Dorfstraße 27, 39606 Hansestadt Osterburg/Ortsteil Klein Rossau, phone: 039392/81674.

Entschleunigende Erlebnisse

Schloss Krumke:
Adresse: Parkstraße 6, 39606 Hansestadt Osterburg/Ortsteil Krumke, phone: 0179/2933525, www.schloss-krumke.de

Herrenhaus & Klosterkirche Krevese:
Infos zum Weihnachtsmarkt, zum Orgelsommer, zu Führungen, zum offenen Atelier und Lesungen beim Herrenhaus Krevese
Adresse: Gutshof 7, 39606 Hansestadt Osterburg/Ortsteil Krevese, phone: 03937/250692, www.atelier-offen.de, engelkamp@atelier-offen.de

Naturdenkmal Tillyeiche in Krevese:
Eiche bei der Argrargenossenschaft um die Ecke.

Radfahren entlang der Dorfkirchen-Tour:
Flyer in der Stadtinfo Osterburg sowie online unter www.osterburg.de/tourismus-kultur.

Radfahren auf dem Altmarkrundkurs:
Mehr als 500 Kilometer zieht sich der Altmarkrundkurs durch weite Landschaften, unzählige romantische Orte mit alten Back- & Feldsteinkirchen sowie mittelalterliche Städte. Auf 500 Kilometern radelt man meist auf naturbelassenen Wegen, die zum Teil auch sandig und anspruchsvoll sind. Verbindungen bestehen zum Havel- & Elberadweg bei Havelberg, Tangermünde, Arneburg, Losenrade & Aulosen. Mehr Infos unter www.altmark-rundkurs.de. Für Radfahrer, die in der Altmark unterwegs sind, ist die Radwanderkarte für die gesamte Altmark mit Ausflugszielen, Einkehr- & Freizeittipps im Maßstab 1:100000 (Radkarte/RK) von 2014 zu empfehlen.

Baden in Osterburg:
Adresse: Biesebad, Annett Lenzner, Nordpromenade 2, 39606 Hansestadt Osterburg, phone: 0174/9365143, in der Saison von 14 bis 20 Uhr, bei guter Witterung und in den Ferien ab 11 Uhr geöffnet.

Kanuverleih in Dobbrun:
Adresse: Matthias Katz, Dorfstraße 26, 39606 Hansestadt Osterburg/Ortsteil Dobbrun, phone: 03937/85003, matthias@hund-katz.de

Bootsstation in Klein Rossau:

Das verwunschene, weitläufige Grundstück der Inhaber ist nicht so leicht zu finden. Direkt am Fluss Biese gelegen ist es optimaler Ausgangspunkt für „einsame" Flusswandertouren. P.S.: Im Garten kann man herrlich verweilen und feiern.
Adresse: Inhaber Arno Heinrich, Alte Dorfstraße 27, 39606 Hansestadt Osterburg/Ortsteil Klein Rossau, phone: 039392/81674

Osterburger Literaturtage (OLITA):

Die Osterburger Literaturtage gehören zum festen Bestandteil des kulturellen Lebens der Stadt, des Landkreises Stendal und des Landes Sachsen-Anhalt. Kartenvorverkauf/-reservierung in der Stadtbibliothek sowie unter phone: 03937/895309, Ansprechpartnerin für Autoren, Künstler & Veranstalter ist Frau Bütow unter phone: 03937/82974, Programm unter www.bibliothek.osterburg.de
Adresse: Stadt und Kreisbibliothek Osterburg, Großer Markt 10, 39606 Hansestadt Osterburg.

Schwitzhütte & Heilbehandlungen in Calberwisch:

Richard Jack Pard bietet in Berlin (Prenzlauer Berg) in der Bambus Praxis Heilbehandlungen an. In Calberwisch führt er zusätzlich Schwitzhütten sowie Lehrstunden durch. Der persönliche Kontakt zum Schamanen unter niitsitapi@outlook.com.
Adresse in Berlin: Die Praxis im Bambusgarten, Inhaber Bernd Monecke Heilpraktiker, Diedenhofer Straße 4, 10405 Berlin, www.bambuspraxis.de, phone: 030/47374668

Four Side Ranch in Gladigau:

Adresse: Karin & Reinhold Heitkötters, Dorfstraße 35, 39606 Hansestadt Osterburg/Ortsteil Gladigau, phone: 0177/3504508, info@four-side-ranch.de, www.four-side-ranch.de

Pferdewohnwagen in der Altmark:

Im Wagen lässt es sich bequem schlafen, Tisch und Bänke werden zum Bett umgebaut (vier bis fünf Schlafplätze). Natürlich kann drinnen auch gegessen, gekocht und gefaulenzt werden. Die Stationen, auf denen die Urlauber sowie das Pferd übernachten, sind auf Landkarten eingezeichnet.
Adresse: Margerete Albold, Hinterstraße 6, 38486 Apenburg/Winterfeld, phone: 0175/4725789, www.pferdewohnwagen.de

Landhof Altmark in Hagen:

Auf dem Landhof gibt es 30 Betten, die auf moderne, rustikale Ferienwohnungen, Apartments oder Zimmer aufgeteilt sind. Neben dem Reittraining, Workshops & der Reiterpension bietet die Familie Reiterferien sowie Möglichkeiten für Tagungen, Seminare sowie Veranstaltungen an.
Adresse: Maren Jochum, In Hagen 21, 38486 Apenburg-Winterfeld/Ortsteil Hagen, phone: 39035/804045 & 152/34024915, www.landhof-altmark.de, info@landhof-altmark.de

Sternreiten in der Altmark:

Die 1992 gegründete Interessengemeinschaft hat es sich zum Ziel gemacht, den Reitsport in der Altmark zu fördern. Dazu gehört das Anlegen von ausgeschilderten und kartierten Reitwegen und deren Pflege.

Pfarrhaus mit Garten & Backtage in Gladigau:

Besichtigungen des Pfarrgartens sind auf Anfrage möglich. Einen Flyer gibt es in der Gaststätte „De Dörp'sche Krug". Gebacken wird immer am letzten Samstag im Monat im Pfarrgarten, in dem das Backhaus 1992 an seiner ursprünglichen Stelle von 1796 wiedererrichtet wurde.

Adresse: Pfarrer Norbert Lazay, Dorfstraße 16, 39606 Hansestadt Osterburg/Ortsteil Gladigau, phone: 039392/81866

Landwirtschaft pur in Gladigau:

Kaufmann & Ungnade GbR, Dorfstraße 29, 39606 Hansestadt Osterburg/Ortsteil Gladigau, phone: 0160/5506515.

Angeln in Gladigau:

Angelverein Osterburg, Ortsgruppe Gladigau, Dirk Rohbeck unter phone: 0173/8222655, www.mein-gladigau.de/das-dorf/tourismus/angeln
Burg zu Gladigau: am Ortseingang :-)

Skaten in Gladigau:

Flyer mit Streckenverlauf & Auskünfte in der Stadtinformation Osterburg.

Plattdeutsches Theater in Gladigau:

Im Frühling jeden Jahres ziehen die Protagonisten des Gladigauer Dorftheaters Gäste von nah und fern an. Achtung: Die Karten für die jeweiligen Termine sind innerhalb weniger Stunden ausverkauft, so beliebt sind die Stücke in plattdeutscher Mundart. Tipp: Bei der Reisebuchung über die Gastgeber Heitkötter Karten reservieren lassen. Austragungsstätte ist die Gaststätte „De Dörp'sche Krug" in Gladigau.

Kleinbahnmuseum in Gladigau:

Am nordöstlichen Zipfel des Dorfes lädt ein liebevoll hergerichtetes Open-Air-Museum zur Entdeckungsreise in die Zeit von 1914 bis 1976 ein – als Gladigau noch Kleinbahnstation war. Dort, wo einst der Bahnhof lag, kümmert sich Herbert Kühne um die Überbleibsel, hat aus Signalen, Gleisen, Schranken und Bahnhofsuhr eine „Traditonsinsel" geschaffen. Im Gebäude nebenan sind mit Voranmeldung Originale wie ein Fahrkarten-Entwerter, Werkzeuge aber auch Fotos und Dokumente zu besichtigen.
Adresse: Dorfstraße 43, 39606 Hansestadt Osterburg/Ortsteil Gladigau, Ansprechpartner ist Herbert Kühne unter phone: 039392/81630

Romanische Feldsteinkirche in Gladigau:

Idyllisch am Fluss Biese gelegen, ist die dreiteilige, ursprünglich romanische Feldsteinkirche nicht nur von außen ein Augenschmaus. Im Inneren befinden sich der barocke Kanzelaltar und die Westempore aus dem Jahre 1694. Geführte Besichtigungen sind nach Vereinbarung möglich.
Adresse: Pfarrer Norbert Lazay, Dorfstraße 16, 39606 Hansestadt Osterburg/Ortsteil Gladigau, phone: 039392/81866.

Mein Gladigau:

Die Jugend von Gladigau betreibt eine umfangreiche Internetseite mit vielen Informationen rund um das Dorf und die Freizeitmöglichkeiten. www.mein-gladigau.de

Rokoko-Kirche in Orpensdorf:

Familie Stenzel, Orpensdorf Nr. 1, phone: 039392/81893 oder Evangelisches Pfarramt, Dorfstraße 16, 39606 Hansestadt Osterburg/Ortsteil Gladigau, phone: 039392/81866.

Langobardenwerkstatt in Zethlingen:

20 Kilometer westlich von Gladigau lässt sich in Zethlingen der mittelalterliche Alltag der Langobarden auf dem Mühlenberg nacherleben und sogar praktisch daran teilhaben: bei Ausgrabungen, Bogenschießen, Weben, Fladenbacken, Kupferschmieden, Lederbearbeitung oder Tonformen. Besichtigung bei öffentlichen Veranstaltungen nach Terminkalender.
Adresse: Danneil-Museum Salzwedel, Zethlinger Dorfstraße 16a, 39624 Kalbe, phone: 03901/423380, www.langobarden-zethlingen.de

Mehr Infos zum Nüscht unter:

www.in-the-middle-of-nuescht.de

Bismark & Umgebung

Touristinformation der Stadt Bismark:

Eine „klassisches" Touristenbüro hat Bismark nicht. Informationen und Material gibt's im Rathaus
Adresse: Einheitsgemeinde Stadt Bismark (Rathaus), Breite Straße 11, 39629 Bismark, phone: 039089/97610, dienstags von 9 bis 12 und 13 bis 18 Uhr sowie donnerstags von 9 bis 12 Uhr sowie 13 bis 16 Uhr geöffnet, www.stadt-bismark.de, touristinfo@stadt-bismark.de

---

Kulinarisch

Eiscafé Ziehers in Bismark:
Adresse: Eiscafé Ziehers, Breite Straße 15/16, 39629 Bismark, phone: 039089/2214, www.ziehers-eiscafe.de

Weisser Schwan in Bismark:
Im gutbürgerlichen Gasthaus von 1906 gibt es altmärkische Gerichte wie Zungenragout, Tiegelbraten & Hochzeitssuppe.
Adresse: Gasthaus Weisser Schwan, Stendaler Straße 38, 39629 Bismark, phone: 039089/41055, www.gasthaus-weisser-schwan.de

Bäckerei & Konditorei in Bismark:
Die kleine, feine Bäckerei von Henry Hohmann bietet traditionelle Backwaren. Torten sowie Kuchen stellt der Familienbetrieb nach überlieferten Rezepturen her.
Adresse: Henry Hohmann, Wartenberger Chaussee 11, 39629 Bismark, phone: 039089/3352

Kelles Suppenmanufaktur in Kläden:
Adresse: Inhaberin Antje Mandelkow, Stendaler Straße 1 bis 2, 39579 Bismark/Ortsteil Kläden, phone: 039324/316, Suppencafe phone: 039324/91563, Suppencafe & Hofladen Montag bis Freitag: 6 bis 17 Uhr geöffnet, www.kelles-suppenmanufaktur.de, info@kelles-suppenmanufaktur.de

Übernachten

Caravanstellplätze in Bismark:
Im Grünen liegen drei Plätze auf dem Gelände des Freibades Kolk. Mit Sandstrand, Wiese, Wassertrampolin und Neptunfest.
Adresse: Döllnitzer Dorfstraße 22, 39629 Bismark, Anfragen unter phone: 039089/97610 & 039089/2045, ganzjährig geöffnet.

Doppelzimmer in Lindstedt:
Das historische Gutshaus von 1704 hat Platz für etwa sechs Personen. Selbstversorgung.
Adresse: Gutshof Lindstedt, c/o Förderverein „Historische Region Lindstedt" e.V. Anja Rohrdiek sowie Marcel Heins, Zum Lindengut 77, 39638 Hansestadt Gardelegen/Lindstedt, phone: 03471/3551162 & 0163/8253670, www.gutshof-lindstedt.de, www.airbnb.de/rooms/19348987

Entschleunigende Erlebnisse

Bismarker Friedhof:
Adresse: Holzhausener Straße/ Kirchhofstraße, 39629 Bismark

Elise-Hampel-Spezialist:
Reinhold Lau aus Bismark. Den Kontakt stellt der Heimatverein Goldene Laus her.

Turmführungen Goldene Laus:
Adresse: Heimatverein Goldene Laus, Stendaler Straße 41, 39629 Bismarck, phone: Ruth Rothe 039089/40663 sowie Heinz-Werner Pfister 039089/2194

Heimatstube in Bismark:
Adresse: Bürgerhaus, Breite Straße 49, 39629 Bismark, phone: Ruth Rothe 039089/40663

Findlingspark in Darnewitz:
Nach Anmeldung stehen eine Ausstellung mit Erläuterungen zur früheren Steinbearbeitung, Lehrtafeln zum Themenbereich „Gesteine" und eine Küche mit Backofen und Kühlschrank zur Verfügung. Führungen für Kinder, Schüler und Senioren.

Adresse: Wir für Darnewitz e.V., Renate Pickelmann, Dorfstraße, 39579 Bismark/Ortsteil Darnewitz, phone: 039320/328, ganzjährig geöffnet, darnewitz@gmx.net

Naturlehrpfad in Hohenwulsch:

Der Verein lädt mehrmals zu Familientagen ein. Projekttage für Schüler sind möglich.

Adresse: Natur- und Heimatverein Bismark/Kläden, 39606 Hohenwulsch, phone: 039324/432 oder 039089/97610, www.stadt-bismark.de
Wanderung bei Kläden: www.naturfreundeerleben.de/de/tour/wanderung/alter-schaeferweg-klaeden/1492089/#dm=1

Musikfesttage sowie Café in Meßdorf:

Adresse: Bürgerbüro, Hauptstraße 27, 39624 Meßdorf, phone: 039083/304, montags von 8 bis 12, dienstags von 13 bis 18 sowie freitags von 8 bis 12 Uhr geöffnet. www.messdorfer-musikfesttage.de und zeitgleich Café in der Villa Piel, Schulstraße 2, 39624 Meßdorf, www.gut-priemern.de

Bauernmarkt Steinfeld & Adventsmarkt in Kläden:

Adresse: Einheitsgemeinde Stadt Bismark (Rathaus), Breite Straße 11, 39629 Bismark, phone: 039089/97610, dienstags von 9 bis 12 und 13 bis 18 Uhr sowie donnerstags von 9 bis 12 Uhr sowie 13 bis 16 Uhr geöffnet, www.stadt-bismark.de

Waldschwimmbad Dobberkau/ Möllenbeck:

Mit Sonntagscafe.

Adresse: Am Mühlenberg 42, 39606 Bismark, phone: 039089/9760 sowie 039089/983919, Montag bis Donnerstag zwischen 15 bis 19 Uhr, Freitag bis Sonntag 13 bis 19 Uhr geöffnet.

Hofladen in Büste:

Manchmal lädt Familie Blauert in ihren wunderschönen Privatgarten – zum Rosenfest (Bauerngarten, englische- und Duftrosen) oder im Advent. Im Hofladen werden eigene Produkte wie Gemüse, Likör und Marmeladen verkauft.

Adresse: Melanie & Paul Blauert, Dorfstraße 22, 39629 Bismark/OT Büste, phone: 0151/14060207

Arneburg

Touristinformation

Adresse: Touristinformation, Breite Straße 16, 39596 Arneburg, phone: 039321/51817, www.stadt-arneburg.de, www.arneburg-goldbeck.de, tourismus@arneburg-goldbeck.de

Herres Backhaus:

Adresse: Andreas Herre, Breite Straße 50, 39596 Arneburg, phone: 039321/2311, Montag bis Freitag von 6 bis 12 Uhr, 14.30 bis 17 Uhr, samstags von 6 bis 10 Uhr geöffnet.

Milchtankstelle in Rochau:

Milchtankstelle sowie Eier und Honig. Adresse: Deutsch-Kersten GbR, Am Bahndamm 5, 39579 Rochau, phone: 039328/98732 , Mail: deutsch-kersten@freenet.de

Kulinarisch

Burggaststätte Arneburg:

Adresse: Burgstraße 14a, 39596 Arneburg, phone: 039321/2305, www.burg-arneburg.de

Gasthaus „Goldener Anker" in Arneburg:

Adresse: Goldener Anker, Elbstraße 17, 39596 Arneburg, phone: 039321/27136, aktuelle Öffnungszeiten & mehr unter www.goldener-anker-arneburg.de

Entschleunigende Erlebnisse

Stadtkirche Sankt Georg in Arneburg:

Von Ostern bis Ende Oktober jeden Tag zu besichtigen, ein rechtzeitiger Anruf beim Vorsitzenden des Gemeindekirchenrates 039321/2282 oder bei Pfarrerin Janette Obara 0151/10766657 lohnt sich.

Arneburger Auen- sowie Arneburger Stadtpfad:

Flyer zu den Touren unter www.stadt-arneburg.de (Tourismus/Sehenswertes/Rad- und Wanderwege) sowie Informationen www.naturfreude-erleben.de

Gierfähre Arneburg:
Im Sommerhalbjahr Montag bis Freitag von 7 bis 18 sowie Sonnabend, Sonn- und Feiertage 9 bis 19 Uhr. www.elbe-radweg.de/Faehre/arneburg-gierfaehre

Straße der Romanik:
www.altmarktourismus.de/die-kultur-altmark/strasse-der-romanik-in-der-altmark/strasse-der-romanik-route-durch-die-altmark.html sowie www.strassederromanik.de

Die Hansestadt Stendal

Tourist-Information:
Adresse: Markt 1, 39576 Hansestadt Stendal, phone: 03931/651190, März bis Oktober Montag bis Freitag von 9 bis 18 Uhr samstags von 10 bis 14 Uhr geöffnet, auch außerhalb der Saison geöffnet, Vermittlung geführter Stadtrundgänge www.stendal-tourist.de, touristinfo@stendal.de

Kulinarisch

Rosencafé:
Adresse: Naturkosthandel Ulf Dähnrich, Hoock 10, 39576 Hansestadt Stendal, phone: 03931/689441, aktuelle Öffnungszeiten auf der Homepage, www.naturkost-gerberhof.de

Bauernmarkt Stendal:
Adresse: Stendaler Bauernmarkt, Bruchstraße 3, 39576 Hansestadt Stendal, phone: 039390/949990, dienstags bis freitags 9 bis 17 Uhr, samstags 8 bis 12 Uhr, www.mbr-altmark.de

Stendaler Scheunenladen:
Adresse: Stallbaum GbR, André Stallbaum, Osterburger Straße 63, 39576 Hansestadt Stendal, phone: 03931/212789, www.scheunenladen-stendal.de, info@scheunenladen-stendal.de, Facebook „Stendaler Scheunenladen"

Kaffeekult:
Adresse: Kaffeekult Kaffeehaus, Inhaber Nikolas Frank, Markt 1, 39576 Hansestadt Stendal, phone: 03931/410056, Dienstag bis

Samstag 10 bis 18 Uhr sowie Sonntag 14.30 bis 17 Uhr geöffnet, www.kaffeekult-frank.de

Le Petit:
Adresse: Le Petit, Frommhagenstraße 63, 39576 Hansestadt Stendal, phone: 0152/38548736, montags bis samstags 11 bis 22.30 Uhr geöffnet.

Atrium:
Adresse: Atrium – Das Restaurant und Gästehaus, Inhaber Martin Krollmann, Breite Straße 17, 39576 Hansestadt Stendal, phone: 03931/715402, Dienstag bis Samstag von 11.30 bis 22 Uhr geöffnet, www.atrium-stendal.de

Terrasse Schwarzer Adler:
Adresse: Hotel Schwarzer Adler, Vertreten durch Rico Festerling sowie Alexander Kreutz, Kornmarkt 5 bis 7, 39576 Hansestadt Stendal, phone: 03931/41840, www.adler-stendal.de

Konditorei & Café Müller:
Adresse: Café mit Tradition, Inhaberin Anke Wetzel-Müller, Breite Straße 22, 39576 Hansestadt Stendal, phone: 03931/213752, Montag bis Samstag von 7 bis 18 Uhr, sonn- und feiertags von 13 bis 18 Uhr, www.cafe-mueller-stendal.de

Milchtankstelle in Gohre:
Die nicht homogenisierte Weidemilch gibt's auch in Stallbaums Scheunenladen, in Haldensleben im Edeka, in Magdeburg beim Altmärker am Ulrichsplatz und im Kaufland in Stadtteil Neue Neustadt Lübecker Straße.
Adresse: Pöhl-Zimmermann GbR, Kleine Gohrer Straße 11, 39576 Hansestadt Stendal/Ortsteil Gohre, https://milchtankstelle-gohre.simdif.com/index.html, pöhl-zimmermann-gbr@web.de

KulturKantine:
Wer Theateratmosphäre liebt, kann im Kaisersaal dinieren. Mittags zaubert das kleine Team ein feines Menü. Neben Kaffee und Kuchen gibt es vegane, vegetarische sowie tierische Gerichte.
Adresse: Inhaberin Elisabeth Seyer, Hallstraße 54, 39576 Hansestadt Stendal, phone: 0151/57834348, Öffnungszeiten: Dienstag bi Freitag von 11.30-17, Freitag sowie Samstag von 17-23 Uhr (Abendkarte), Sonntag & Montag geschlossen, Mail: info@kulturkantine-stendal.de, www.kulturkantine-stendal.de

Lavanderia:
Schlobachs Dampfwäscherei hat sich gemausert: Ein herrlich gemütliches Café ist Ende 2018 eingezogen! Italien-

feeling statt Pliseebrennerei und Kunstfärberei, denn die Inhaberin liebt es mediterran. Man bekommt Frühstück, Mittag, Kuchen sowie besondere Weine und altmärkische Produkte.
Adresse: Inhaberin Andrea Thom, Hohe Bude 12, 39576 Hansestadt Stendal, phone: 03931/4924688, Öffnungszeiten: Dienstag bis Donnerstag 10 bis 18, Freitag und Samstag von 10 bis 21.30 Uhr, Sonn- und Montag geschlossen.

Spezialitätengeschäft:

Nicht nur was für Gourmets! In Christian Frankenbergs Lädchen am Marktplatz fühlt man sich wie in Italien. An der Theke gibts Antipasti und in den Regalen feine Weine, Pasta und Spezialitäten wie köstliche Schokoladen aus eigener Herstellung.
Adresse: Der Olivenbaum, Inhaber Christian Frankenberg, Kornmarkt 11, 39576 Hansestadt Stendal, phone: 03931/718293, Mail: kontakt@der-olivenbaum.de, www.derolivenbaum.de

Milchtankstelle in Gohre:

Rohmilch von der Tanke sowie im Edeka-Center, bei Edeka-Apel und bei Kaufland in Stendal sowie bei Edeka Grave in Tangermünde.

*Adresse: Wollert & Güldenpfennig GbR, Große Straße 13, 39576 Hansestadt Stendal/OT Gohre, phone: 03931/413072 und 03931/490815, Montag bis Samstag 8 bis 20 Uhr geöffnet,
Mail: Rainer.Wollert@t-online.de*

Unterkünfte

Es ist nicht schwer, in Stendal ein warmes Bett zu finden. Die Touristinformation hilft ebenso auf die Sprünge wie das Internet. Die Recherche ist ergiebig und aufgrund der Vielzahl der Unterkünfte wird auf Tipps verzichtet.

Entschleunigende Erlebnisse

Auf Winkelmanns Spuren & Petrikirche:

Adresse: Am Petrikirchof, 39576 Hansestadt Stendal, phone: 03931/212035, Führungen nach Absprache, Mai bis September von Montag bis Freitag 13 bis 14 Uhr geöffnet, www.stadtgemeinde-stendal.de/gemeinden/st.-petri/ sowie www.stendal-tourist.de/sehenswuerdigkeiten/petrikirche

Winckelmannausstellung:

Adresse: Winckelmannmuseum, Winckelmannstraße 36 bis 38, 39576 Hansestadt Stendal, phone: 03931/215226, aktuelle Infos und Öffnungszeiten unter www.winckelmann-gesellschaft.com
geführte Stadtrundgänge: siehe Touristinformation Stendal

Schnitzwand im Rathaus:

Adresse: Markt 1, 39576 Hansestadt Stendal

Turm der Ratskirche Sankt Marien:

Ansprechpartner sowie Turmbesteigungen organisiert Bärbel Hornemann, phone: 03931/212882 sowie unter www.glockenverein.de/fuehrungen.html, Kirchenführungen nach Absprache. phone: 03931/212136, von Mai bis September Dienstag bis Freitag 10 bis 12 Uhr und 15 bis 17 Uhr, samstags 10 bis 12 Uhr und 14 bis 16 Uhr, sonntags 14 bis 16 Uhr, www.stadtgemeinde-stendal.de/gemeinden/st.-marien

Dom:

Adresse: Dom Sankt Nikolai, Am Dom 16, 39576 Hansestadt Stendal, Führungen nach Absprache, phone: 03931/212136 sowie www.stadtgemeinde-stendal.de/gemeinden/dom-st.-nikolaus

Turm Uenglinger Tor:

Adresse: Altes Dorf/Uenglinger Straße, 39576 Hansestadt Stendal, von Mai bis September Dienstag bis Freitag 13 bis 15 Uhr sowie Samstag, sonn- und feiertags 10 bis 12 Uhr sowie 14 bis 16 Uhr geöffnet, von Oktober bis März auf Anfrage, www.stendal-tourist.de

Altmärkisches Museum & Klostergarten:

Adresse: Schadewachten 48, 39576 Hansestadt Stendal, phone: 03931/651700, Dienstag bis Freitag 10 bis 12 und 13 bis 16 Uhr, sonn- und feiertags 13 bis18 Uhr geöffnet, museum.stendal.de

Stendaler Kulturnacht im Mai:

Die Kulturnacht hat sich zu einer festen Größe etabliert. Jeder, der sich beteiligen möchte, kann dies tun.
Infos bei der Touristinformation Stendal, Markt 1, 39576 Hansestadt Stendal, phone: 03931/651190, www.stendal-tourist.de

Folk! in die Nacht im August:

Das Festival findet im Klostergarten der Katharinenkirche statt. Karten & Infos gibts im Altmärkischen Museum.
Adresse: Schadewachten 48, 39576 Hansestadt Stendal, phone: 03931/651700, muse-

um@stendal.de, www.folk-in-die-nacht.de

Stendaler Lichttage im Oktober:
Infos bei der Touristinformation oder bei der H.u.H. Kaschade Stiftung, Weberstraße 19, 39576 Hansestadt Stendal, www.kaschade-stiftung.de

Stippvisite zur Elbe:
Adresse: Hotel Schloss Storkau, Im Park, 39590 Hansestadt Tangermünde/Ortsteil Storkau, phone: 039321/5210, www.schloss-storkau.de

Spaziergänge bei Storkau:
Informationen unter www.naturfreude-erleben.de/de/tour/wanderung/fuchsweg-storkau-elbe/1544569/

Wischer:
Adresse: Naherholung Wischer, Campingplatz & Waldbad, Am Campingplatz 1, 39596 Hassel, phone: 039321/2249, www.camping-wischer.de

Die Hansestadt Tangermünde

Tangermünder Tourismus-Büro:
Adresse: Regine Schönberg, Markt 2, 39590 Hansestadt Tangermünde, phone: 039322/22393, April bis Oktober Montag bis Freitag 9 bis 18 Uhr, Samstag und Sonntag 10 bis 18 Uhr geöffnet, www.tourismus-tangermuende.de sowie buero@tourismus-tangermuende.de, www.altmarktourismus.de

Übernachten

Auch in Tangermünde ist es nicht schwer, ein warmes Bett zu finden. Die Touristinformation hilft ebenso auf die Sprünge wie das Internet. Die Recherche ist sehr ergiebig. Anbei wenige Beispiele.

Exempel Schlafstuben:
Das Hotel bietet Übernachtungen in atmosphärischen Themen-Zimmern. So

kann man im Kaiser-Karl-Gemach, in Wallensteins Lager oder in der Grete-Minde-Kammer in unterschiedliche Epochen eintauchen.
Adresse: Exempel Schlafstuben, Lange Straße 24, 39590 Hansestadt Tangermünde, www.exempel.de

Hotel Schloss Tangermünde:
Adresse: Inhaberin Melanie Busse, Auf der Burg, Amt 1, 39590 Hansestadt Tangermünde, phone: 039322/737451, www.schloss-tangermuende.de

Schulzens Hotel & Hofbräu (Alte Brauerei):
neuer Kontakt: Schulzens (vormals „Alte Brauerei"), Christian & Armin Schulz GbR, Lange Straße 34, 39590 Hansestadt Tangermünde, phone: 039322/44145, anfrage@schulzens.info, www.schulzens.info sowie ehemaliger Kontakt: Hotel & Restaurant am Eulenturm, Lange Straße 34, 39590 Hansestadt Tangermünde, phone: 039322/44145, www.hotel-alte-brauerei.de

Airbnb:
www.airbnb.de/rooms/17672925 sowie www.airbnb.de/rooms/13077963

Kunsthof Dahrenstedt in Dahrenstedt:
Der Kunsthof bietet Ferienwohnungen an. Sie sind jeweils einem Künstler gewidmet.
Adresse: Kunsthof Dahrenstedt, Monika von Puttkamer & Dr. Hejo Heussen, Dahrenstedter Dorfstraße 6, 39576 Stendal/Ortsteil Dahrenstedt, phone: 03931/419760, www.kunsthof-dahrenstedt.de

Kulinarisch

Exempel Gaststuben:
Adresse: Kirchstraße 40, 39590 Hansestadt Tangermünde, phone: 039322/7354000, täglich von 6.30 bis 22 Uhr geöffnet, www.exempel.de

Zecherei Sankt Nikolai:
Adresse: Lange Straße 1, 39590 Hansestadt Tangermünde, phone: 039322/7354040 & 039322/7354000, Montag bis Donnerstag von 17 bis 22 Uhr, Freitag bis Sonntag von 12 bis 22 Uhr geöffnet, www.exempel.de/geniessen/zecherei

Engel – Das Café:
Adresse; Lange Straße 75, 39590 Hansestadt Tangermünde, phone: 039322/91187, täglich von 10 bis 18 Uhr, Samstag & Sonntag 13 bis 18 Uhr sowie feiertags 14 bis 18 Uhr geöffnet, www.engel-dascafe.de

Tangermünder Kaffeerösterei:
Adresse: Inhaber Sven Döbbelin, Lange Straße 33, 39590 Hansestadt Tangermünde, phone: 039322/732106, Mittwoch bis Sonntag 10 bis 18 Uhr geöffnet, www.tangermuender-kaffeeroesterei.de.

Hotel Schloss Tangermünde:
Adresse: Inhaberin Melanie Busse, Auf der Burg, Amt 1, 39590 Hansestadt Tangermünde, phone: 039322/737451, www.schloss-tangermuende.de

Tangermünder Nährstange:
Konditorei Stehwien GmbH, Meyerstraße 25, 39590 Hansestadt Tangermünde, phone: 039322/730 93. Die Feinbäckerei Stehwien ist der traditionellste Ort, den Riegel zu kaufen. Das Geschäft befindet sich in der Arneburger Straße 77/78 in Tangermünde. Mehr süße Leckereien unter kontakt@naehrstange.de oder www.naehrstange.de oder www.ostprodukte-versand.de

WtB:
Rechts im Haus befindet sich der Laden, links die Galerie.
Adresse: Inhaber Nadine Wagener & Dietmar Siptroth, Kirchstraße 4, 39590 Hansestadt Tangermünde.

Schulzens Hotel & Hofbräu (Alte Brauerei):
neuer Kontakt: Schulzens (vormals „Alte Brauerei"), Christian & Armin Schulz GbR, Lange Straße 34, 39590 Hansestadt Tangermünde, phone: 039322/44145, anfrage@schulzens.info,, www.schulzens.info sowie ehemaliger Kontakt: Hotel & Restaurant am Eulenturm, Lange Straße 34, 39590 Hansestadt Tangermünde, phone: 039322/44145, www.hotel-alte-brauerei.de

Entschleunigende Erlebnisse

Stadtgeschichtliches Museum:
Adresse: Altes Rathaus, 39590 Hansestadt Tangermünde, phone: 039322/42153, Dienstag bis Sonntag 13 bis 17 Uhr geöffnet, www.tangermuende.de/de/museen sowie sigrid.brueckner@tangermuende.de

Nachtwächterrundgang:
Adresse: Tangermünder Tourismus-Büro, Markt 2, 39590 Hansestadt Tangermünde, phone: 039322/22393 sowie Mobil 0172/7635666, www.tourismus-tangermuende.de sowie buero@tourismus-tangermuende.de

Historisches Vinatge-Radrennen:
Adresse: Historic-Mobil e.V., Magdeburger Straße 40, 39590 Hansestadt Tangermünde, phone: 0174/1809633, www.historic-mobil.de

Salzkirche:
Adresse: Salzkirche Tangermünde, Zollensteig 1, 39590 Tangermünde, phone: 039322 45494, Dienstag bis Sonntag 10 bis 17 Uhr geöffnet. sigrid.brueckner@tangermuende.de, www.tangermuende.de

Ausflug nach Buch:
Adresse: Elbe-Besucherzentrum, Bucher Querstraße 22, 39590 Hansestadt Tangermünde/Ortsteil Buch, www.elbetourist.de, www.wildnis.info sowie Hof Albrecht, Reitanlage Buch, Breite Straße 33, www.reitanlage-buch.de

Wanderung nach Buch:
www.naturfreude-erleben.de/de/tour/wanderung/elbeweg-buch

Kunsthof Dahrenstedt:
Adresse: Monika von Puttkamer & Dr. Hejo Heussen, Dahrenstedter Dorfstraße 6, 39576 Hansestadt Stendal/Ortsteil Dahrenstedt, phone: 03931/419760, www.kunsthof-dahrenstedt.de

Das Städtchen Jerichow

Stadtinformation Jerichow:
Adresse: Karl-Liebknecht-Straße 55, 39319 Jerichow, phone: 039343/34988, www.jerichow.de, buergerhaus-jerichow@web.de

Besucherzentrum im Kloster Jerichow:
Adresse: Stiftung Kloster Jerichow, Am Kloster 1, 39319 Jerichow, phone: 039343/285, April bis Oktober täglich von 9.30 bis 18 Uhr geöffnet, November bis März Dienstag bis Sonntag 10 bis 16 Uhr, Feiertage 10 bis 16 Uhr geöffnet, individuelle Führungen nach Voranmeldung, www.kloster-jerichow.de sowie info@stiftung-kloster-jerichow.de

Kulinarisch

Wirtshaus Klostermahl in Jerichow:
Wer wissen möchte, was sich hinter Nonnenschmaus, Pfaffenmahl oder Novizenteller verbirgt, sollte hereinspazieren! Das Wirtshaus befindet sich direkt vor dem Parkplatz. Auf dem Gelände der Klosteranlagen kann man umgeben von Lavendel & Duftrosen ruhiger vorm gemütlichen Klostergartencafé sitzen. Stille & Romantik pur.
Adresse: Wirtshaus Klostermahl, Am Kloster 1, 39319 Jerichow, phone: 039343/348930, dienstags bis donnerstags, sonntags sowie feiertags von 10 bis 18 Uhr, Freitag bis Samstag von 10 bis 21 Uhr geöffnet, das kleine Klostergartencafé hat von April bis Oktober täglich von 11 bis 17 Uhr geöffnet, www.kloster-jerichow.de sowie info@stiftung-kloster-jerichow.de

Bäckerei-Konditorei Rode in Jerichow:
Adresse: Bäckerei-Konditorei Ulrich Rode, Lindenstraße 24, 39319 Jerichow, phone: 039343/235.

Gasthaus Heinemann in Jerichow:
Adresse: Inhaberin Marlett Heinemann, Lindenstraße 1, 39319 Jerichow, phone: 039343/330 sowie 0176/38296473, www.elberadweg.de/Poi/gasthaus-heinemann

Gaststätte Storchennest in Ferchland:
Der Familienbetrieb zaubert frische, leckere Gerichte, viele Zutaten kommen aus dem Garten. Man fühlt sich wie zu Hause und kann im Innenhof unter der mit Wein bewachsenen Pergola entspannen. Liegt am Elberadweg, die Fähre nach Grieben ist nicht weit.
Adresse: Gaststätte Storchennest, Ursula Lüde, Hauptstraße 5, 39317 Elbe-Parey, phone: 039349/468

Übernachtung

Übernachtung in Schönhausen:
Die Ferienwohnung „Schön hausen" für 2 bis 5 Personen liegt auf einem Vierseitenhof an der Straße der Romanik, am Elberadweg und am Sankt Jacobus Pilgerweg.
Adresse: Barbara Bleis, Müntzerstraße 4, 39524 Schönhausen, phone: 039323/38022,

www.fewo-direkt.de/ferienwohnung-ferienhaus/p2404158

Entschleunigende Erlebnisse

Kloster Jerichow:
Adresse: Stiftung Kloster Jerichow, Am Kloster 1, 39319 Jerichow, phone: 039343/285, April bis Oktober täglich von 9.30 bis 18 Uhr geöffnet, November bis März Dienstag bis Sonntag 10 bis 16 Uhr www.kloster-jerichow.de sowie info@stiftung-kloster-jerichow.de

(Rad) Wanderungen:
*Infos zu Touren mit genauen Zeiten & Kilometern in der Klosterinformation oder unter www.naturfreude-erleben.de
Besuch in Klietznick: www.klietznick.de*

Milchtankstelle vom Agrarhof Heringa:
Adresse: Inhaber Henk Heringa, Klietznicker Hofmolkerei, An den Bergstücken 1, 39319 Jerichow/ Ortsteil Klietznick, phone: 039343/52624, www.agrarhof-heringa.de, info@henkheringa.com

Das Örtchen Briest

Bürgerinformation Tangerhütte:
Ein klassisches Touristenbüro gibt's nicht. Infos, Karten sowie Flyer halten das Tangerhütter Rathaus sowie die Touristinfo Tangermünde bereit.
Adresse: Bismarckstraße 5, 39517 Tangerhütte, phone: 03935/93170, info@tangerhuette.de, www.tangerhuette.de

Übernachtungen & Kulinarik in der Rubrik Tangerhütte, Tangermünde, Stendal

Entschleunigende Erlebnisse auf den Spuren der Familie von Bismarck

Herrenhaus Briest:
Führungen zum Baufortschritt, Besichtigung der Innenräume des Herrenhauses, Brauhaus und Gutskapelle nach Voranmeldung.
Adresse: Förderverein Briest (Tangerhütte) e.V., phone: 0179/4590133 sowie Maren von Bismarck, Lindenplatz 5, 39517 Tangerhüt-

te/Ortsteil Briest, phone: 03327/567204 sowie 0179/6768881, marenvb@web.de

RITTERGUT WELLE:
Im alten Pferdestall wurde die ehemalige Kutscherwohnung zu einem stilvollen Feriendomizil für 2 bis 5 Personen ausgebaut.
Adresse: Bismarcksches Landgut Welle, Brita von Götz-Mohr, Weller Dorfstraße 21 bis 25, 39576 Hansestadt Stendal/Ortsteil Welle, phone: 03931/4922562 oder 0177/4490295, www.landgut-welle.de

DAS SCHLOSS IN DÖBBELIN:
Führungen durch das Schloss nach Anmeldung möglich. Die Weihnachtswelt und das Café sind ganzjährig & täglich von 13 bis 18 Uhr geöffnet.
Adresse: Von Bismarck'sche Schlossverwaltung, Döbbeliner Dorfstraße 18, 39576 Hansestadt Stendal/Ortsteil Döbbelin, phone: 039329/284, www.bismarck-doebbelin.de, www.von-bismarck-gmbh.de

DAS BISMARCK-MUSEUM IN SCHÖNHAUSEN:
Adresse: Otto-von-Bismarck-Stiftung Schönhausen, Kirchberg 4, 39524 Schönhausen/Elbe, Dienstag bis Sonntag 10 bis 16 Uhr geöffnet, phone: 039323/38874, www.bismarck-stiftung.de, www.schönhausen-elbe.com

TOURISTINFORMATION SCHÖNHAUSEN:
Adresse: Infostelle im Bismarck-Museum Schönhausen, Kirchberg 4 bis 5, 39524 Schönhausen/Elbe, phone: 039323/38874, www.schönhausenelbe.de

FLYER, KARTEN & INFORMATIONEN FÜR SCHÖNHAUSEN & UMGEBUNG:
Adresse: Koordinierungsstelle & Tourismusmanagement, Bismarckstraße 12, 39524 Schönhausen/Elbe, phone: 039323/8422, tourismus@elbe-havel-land.de, www.elbhavelwinkel.com

HERRENHAUS IN KREVESE:
Gruppenführungen nach Anmeldung möglich.
Adresse: Ralf Engelkamp, Gutshof 7, 39606 Hansestadt Osterburg/Ortsteil Krevese, phone: 03937/250692, www.atelier-offen.de

REGIONALER KÜNSTLER IN BRIEST:
Mehr zu Peter Adler unter www.mangan25.de sowie www.gordonadler.de, www.artler.de

Tangerhütte & Groß Schwarzlosen

Bürgerinformation Tangerhütte:
Ein klassisches Touristenbüro gibts nicht. Infos, Karten sowie Flyer hält das Tangerhütter Rathaus sowie die Touristinfo Tangermünde bereit.
Adresse: Rathaus Tangerhütte, Bismarckstraße 5, 39517 Tangerhütte, phone: 03935/93170, Dienstag 9 bis 12 Uhr und 13 bis 18 Uhr, Donnerstag 9 bis 12 Uhr und 13 bis 16 Uhr, Freitag 9 bis 12 Uhr geöffnet, www.tangerhuette.de

Infostelle im Elbezentrum Buch:
Adresse: Bucher Querstraße 22, 39590 Hansestadt Tangermünde/Ortsteil Buch, phone: 039362/81673, rezeption@elbetourist.de, www.elbetourist.de

Kulinarisch

Eiscafé Ravello in Hüselitz:
Adresse: Margitta Kahrstedt, Hüselitzer Dorfstraße 5, 39579 Hüselitz, phone: 039365/346, ab Mitte März bis Ende Oktober donnerstags bis dienstags von 13 bis 19 Uhr geöffnet, www.facebook.com/eiscafe.ravello/

Kathrins Eiscafé in Bittkau:
Adresse: Kathrin Jornitz, Ernst-Thälmann-Straße 3, 39517 Bittkau, phone: 0151/24224146, von Mai bis Ende Oktober Dienstag bis Sonntag 11 bis 18 Uhr, im Winter Freitag bis Sonntag 14 bis 18 Uhr geöffnet.

Ich gebe es zu, aus dieser Region habe ich wenige Tipps bekommen, empfohlen wurden mir Restaurants & Cafes in Tangermünde sowie das Tipidorf mit Restaurant „Zum Indianer" in Bertingen.

Übernachten

Wohnungen in Lüderitz & Groß Schwarzlosen:
Zwei Unterkünfte befinden sich in einem ursprünglich restaurierten Fachwerkhaus, das zum Ensemble ehemaliger Tagelöhnerwohnungen des

19.Jahrhunderts gehört. Eine weitere Wohnung ist in der Doppelhaushälfte der Eigentümer in Groß Schwarzlosen. *Adresse: Familie Vogel, Straße der Freundschaft 48, 39517 Lüderitz, phone: 039361/51609, www.vogelnester-altmark.de*

Ferienwohnung in Birkholz:
155 Quadratmeter Ferienwohnung mit Blick auf den Gutspark. Im Haus können Solo-Musiker und Ensembles ungestört proben, in der Wohnung befinden sich ein Niendorf Stutzflügel, eine Salvi Orchestra Harfe, Notenständer und ein Notenpult. Auch professionelle CD-Aufnahmen sind im 2 Kilometer entfernten Waldhausstudio möglich. Ideale Bedingungen für Reiter – eine Pferdekoppel ist vorhanden. *Adresse: Gutshaus Birkholz, M. & C. von Gehren, Birkholzer Schulstraße 5, 39517 Tangerhütte/Ortsteil Birkholz, phone: 03935/9228500 oder 03935/9790068, www.gutshaus-birkholz.de*

Übernachten in Ottersburg:
Auf dem vierseitigen Gutshof, einem ehemaligen Rittergut, gibt es drei Ferienwohnungen und fünf Gästezimmer. Das Frühstück nimmt man gemeinsam mit den Hausherren ein, die auch Jäger schulen. Ottersburg hat eine spannende Energie. *Adresse: Gutshof Ottersburg, Eberhard Kobe, Ottersburger Gutshof 1, 39517 Tangerhütte/Ortsteil Ottersburg, www.ottersburg.de, www.jagdschule-ottersburg.de*

Entschleunigende Erlebnisse

Hollerbuschhof in Groß Schwarzlosen:
Adresse: Nicole Nikolaus, Lange Straße 14, 39517 Tangerhütte/Ortsteil Groß Schwarzlosen, phone: 039361/51135, www.kraeutergeister.de

Filzkurse etc in Buch:
Adresse: Zentrum für Ökologie, Natur- und Umweltschutz, Bucher Querstraße 22, 39590 Hansestadt Tangermünde/Ortsteil Buch, phone: 039362/81673 und 039362/90009, www.elbetourist.de/Flusslandschaft_Elbe/Heuherberge/heuherberge.html

Zwei (Rad)Wandertouren:
Touren-Infos unter www.tangerhuette.de/de/radwege-tangerhuette/article-112032000373.html sowie unter www.tangerhuette.de/de/radwege-tangerhuette/article-112032000285.html oder bei den netten Damen der Touristinfo Tangerhütte

Industriedenkmal in Tangerhütte:
Adresse: „Aus einem Guss" e.V., Vorsitzender: Dr. Frank Dreihaupt, Bismarckstraße 10, 39517 Tangerhütte, www.industriekultur-tangerhuette.de, gartentraeume-sachsen-anhalt.de/de/gartentraeume-parks/stadtpark-tangerhuette.html

Gusseiserner Pavillion in Tangerhütte:
Adresse: Schloss Tangerhütte, Birkholzer Chaussee 7, 39517 Tangerhütte, http://gartentraeume-sachsen-anhalt.de/de/gartentraeume-parks/stadtpark-tangerhuette.html, www.tangerhuette.de

Mosaikwandbild in Tangerhütte:
Adresse: „DDR-Neubaublock", Otto-Nuschke-Straße/Rosa-Luxemburg-Straße 36, 39517 Tangerhütte

Flaschenpoststation in Bittkau:
Adresse: Benno Zöllner, Elbstraße 30, 39517 Bittkau, phone: 0152/01325391, http://bennozoellner.de/

Biohof Sieben:
2018 hat Familie Herms auf ihrem Vierseitenhof eine Fleischmanufaktur samt Hofladen eröffnet, der die ökologischen Richtlinien des Anbauverbandes Naturland berücksichtigt.
Adresse: BIOHOF 7, Fleischmanufaktur und Hofladen, Inhaberin Ariane Herms, Schernebecker Dorfstraße 38, 39517 Tangerhütte/Ortsteil Schernebeck, phone: 039361/179938, info@biohof7.de, www.biohof7.de

Künstler & Kirche in Schönwalde:
Galerist, Maler und Kurator Horst Menzel zeigt in seiner Galerie eigene Werke und gibt zweimal wöchentlich Kurse für Ölmalerei. Das Schmuckstück des Ortes: die Schönwalder Kirche. Die Hoffnungsfenster wurden von altmärkischen Künstlern 2009 liebevoll gestaltet, zwei davon stammen von Menzel. Direkt am Radweg Altmark-Rundkurs gelegen. Besichtigung jederzeit möglich.
Adresse: Galerie an der Schönwalder Kirche, Inhaber Horst Menzel, Dorfstraße 1, 39517 Tangerhütte/OT Schönwalde, phone: 03935/212252, www.galerie-menzel.de Mail: schoenmen@t-online.de,

Milchtankstelle in Schönwalde:
Milchtankstelle. Direktverkauf vom Hof. 7 Tage durchgehend geöffnet.
Adresse: GbR Kahmann/Allmrodt, Schönwalder Dorfstraße 3, 39517 Tangerhütte/OT Schönwalde, phone: 03935/212255, Mail: axel.kahmann@t-online.de

AUTOREN & MITWIRKENDE

Mandy Ganske-Zapf

Ist 2008 aus Berlin an den Stadtrand Magdeburgs gezogen – und hat diesen Schritt nie bereut. Die Badeseen vor der Tür, ein Stück weiter die Elbe und die Dynamik einer bis heute spürbaren Nachwendezeit haben es ihr angetan. Wenn sie von der kleinen Großstadt mal ´ne Auszeit braucht, helfen die wunderbaren Weiten der Altmark.

Barbara Hallmann

Würde ihr Sonnenhaus, das flache Land und das viele Wasser gegen nüscht in der Welt eintauschen. Die Journalistin ist 2015 mitsamt ihrer Familie nach Havelberg gekommen – weil sie sich vor vielen Jahren in einen Wische-Kerl verliebt hat (obwohl das in Sachsen-Anhalt liegt!). Bald wird sie Gäste aus aller Herren Länder beglücken: mit einem warmen Bett, Geschichten über Land und Leute sowie selbstgekochter Marmelade zum Frühstück.

Jana Henning

Ist eine glückliche Rückkehrerin. Zuvor hatte die Bloggerin & Redakteurin in Düsseldorf & Köln stets erklären müssen, wo ihre Heimat liegt und irgendwann nur noch „in the Middle of Nüscht" gesagt. Liebevoll, mit einem Augenzwinkern, denn sie liebt ihre Heimat. 2012 hat sie diesen Slogan als Motto für Osterburg eingereicht, wo sie seitdem mit ihrer Familie idyllisch in einem alten Haus im Grünen lebt. Nach der Schule gab es für sie nur eins: raus aus der Enge der Kleinstadt. Heute findet sie es absolut erstrebenswert, hier zu leben.

Karina Hoppe

Hat schon immer gern geschrieben. Nach ihrem Studium in Leipzig und Halts in Wittenberge, Rostock, Güstrow und Hannover hat sich die Journalistin allein ein altes Häuschen in der Wische gekauft. Nur ein Dorf weiter von dort, wo sie aufgewachsen ist. Denn sie hat ihre Elbe vermisst. Und die Korbweiden.

Bianca Kahl

Die Autorin ist 2002 aus den Tälern Thüringens in die Altmark gekommen und hat in der Region Wurzeln geschlagen. Der weite Himmel über Genthin tröstet sie heute dafür, dass sie aus ihrem Küchenfenster vermutlich nie mehr echte Berge sehen wird.

Marten Krebs

Der Schauspieler, Entertainer und Moderator, der im altmärkischen Sanne aufgewachsen ist, lebt in der Berlin. Regelmäßig zieht es ihn in die Heimat, und er schleppt auch all seine Freunde und Kollegen hierher, weil sie so schön ist, die Altmark. Immer wieder engagiert er sich für die Region – 2013 hat er die Fluthilfe-Benefizgala organisiert und moderiert. Der Erlös ist an die Flutopfer der Altmark gegangen.

Wolfgang Lippert

Der Griebener (Jahrgang 1938) lebt schon lange am schönen Berliner Müggelsee. Als Biologe, Artenschützer und Kartierer ist er stets entschleunigt in der Altmark auf Achse. Seit Jahrzehnten schreibt er als Autor in der Tageszeitung sowie in Büchern über seine Begegnungen mit der altmärkischen Tier- und Pflanzenwelt. Früher war er mal wissenschaftlicher Mitarbeiter im Berliner Tierpark und Fachredakteur sowie Kameramann fürs DDR-Fernsehen.

Reinhard Opitz

Der Altmärker ist in Birkholz bei Tangerhütte aufgewachsen, hat Journalistik in Leipzig studiert und sein ganzes Berufsleben lang für die größte Tageszeitung Sachsen-Anhalts geschrieben. Seit 1979 lebt er nun schon in Stendal und hat sich mit der Geschichte & ihren Bauten, vor allem der Backsteingotik, beschäftigt. An der Altmark mag er die bodenständige und unaufgeregte Art ihrer Bewohner.

Kerstin Rupp

Hat die wunderbare Karte östliche Altmark mitsamt den Symbolen gezeichnet. In der Altmark war die freischaffende Illustratorin bisher nur auf dem Papier unterwegs. Aber sie weiß ja nun, wie schön es dort ist und welche Straßen (und Zugstrecken) sie von Leipzig aus hinführen.

Markus Schrot

Den Glasdesigner hat es 1998 aus einer Kleinstadt in der Eifel in die Altmark verschlagen. Hier hat er das erste Mal ein Abendrot gesehen, das bis zum östlichen Horizont reicht. Seitdem ist er vom weiten Himmel begeistert.

Alexander Schug und Frank Petrasch

Hatten Lust, „in the Middle of Nüscht" zu verlegen. Tangermünde, Stendals Kirche Sankt-Marien und das Jerichower Kloster haben sie im kalten Februar kennengelernt. Gut, dass sie die Altmark auch kulinarisch getestet haben. Da wurd's um einiges wärmer.

Sibylle Sperling

Mit der Altmark war es so: nicht die Liebe auf den ersten, zweiten, sondern auf den dritten Blick hat sie zum Buch veranlasst! 2008 hat sie die Hauptstadt gegen Stendal eingetauscht und das Nüscht lieben gelernt. Vor allem die Elbe, die sie immer wieder ans Meer erinnert. Dass sie im Land ihrer Vorfahren (Wahrenberg) gestrandet ist, hat sie erst kürzlich erfahren.

DANKE

Ich danke allen, die mitgeholfen haben – bewusst und unbewusst. Auf die abenteuerliche Idee zum „Reiseführer" haben mich Leipziger Freunde, die mich und meine Familie in Stendal besucht haben, gebracht. Sie meinten, die Altmark sei unglaublich toll. Und meine Freundin meinte, dass wir als Buchliebhaberinnen davon allen erzählen sollten. Von einer Region, die vor sich hin schlummert, die wenige kennen oder die oft in den Negativschlagzeilen steht.
Etwas später bin ich tatsächlich einem Verlag begegnet und der meinte auch, ich solle ein Buch machen und ich hab auch noch Ja gesagt. Immer wieder sind mir Menschen begegnet, die Lust hatten, mitzumachen. Einige haben mich längere Zeit andere eine kurze Periode unterstützt. Wir hatten Spaß auf unserer Entdeckungsreise quer durch die östliche Altmark, und ich habe gemerkt, dass das Nüscht gut tut. Natürlich gibts hier auch große Festivals, aber auf die habe ich aus Entschleunigungsgründen verzichtet.

Ich danke meinem Mann, der mich jeden Tag unterstützt, motiviert und für mich das Marketing übernommen hat. Ich danke meinen Kindern, die mich abgelenkt und mein manchmal trostlosen Recherchealltag mit Freunden und Zoff aufgepeppt haben. Ich danke meiner Mutti, die mit mir zusammen Adressen recherchiert und abtelefoniert hat. Ich danke Nadia für die Idee zum Buch, für ihren Kontakt zu Kerstin, die die Karte und die Symbole so kunst- und liebevoll erschaffen hat. Und ich danke all den Autoren, die mitgeschrieben haben. Ich danke Jana für den genialen Titel, den ich unbeabsichtigt missbraucht habe. Ich danke den Menschen, die mich offen empfangen, mir ihre Geschichten erzählt, per Mail oder am Telefon weitergeholfen haben. Ich bin dankbar für Markus, der mit seiner Kamera diesen besonderen Blick hat, der immer für mich da war und jederzeit für eine Tour bereit gestanden hat. Und ich bin dankbar, dass ich auf die Berliner Verleger gestoßen bin.

Natürlich geht auch ein dicker Drücker an mich, dass ich so lang durchgehalten habe und mich zu Aktionen hab hinreißen lassen, die großes Überwinden bedeutet haben. Das Crowdfunding und der Weg in die Öffentlichkeit. Ja, man glaubt es kaum, auch wenn ich gern Leute in die Zeitung hole und über sie schreibe, mochte ich nicht selbst im Fokus stehen. Ich danke dafür, dass es gelungen ist, ein Buch aus der Region für die Region zu machen.

Seelisch bereitet & begleitet haben den Weg meine vier Schamanen Stefanie Bache/Berlin, Karin Sander/Schwerte, Richard Pard/Calberwisch & Robert Salopek/Augsburg. Ohne euch wäre ich weniger kraftvoll gewesen, danke. Awama Hey, Akinawama Hey!

Danksagung an alle Crowdfunder:

AVG Rosier GmbH & Co. KG / Zweigniederlassung Stendal, Arneburger Str. 140, 39576 Stendal – Ihr Autohaus im Herzen der östlichen Altmark.

sowie Nadine Arns, Antje Bauer, Florian Benda, Annica Bernhardt, Anke Bettels, Martin Bimböse, Anna Bimböse, Claudia Bolde, Sven Brylla, Christina Dammann, Manuela Dehr, Kathleen Deutschmann, Marion Dorsch, Tim Dunker, Thomas Fell, André Fleischer, Juliane Frommhagen, Tilo Garlipp, Ralf Gentemann, Sebastian Gündel Koch, Frank Hagemeister, Christian Hallmann, Marion Hanff, Amanda Hasenfusz, Christopher Haui, Stephan Heinlein, Henrik Hempelmann, Tobias Hercher, Anett Hoppe, Dagmar Hotze, Mario Judel, Andrea Juska, Sidonie Klein, Almut Koch, Susanne Koch, Antje Kopp, Christoph Lagemann, Astrid Lietz (Ferienhaus St. Johannis), Anja Lüth, Fritjof Lüthje, Verena Maar, Jana Mahlow, Ingrid Maire, Stefanie Malzahn, Andrea Mangelsdorf, Sandra Matthias, Esther Meppelink, Wirjen Meppelink, Pit Möbus, Peggy Müller, Anke Müller, Jens Munsel-Gerber, Anne-Kathrin Muschke, Friederike Nottrott, Kirsten Orschulok, Benjamin Otto, Jens Ranke, Ulrich Rebholz, Claudia Richter-Pomp, Alexander Rigo, Stephanie Risch, Franka Roitsch, Marco Rossetti, Holger Schaffranke, Silke Scheiter, Dirk Schmidt, Bernd Schmidt, Kai Schmieder, Dr. Andree Schmitzius, Matthias C. Schroeder, Anne Schwalbe, Annett Schwellnus, Kerstin Singer, Ute Sperling, Annegre Spillner, Antje

Standke, Inga Steinmetzer, Anke Steinmetzer, Ulrich Storck, Ann Stürzebecher, Musa Sula, Mareike Thiele, Alexander Thies, Magdalena Totz, Edd Turner, Michael Voelkel, Anne von Kamp, Daniel Voß, Nicole Weber F. Santos, Karen Wendland, Dr. Ulrike Wendland, Marion Werner, Annette Wiechert, Anne Wiegand-Richter, Astrid Ziem, Andy Zimmer und Gunter Zwinzscher.

„in the Middle of Nüscht" ist regional, saisonal, entschleunigt und mit viel Liebe produziert worden. Ich wünsche mir, dass die Region mit ihren hier vorgestellten kleinen und großen Initiativen nachhaltig gestärkt und belebt wird.